国家社科基金青年项目"社会资本视阈下社交媒体对青少年公民参与的影响机理及实现路径研究（19CXW035）"成果

我国青少年的社交媒体使用和公民参与研究

庞 华 著

南开大学出版社

天 津

图书在版编目(CIP)数据

我国青少年的社交媒体使用和公民参与研究 / 庞华
著. —天津：南开大学出版社，2024.6 —ISBN 978-
7-310-06607-0

Ⅰ. G206.2；D621

中国国家版本馆 CIP 数据核字第 2024M4U018 号

我国青少年的社交媒体使用和公民参与研究
WOGUO QINGSHAONIAN DE SHEJIAO MEITI
SHIYONG HE GONGMIN CANYU YANJIU

南开大学出版社出版发行

出版人：刘文华

地址：天津市南开区卫津路 94 号　　邮政编码：300071
营销部电话：(022)23508339　营销部传真：(022)23508542
https://nkup.nankai.edu.cn

天津创先河普业印刷有限公司印刷　全国各地新华书店经销
2024 年 6 月第 1 版　　2024 年 6 月第 1 次印刷
240×170 毫米　16 开本　15.75 印张　264 千字
定价：78.00 元

如遇图书印装质量问题，请与本社营销部联系调换，电话：(022)23508339

前　言

　　公民参与作为一个国家民主政治不可或缺的构成要素，也是如今社会民主制度进步的根基和支撑。以习近平总书记 2022 年在党的二十大报告中明确提出的"扩大人民有序政治参与"与 2018 年在庆祝改革开放 40 周年大会上的讲话提出的"人民依法享有和行使民主权利的内容更加丰富、渠道更加便捷、形式更加多样"为标志，体现了公民参与已经成为党和国家关注的重点，表明党和政府提升健康有序的公民参与，推进中国特色民主政治的强烈意愿。

　　在以微博、微信为代表的新型社交媒体的迅猛发展的背景下，青少年作为中国社交媒体使用的主力军，他们的利益诉求表达方式、社会资本的构建，以及公民参与行为都发生了深刻的变革。在这种形势下，学术界亟须对他们的社交媒体使用现状和其对公民参与的影响问题进行全面、系统和深入的研究，从而为党和政府在社交网络治理和引导大众有序地进行公民参与等方面提供针对性的决策咨询和理论支撑。鉴于学界还鲜有研究从社会资本的视域来关注我国青少年群体的社交媒体使用和公民参与情况。同时，对于公民参与、影响因素和引导路径的宏观研究多于微观研究。目前，学界对其尚缺乏体系的理论探讨和实证性分析。自网络诞生伊始，就有大量的研究者开始关注新的媒介使用和公民参与相互间的联系，在社会化媒体时代，青少年群体的公民参与仍然是目前研究的一个十分重要和有价值的议题。

　　本研究将以青少年为研究对象，运用交叉学科的理论和方法系统地剖析该群体对社交媒体的使用状况，以及这种使用如何影响他们构建社会资本和参与公共生活之间的逻辑联系。在此基础上，以期对中国社交网络与公民参与这一重要议题贡献新的实证性的结论和理论解读。根据已经收集到的全国 14 至 28 岁年龄阶段的青少年数据样本，本研究绘制和呈现了青少年的社交媒体使用情况、社会资本的积累，以及公民参与行为的整体概貌和特征。此外，通过数据的处理和统计分析，验证了研究假设和模型，探索了关于这个群体的社交媒体使用、社会资本与公民参与之间的逻辑联系。结果显示：第一，青少年的社交媒体使用习惯、社会性使用动机和娱乐性使用动机与社会资本的三个维度（社会连接、社会信任及生活满意度）都呈现出显著正相关。第二，青少年的社交媒体的使用习惯对其线上公民参与和线下公民参与产生正向影响。此外，娱乐性使用动机、社会性使用动机与线上公民参与、线下公民参与都显著正相关。第三，社会连接、社会信任、生活满意度均与线上公民参与、线下公民参与呈显著正相关。第四，对线上与线下公民参与影响最大的变量均为生活满意度。

由此可见，基于具体的社交媒体的使用可以促进青少年的线上和线下公民参与行为。青少年通过使用社交媒体，能够增加不同维度的社会资本（社会连接、社会信任和生活满意度），从而促进他们线上和线下的公民参与。因而，需要以全面综合的视角、客观公正的态度，辩证地看待社交媒体对于公民参与和社会资本积累的影响，正确认识和分析新媒体时代下公民参与和社会资本的现状和发展前景，正确引导个体和组织利用社交媒体的长处积极有序地进行公民参与，推动公民参与的制度化与体系化，从而有效促进我国民主政治健康发展。

目　　录

我
国
青
少
年
的
社
交
媒
体
使
用
和
公
民
参
与
研
究

1 绪　　论

1.1　研究背景

1.1.1　社交媒体的相关研究

　　凭借不受时空限制、开放、分享、互动的优势，移动互联网技术逐步渗透到经济、文化、社会等多方面，并且创新了信息传播方式，改变了人们的生活。根据第四十八次《中国互联网发展状况统计报告》可知，截至 2021年 6 月，全国网友总数已高达十亿，并且网络的覆盖率达增至 71.6%（图 1.1）。我国网民人均每周花费在互联网上的时间为 26.9 个小时，比 2020 年12 月份增长了 0.7 个小时（图 1.2）。移动互联网和移动终端设备的蓬勃发展给社交媒体提供了肥沃的土壤，电子邮件、社交网络、内容社区等多形式的社交媒体不断涌现，使用人数也在激增。

　　2021 年《全球数字报告》显示，全球有 42 亿社交媒体用户，同比增长超过 13%，占世界总人口的 53% 以上。艾媒咨询出版的《2020—2021 年中国移动社交行业研究报告》显示，2020 年中国移动社交用户人数达到 9 亿人，较 2019 年增长 7.1%，用户规模和渗透率持续增长（图 1.3）。从年龄分

图 1.1　网民规模和互联网普及率

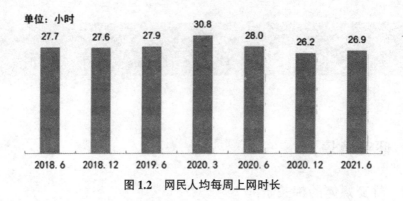

图 1.2　网民人均每周上网时长

图 1.3　2016—2020 年中国移动社交用户规模

布来看，"95 后""00 后"占比持续提升，达到 31.5%，用户群体趋向于年轻化（图 1.4）。从社交媒体的使用情况来看，一方面用户常用的社交媒体类型趋于稳定，使用 3 种以内社交产品的用户占比达到 87.8%；另一方面熟人社交仍是用户使用的重要组成部分，达到了 62.2%，而 33.9% 的用户则表示愿意使用社交媒体认识有相同兴趣的人。社交媒体提供的高度开放性、参与性和互动性深刻地改变了传统媒介使用习惯和沟通方式，并已经发展为重组社会力量和组织行为的重要方式之一。

社交媒体（Social Media）也被称为社会化媒体，是可以让个人发布、分享、评论、探讨、互动的在线网站和应用服务平台的统称，目前涵盖了社交网站、微博、微信、QQ 及网络论坛等形式。自 2001 年起，在世界范围

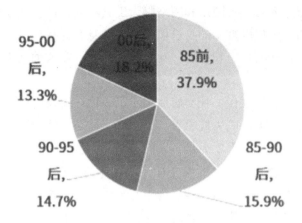

图1.4　2020年中国移动社交用户年龄分布

内以脸书（Facebook）、优兔（YouTube）及推特（Twitter）等为先锋的国际社交媒体的竞相登场，触发了我国本土社交媒体的急剧发展。在我国，人人网（原来被称为校内网）于2005年成立，随后新浪微博于2009年推出，腾讯手机微信服务在2011年盛大登陆，我国本土的社交媒体展露三足鼎立的局面。社交媒体已经逐渐进入公众的生活中，目前已被人们广泛使用，未来将进一步繁荣发展。美国曾是社交媒体高度发展的国家，一直走在世界的前列，然而近几年中国的社交媒体用户已经表现出比包括美国在内的全球大多数国家用户都高涨的热情，这从中国的网民更乐于创造和分享内容即可看出。

随着互联网技术的创新，以及智能手持移动设备的改革，社交媒体不断涌现出巨大的能量。同时，互联网服务的高速发展，开启了社交媒体时代信息交互方式的新阶段：用户可以借助社交媒体更为便利地管理和利用其人脉资源；交流方式采用互动形式，而不是单向广播的方式；解决问题的方式也因可以开展线上合作而变得更为灵活多样。社交媒体拥有多种媒介的功能，它同时担任了大众传媒和人际传播媒介的角色，在提供信息的基础上，也充当着人际交往和社会参与的工具和平台。与此同时，随着社交媒体的用户日益增加，越来越多的组织为了迎合公众的信息使用习惯开始在社交媒体平台上提供服务，政府部门也开始使用社交媒体提供公共服务。在现阶段互联网服务中，社交媒体已经成为标杆级别应用，也成了不同领域的个人与组织与其潜在目标受众进行沟通、以便保持其竞争优势的方式。综上所述，社交媒体不仅能够解决公众信息需求，促进公众进行交流，而且也更容易形成推动集体行为。与过去的交友网站和网络聊天工具不同，社会交往服务型网站都是实名注册的，用户以真实的身份填写个人信息、寻找自己的亲友、分享个人爱好、上传自己的日志和相册、互赠图片礼物，在这种网络互动中维持并建立人际关系。

相对于传统媒体来说，社交媒体缩小了媒体和受众的间隔，用户可以成为信息传达者，也可以成为接收者、反馈者。社交媒体让网络舆论发展成为中国社会中不可忽视的重要力量，人们参与公共生活的程度和方式也在发生相应的变化。也就是说，新的媒介让传统媒体的生产方式发生了深刻变革，传播从以人为中心演变转向以信息为中心，传播方式由以往的由上而下、从专业人士到一般大众、从一对多的固定方式转变为由下至上、从一般大众到专业人士、多对多的沟通交流。作为传统媒体的受众往往需要支付一定的费用来收取信息，并使用信息来维护和扩大人脉网络，而社交媒体一般对使用者免费开放，并且根据人际网络来传达信息内容。除此之外，传统媒体上的信息传递的内容和形式存在单一性、有限性和缺乏及时反馈的弱点。这些缺点在社交媒体平台中都得到了正面的解决，用户可以打破时空和背景的局限，积极主动地参与信息内容的创造、转发、粘贴、评论和互动，每个用户个体都可以成为出版者、制作者和推销者。

总体而言，社交媒体因其内涵的广泛性、内容的丰富性、表现形式的多样性，而较难全部归总它的特点。然而，它基本上具有以下三个主要特征：一、社会受众的广泛参与性。由于科学技术与经济的飞速发展，人们使用移动设备和互联网的成本及准入门槛大大降低，进一步推动了社交媒体的普及和用户参与。用户可以轻松地参与内容制作和传播过程，借助社交媒体表达自己的诉求。二、信息传播的广泛性。社交媒体通过连接现实生活与虚拟世界，打通人们的社交网络，保障了信息传播的有效性。基于六度分隔理论，社交媒体让每一名用户成为信息源，借助人们的社交关系促进政治信息传播的广泛性。三、内容生产的自主性和协作性。用户通过社交媒体平台可以生产不同形式的内容，并与其他用户交流协作，提升信息质量，从而形成传播优势。因此，社交媒体已经发展成为当今国内外政治信息和公共治理事务传播的主要渠道，其具有强大的政治传播作用，可以随时随地传达政治内容、引发公共舆论，并且重新构筑政治参与模式，利用双向信息传播互动的功能激发公民参与积极性，帮助收集反馈信息。

与以往媒体的传播形态不同，社交媒体的普及和发展构成了一种全新的社会网络形态。对于社会化媒体的用户而言，用户拥有了可以在个体间自由流动信息资源的交互平台。例如，优酷网等视频信息浏览网站能够更为灵活便捷地传播视频信息资源：用户可以将视频资源通过手机、平板电脑和个人电脑等多种终端设备上传到网站平台。上传后，其他互联网用户可以从该网站平台直接观看视频资源内容，同时，观看者能够发表评论，就视频内容提出自己的看法，还可以看到其他观看者的评论并与其交流。观看者还能将视频内容通过内置的信息分享功能分享给其他网站内用户。公众可以在社交媒体平台上发布超链接、创作和修改信息内容并向其他用户推荐信息，在这样的社会网络形态下，每位用户都有机会成为信息内容的创造者和传播者。在这种信息内容的产生和传播过程中，信息生产者与信息内容使用者之间、信息内容使用者彼此之间都在潜移默化中开展直接沟通，用户网站时代"一对多"的消息传播方式被互联网时代"多对多"的社交媒体信息互动模式所取代。社交媒体让信息内容生产和传播越来越容易，一定程度上提高了用户使用社交媒体公布和分享信息内容的积极性和主动性，并对重新塑造用户信息使用习惯有着极大的影响。

从传播学的视角可以看出，社交媒体颠覆了以往信息传递形式、公民参与形态及思维模式，逐渐演变成为社会舆论的关键助推器。由于公众对社交媒体有着极高的接受度，他们可以通过社交媒体得到各类的社会资本。在过去的研究中，各类交叉甚至综合类的学科探索也纷纷采纳社会资本理论。数字技术的发展和社交媒体平台的丰富导致了数字时代下政治格局巨大的和本质上的改变。新型技术手段的兴起，在宏观层面上会让人们解析这些技术的进步会对所在的社会有哪些影响。除此之外，可能会让学者更加关注这样的议题：新型传播手段的异军突起是否会并将怎样促进社会的整合和公民参与程度？当各式各样的社交网站和文本信息逐渐成为公共信息流通的场所与公民表达个人意见和看法的关键性平台，例如筹集资金，鼓励他人参加选举投票，对特定公共问题进行抗议和解决。实际上，在公民参与的群体之中，青少年群体占据一定的比重。可以看出，社交媒体是青少年网络公民参与，进行政治表达、政治沟通的不可或缺的渠道。并且，多样化的社交媒体本身具有的功能和特点呈现出鼓励公民表达和促进关注的潜力，这些也被认为是基本的公民参与的出发点。一些学者认为社交媒体平台具有半公开化的特点，包括许可个体在有边界的系统范围内搭建公共和半公共简档，能够清晰地呈现出来和自己共享网络连接的其他使用者的列表，浏览和查阅他们列表内与系统内他人的信息。

如今，以微信、微博和各类直播平台等为代表的社交媒体受到中国网民的极大追捧和欢迎。社交媒体平台对于个体公民参与的支持取决于这些人如何利用新的媒体帮助他们进行参与。一方面，青少年群体的公民参与行为影响了社交媒体的内容生产和效能发挥；另一方面，社交媒体重新塑造了青少年网络公民参与的表达方式、凝聚途径，以及公民参与的倾向与价值观。从这一角度来看，社交媒体在青少年网络公民参与中一定程度上扮演了介体和环体的双重角色，凸显其重要作用。与当前日新月异的社交媒体时代背景下，不同类别的社交媒体平台显示出不一样的发展状态。各平台的参与功能逐步融合、趋于相同的同时更重视自身特色的打造，使得其受众开始分化，平台内部逐渐形成了独特的文化圈及内部受众之间的群体认同。各种各样的社交媒体之间相互排斥，日益分离，打造了全新的社交媒体生态圈。

网络科技的进程与日俱增，传播范围不断扩张，网友随身携带便捷移动工具和电脑，可以随时随地运作网站、电脑，特别是使用互联网或其他智慧移动器材，从而保证了人们在需要使用时间上的相对自由。此外，社交媒体为用户提供了拉近虚拟场景距离的服务，受众也深深地感受到其为当前生活带来的影响，那就是根植于虚拟空间打造的社交媒体对人们的社会关系有哪些影响？人们使用后，其公民参与行为、态度、价值观方面会发生哪些变化？应该如何科学、全面地把握和探究个体在使用前后发生这类变化？因此，在这样的背景下，深入研究社交媒体平台上青少年的参与状态和公民参与情况，可以让我们对个体的使用方式和决策进行评估，这在实践和理论方面都具有重要意义。不仅有利于推进社交媒体平台的功能建设，以适应中国特色社会主义民主政治的发展现状，同时有助于促进构建风清气正的青少年网络公民参与环境。

1.1.2 社会资本的相关研究

社会资本这一概念最初源自经济学和社会学这两个不同的学科。经济学中提到的"资本"概念往往是指产生收入和利润的资产。经济学家洛瑞首次提出社会资本是存在于家庭或社会组织之中的重要资源，但并没有对其概念和形成过程开展系统研究。学术上的"社会资本"定义源自法国研究者布尔迪厄（Bourdieu），他在20世纪70年代最早提出了社会资本的概念。社会资本被认为是与个体社交网络有联系的可能和现实资源的汇合（芮小河，2018）。在此基础上，科尔曼从功能结构角度出发对社会资本不同维度的定义进行了完善，并指出它们的共性在于：由社会结构的构成要素组成，能够便利组织内部的个人行动（黄其松，2007）。波茨提到，个人通过社会交往与他人建立联系并从中获利的能力也是社会资本的一种，并提出了社会资本的消极方面，对起源和性质进行了全面的描述（牛喜霞、邱靖，2014）。社会资本的特征主要有以下几个部分：再生产性，通过重复使用和投入而不断增加；不可让渡性，嵌入个人关系网，有使用范围；互惠性，能够促进集体行动；具有公共品性质（黄其松，2007）。总的来说，学者们对社会资本的定义大致相同，但研究角度可能存在一定的区别，通常受到社会资本的主体、资源等的影响。本质上，都强调由个体的社交网络带来的收益，包括情感性收益（身心健康、生活满意等）、工具性回报（社会、经济、政治等方面）及获取收益的能力等。

以往学者对于社会资本理论的探讨着眼于微观、中观及宏观角度。微观层面重点关注人的行为，以及个人会如何投资社会关系以获得社会资本。布尔迪厄指出，个体拥有的资本规模对获取更多的社会资源有一定的影响（芮小河，2018）。格兰诺维特提出了"弱连接理论"，这个理论认为个体的社会网络根据关系的程度可以划分成强连接和弱连接。其中，弱连接的重要作用体现在提供给人们获取信息与资源的丰富途径。林南提出的社会资源观认为个人资源指个体拥有的实体或非实体物品所有权，影响社会资源的数量和质量。而社会资源则是嵌入关系网中，需要依靠行动获得，它反过来还会促进个人追求社会目标、获取资源。中观层面侧重个人关系网络的模式和特征，通常以正式或非正式的制度、习俗、规则等形式存在（刘少杰，2004）。拥护社会资本功能观的学者认为社会资本可以在某些组织中起到特定功能。这些功能保障组织的运行效率，促使个体争取资本积累来确保生活维系及发展。宏观维度关注社会资本在广大层面的政治、经济、文化等规范体系中发挥的重要作用（黄其松，2007）。普特南强调社会资本源自组织内部个体的互动，经由增强组织成员之间生存上的交流和合作能力，提升群体交换的对外信任性、规范性和成效，从而促进社会经济的繁荣和发展（黄其松，2007）。根据强度的差异性，社会信任被福山划分为高和低两个维度，并指出高信任度能够促进公民参与，提升组织工作效率（姜广东，2007）。

社会资本理论被提出之后，来自不同领域的学者在不断的研究中发展出了社会资本的不同测量方式，以全面展示其对个体的影响。依据弱连接理论，众多学者通过实证研究确认关系强度可作为社会资本的重要测量指标。伯特提出角色法和互动法两种测量方式。角色法通过判断个体与所属的社会关系网中其他成员联系来判断彼此的关系是强连接（与亲朋好友间的关系）还是弱连接（与大范围的社区网络成员的关系）（姜广东，2007）。美国传播学者波茨（Potts）划分出了集体参与、社会信任、生活满意三个相互区别又紧密联系的维度来测量个体的社会资本（牛喜霞、邱靖，2014）。林南的六因素测量体系包括：社会网络的结构特征、规模、个人与关系网成员的互动程度、对社会网络的信任程度、参与程度和主观满意度（刘少杰，2004）。Scheufele和 Shah 从个体、人际和行为三个不同层面对社会资本进行了全面的测量（Scheufele & Shah，2000）。从个体层面来看，社会资本指个体对生活的满意程度。人际层面则关注个人之间的信任感。而行为层面侧重对参与公民活动这一行为的衡量。总的来说，不同学者的指标各有不同，但核心内涵都是相似的，可根据实际研究情况进行选取。

随着网络新社群活动模式从原先仅限于线上互动转变到现实世界的互动在网络世界的延伸，网络社团文化正在不断介入中国社会的变革进程，并产生了深远影响。从社会资本理论视角来看，在中国语境中，网络社群已经成为一种重要的社会资本，其全新的构建模式及社会实践展现出了重要的文化和政治创新意义。微观层面上，网络社群颠覆了传统的人际交往和关系建立模式，依据六度分割理论，它充分拓展和利用了个体的人际资源。宏观层面上，网络社群通过"聚众"的方式搭建了个体与国家和社会之间联系的桥梁。其独特的社团文化弥补了个体与政府部门间的鸿沟和裂痕，促进了人与人之间正常的群体合作，并且为他们的社会融入及政治文化参与提供了崭新的渠道。社交媒体的不断普及给人们带来了全新的社交体验，构建了新型的社会关系网络，促进了个体的社交经验在时空范围内的扩大化。社会资本理论实质上是基于人与人之间信任关系的基础上确立的主观体系，其核心是个体的价值评价的标准。这一标准在当今的社交媒体背景下已经发生了深刻的变化，即社会资本呈现出更大的流动性与外溢性特征，并且社会资本的形成机制与途径发生了全新的变化。因此，研究社交媒体新技术对社会资本构建过程的影响彰显出重要的意义。

在社交媒体研究领域，近些年来，众多学者通过不断努力积累了许多研究成果，学者普遍地认为社交媒体能够促进公民意识和社会的发展。一些学者在对社交媒体作用的研究中提出，社交媒体可以增强民族的凝聚力，促进社会公益活动和群体行为的有效发展，构建积极的网络交流平台，从而有效促进公民参与的发展。当前国内对于青少年或大学生网民群体的研究，大多都集中在教育学、心理学这两个领域，众多学者主要研究大学生网络社交媒体使用的动机和特征、互联网使用行为的病理性、道德教育在网络方面的问题等。然而，针对于互联网对国内大学生的社会化影响，目前还较少有学者涉及这一方向的研究。对于社交媒体使用与公民社会资本这一话题，外国研究人员表现得尤为重视，很多学者就网络使用的方式，还有传统的传播媒介展开了具体分析，并阐述了自己的看法。有学者认识到在互联网平台上，网络传播媒体的内容服务和娱乐性已经为使用者提供了便利和高效，但这也可能导致用户长时间在线，使他们陷入精神低谷，引发焦虑情绪等问题，最终可能干扰社交媒体对民众进行正常社交活动的作用，导致社会资本的积累迅速下滑。还有研究者指出社交媒体为个体交往带来了崭新途径，平台化的服务方式较为方便快捷，而且费用相对较低。这种形式更能促进人们在社交媒体上进行表达，寻求共享有一致兴趣爱好的消费者，并提供更广泛的公共聚集地。因此，这些平台可能会为个体提供一定程度的社会资本。也有部分学者的观点保持中立，他们认为相比于现实的社会交往来说，社交媒体所营造的虚拟社交空间减少了大众在现实世界的社会资本交流，但同时正因为有这样的虚拟空间的存在，用户在虚拟世界的参与形成了一个新形式的社会资本。因此，社交媒体的使用在一定程度上补偿了之前的现实社会资本。

社会资本扎根于社会网络结构和社会关系当中，社交媒体的兴起推动形成了崭新的社交体验，构建了新型的社会关系网络。亚里士多德曾经认为：人与人之间的社会互动成为人类在社会生存发展中的基本特性之一，而从严格意义上来说，社会从本质上是先于个人而存在的。处在当今这个互联网技术飞速发展、科技日新月异的时代，科学进步和互联网媒介技术的每一次发展都会产生互动方式的革命性变革：电子邮箱的出现，提供了一个横跨时间和地域限制的延时交流互动平台；微博、博客等的出现使得人与人之间的互动不再仅仅只是点对点的交流，而是更加多元；微信和QQ的出现，使得人类之间的互动进入更广阔、更广泛的虚拟模式，人与人之间的互动大范围地出现由线下转为线上、再由线上到线下的相互转换。在当前的即时通信时代，用户足不出户就可以了解他人的最新动态，特别是当今的5G时代，将彻底开辟出新的交流场景，使交流的体验得到进一步的提升。

随着社交媒体对于人类的影响程度日益增大，学界对于此领域的研究范围逐渐扩大，且日渐向着社会资本及社会互动等方向发展。中国的社交网站经历了起步阶段、发展阶段、全面流行阶段，目前正在进入一个较为平稳的发展阶段，社交媒体现已成为民众生活交流的重要组成部分。探索社交媒体的使用行为对于用户个体社会资本积累的影响，能够让我们更有效地预测个体的媒介选择和相应的行为，这对于后期移动社会媒体的开发具有一定的参考价值，在理论和实践两方面都具有较大意义。虽然社交网络服务为我们提供了一个便捷迅速的社交平台，但在虚拟的网络世界中与网络用户的交往方式终究和现实场景中人与人之间的交流沟通方式有着本质的区别，在这一方面，学术界至今为止仍然没有达成统一的研究结论。反观国内的研究现状可以发现，目前众多学者对于社交网络服务和社会资本的联系，无论是在专业理论上还是在实证调查结果上都尚未达成一致，正因如此，迫切需要大量的实证研究对现有的成果和结论加以验证。社交网络的异军突起改变了生活的方方面面，它在原有的传统人际交流的模式上，构建了一个新的网络中介，以此来联系人与人之间的信息交流。同时，社交网络打破了时间空间地理格局的固有界限，使其成为一种全新的人际模式环境，而青少年、大学生又是全新社交网络的主要使用人群，他们同时也是社会发展进步的见证者、参与者和推动者。因此，青少年社会资本的形式和特点值得深入研究。青少年对于社交网络服务的使用对他们自身的成长会起积极作用还是消极作用呢？青少年们在社交网络上和其他人的交流互动是否有利于他们维系和发展在现实生活中的人际关系？社会资本又会在社交网络服务的带动下表现出哪些新的形式呢？他们会不会利用现有的资源改变原有的社会资本呢？这都是领域内研究需要探索和深思的问题。

当前，青少年群体是我国网络使用程度最高的一类群体，同样也是受网络影响最为深远和显著的群体。因此，研究青少年群体的社会资本模式具有深远的意义。本研究在现有研究的基础之上进一步发掘青少年社交媒体的使用与社会资本的联系，从社会学的角度，通过实证研究的方法，将现有研究下的社会资本进行详细分类，并从多个层次来度量青少年对于社交媒体使用的行为和方式，从而达到准确分析两者之间关系的目的。本研究通过对1246名我国青少年的数据样本进行分析，依据前人的研究搭建了理论模型（Ellison，Vitak，Gray，& Lampe，2014），并采用一些统计软件对已有数据进行处理，得出了很多有意义和价值的探讨结果。本次探讨关注线上社会资本，期待能够为相应学科贡献力量，也期待能够在虚拟世界里增进对社会资本的了解。本研究尝试性地对社会资本理论、社交媒体的使用，以及线上和线下公民参与展开综合探讨，加深了学界对社会资本理论的进一步理解，拓展了既有社会资本理论的相关研究；同时，研究深入剖析社会资本的构成维度和构建评估体系，让青少年能够正确认知自身资源，并学会采取相应的措施获取外界的社会支持，积累社会资本，从而更好地成长和发展。因此，本研究具有一定的理论和现实意义。

1.1.3　公民参与的相关研究

"公民"这个词汇通常涵盖了"宣传"或"公众"的内涵，其对象主要是针对民众关注的政治和社会等相关事宜。但此处的"参与"理念，指的是一些事物所涉及的行为。因此，公民参与可以从表面上解释为参与公共事务活动，并在相应国家和地区的社会中共同关注的个人行为。简单地说，公民参与不只是代表公民要奋斗实现个人自由，也意味着公民为了达到一致目的而付出努力。在学科发展方面，公民参与在传播学中被归属为政治传播的领域范畴，政治传播学研究在西方一直有较为深厚的研究传统，是传播学、政治学、心理学及社会学等众多学科交叉研究的学科领域。而我国因为国情不同，在政治传播学方面的论文、著作等相关成就比较少，政治传播学的发展也并没有进入成熟发展阶段，特别是具体到公民参与这个领域，国内相关的研究成果相对缺乏，表现出理论体系不够完善、实证研究较为不成熟的特点。然而，近些年来，伴随着互联网的飞速发展、普及和科学技术的日新月异，公民在社交媒体等互联网网络上拥有了更多的参与形式和方法。与此同时，众多交叉学科背景的学者也因此拥有了在社会公民政治参与等相关调查方面进行研究的空间。

从政治参与的层面来看，公民通过民主选举、民主决策、民主管理、民主监督等多种手段直接或间接地影响了政府决定及相关的公共政治生活。这有助于更好地提升政府为人民服务的意识，提升政治治理效能。从参与社会治理的层面来看，公民参与社会治理，体现了公共精神和社会责任感，锻炼了公民参与社会治理的能力，有利于公共社会的和谐稳定。以习近平总书记2022年在二十大报告中明确提出的"扩大人民有序政治参与"与2018年在庆祝改革开放40周年大会上的讲话提出的"人民依法享有和行使民主权利的内容更加丰富、渠道更加便捷、形式更加多样"为标志，公民参与这个话题已经成为目前党和国家主要关注的话题，这表明党和国家致力于推进健康有序的公民参与，促进我国特色民主政治的强烈夙愿。让更多的公民以更积极的姿态参与公共政策制定和公共生活管理有助于促进公民权益的实现，推动民主政治工作开展，以及创建和谐社会。

公民参与对推动公民利益表达、提高公众参与热情、解决利益冲突、改善治理效能及提升政治合法性等方面具有促进作用。特别是在当今移动互联网背景下，信息传播方式使得公民参与迸发出更大的价值。首先，社交网络大幅延伸了人们参与公共政策过程的知识边界和空间边界，互联网提供的无阻碍、全景式的信息流动方式，促进了跨时空、跨边界、跨领域的联系。并且，人们通过匿名方式表达自己的意见，能够避免部分公众囿于自身所处位置而无法直接表达自身意见的问题。从技术角度来看，大数据和云计算等新型技术的应用使得实时动态呈现公共态度和意见成为可能，极大地节省了成本；此外，更多先进技术如卫星遥感等能够最大化地支持公民意见相关数据的不断更新。新的媒介技术赋予个体表达观点的权利，有效地降低公众进行参与的成本和门槛，最大化地提高了公民参与的质量。最后，公众通过使用社交媒体参与公共治理还对于多元化构建政府治理有促进作用。使用社交媒体进行公众参与一方面有助于指正不合理政策，另一方面对于让公众成长为拥有民主意识的公民有着积极影响。然而，目前的研究也关注到公民参与仍存在的一些现实窘境，诸如参与社会治理的渠道尚未畅通，参与过程中存在一些形式化、虚无化及碎片化的现象，公共服务的层次、方法尚需进一步丰富，参与效能层面亟待提升，易产生极端抗争性行为等。要解决这些疑难问题，需要借助社交媒体的政治性功能和社会性力量。伴随着公民公共社会活动范围的逐渐增加，公民参与的方向领域也在不断地拓展延伸，从最初的社会政治参与，逐渐发展为经济、社会生活、文化、娱乐等众多领域内的公民参与。如今，公民参与的探索逐步拓展到许多范围，包含公共生活、策略法规和公共权力。

随着移动互联网和社交媒体的飞速发展和持续普及，国内外学者逐渐关注到社交网络的社会影响，开始积极探索社交媒体使用和公民参与之间的关系，并且取得了阶段性的成果。第一，从理论视角来看：国外学者很早就对公民参与进行探讨和关注，并日渐形成相对完善的理论框架。诸如早在20世纪末期，国外学者就提出了协商民主这一重要理论，指明了民主体制的参与对象是公民，强调了公共政策应该以协商的形式来保障大部分公民的利益。然而，我国学者对公民参与的一般性的理论探索仍然不足，多数研究关注理论的本土化探讨，诸如民主社会的价值意义，本土特点的民主法规和民主文化等。第二，从研究视角来看：主要有两大视角——"技术决定论"与"社会决定论"。"技术决定论"认为作为内生动力的技术推动了信息传播的变革，能够以直接的方式影响公民参与而不被其他的因素所左右。"社会决定论"却认为技术本身仅仅作为中性工具，受到使用者的影响。社会结构、政治权力、经济体制等非技术因素会通过对技术的底层设计与实际应用施加影响，从而间接地影响公民参与。第三，从研究内容来看：重点关注社交媒体使用对公民参与的影响。例如，研究社交媒体相对新媒体的优势、公民不同的社交媒体使用形式（如信息使用型和社交娱乐型）的影响、社交媒体的使用强度等。总而言之，国外对于青少年线上网络的研究，已经逐步转向追寻第一部分提及的青少年参与研究的方向，从过去的对社会政治参与的偏重转变为从青少年的角度调查研究青少年线上公民参与。此外，国外的研究近些年来开始不仅仅关注青少年群体，也在关注调查未成年群体的相关发展方向。我国的青少年线上网络参与研究则与国外传统研究更为类似，依旧更多地关注青少年群体，特别是青少年群体网络政治参与。

伴随着网络力量的快速参与，公民参与的形式和内涵都正在发生着较为明显的变化。就参与的形式，研究者也给出了不少解读。Beeghley把参与划分为六类维度，包含表达维度、认知维度、选举维度、组织维度、政府维度和党派维度的参与。值得一提的是，表述参与反映了公民与他人从社会政治等方面话题进行观点交流、态度传达、展开争论的行为；认知参与是指公民通过阅读杂志或报纸、收看新闻电视、收听无线广播及通过亲朋好友等人知晓的方式来获得政治信息，进一步培养个体对于政治的深入认识（Beeghley，1986）；相较于其他的参与形式而言，表达和认知维度的参与尽管对于个体的政治决策产生直接效用，但也成了由个人确认采用进行参与的方式（接到下次参加选举、组织参与、政府参与与党派参与）的先决条件（Beeghley，1986）。Carpini等学者同样也认为在某些公众场所、场合和其他人交流、辩论或探讨社会政治相关问题也是公民参与的一个非常重要的形式（Carpini，Cook，& Jacobs，2004）。普通民众作为一个独立的个体通过这种言语参与可以多个维度地发表看法，从大家所处的位置、彼此之间的喜好及对一些问题的思考等方面，了解彼此的立场，从而为提出建议和及时解决问题努力。总体而言，表达参与对于其他几种参与类型来说已经成为参与的基础性要素，不管是参加选举、参与机构评议、党派的组织参选方式，还是党与政府共同展开工作，都离不开其作用。

在现如今国内社会经济飞速发展的背景下，政府不能完全掌握传播信息的主营权，但对网络媒介建设也起到了不可或缺的作用。另外，信息的传输与传统意义上的接收者发生了全新性、特色、全方位的变化，这一本质的转变蕴含着全新的特征与价值。因此，带有目的性地研究社交媒体的特色及在政治传播活动系统的发展理念和作用效果，已经成为研讨者的关注焦点。由于公民参与的过程极其复杂，学者们在实际研究中尝试挖掘社交媒体使用和公民参与的中间变量，通过验证变量之间的相互关系来探索二者的具体作用机理。因此，将社会资本理论纳入当前微观领域的研究则成为在社交媒体背景下探讨公民参与的重大突破。社会资本促进了结社行为，并使得出于政治、经济、文化等目的集合在一起的群体逐步发展为强大的公民社会，从而促使政治机构和官员更积极响应，并进一步转化和确立更有效的政治制度。然而，也有许多研究人士对于社交网络使用时间逐渐增加的现象感到担忧。过度沉浸在网络空间中可能会大幅度降低个体与亲朋好友在真实世界的沟通和交流。这可能导致个人的社会资本降低，进而抑制公民参与。因此，深入研究社交网络使用对公民参与行为的影响，弄清其是抑制作用还是促进作用，显得尤为必要。

通过社会资本的视角来探索线上公民参与，其内在的本质是强调已有的资源和社会网络会对公共参与产生一定的作用。部分学者认为，互联网延伸了公民之间的社会关系，因此十分适合培育社会资本。诺曼和西德尼通过研究发现，政治参与和政治资源、政治心理及结社状态紧密相关，一般情况下，结社较多的、受教育程度较高的且公共意识强的人进行政治参与的可能性较高（陈振明、李东云，2008）。大学生群体接受了高等教育，普遍拥有较高的知识水平，有一定的理性客观判断能力，具备积极关注社会热点新闻、社会政治事务并交流表达诉求和观点的可能性。但在现实中却发现，大学生青少年群体虽然拥有线上网络公民参与所应该具备的许多便利条件，但却经常受到公民参与精神缺乏和政治冷漠的诟病。尽管存在这些问题，但无法否认的是，青少年的线上网络公民参与将直接影响我国未来公民社会和公共领域的构建和形成。只有全面挖掘并充分发挥社交媒体的功能，个体的政治参与意识才能得到根本提升，不同的政治信息通过社交媒体进行有效传达，媒体所呈现的公民权益意识逐渐提高，才能保障社会政治生态的健康发展。

本研究试图按照这个理论路径，以青少年社交媒体用户为例，解析社交媒体的采纳与个体社会资本的生成，以探讨这一群体的公民参与行为受到怎样的影响。此外，研究将关注青少年使用微信、微博等社交媒体进行网络公民参与和进行线上与线下公民参与的现状，以及它们之间的相互关联和影响因素。通过构建清晰的青少年社交媒体使用、社会资本、公民参与三者之间的模型关系，本研究进一步探讨是否有助于促进青少年群体的公民参与，并发掘更多的可能性。

1.1.4 青少年群体的相关研究

在以微博、微信为代表的新型社交媒体的迅猛发展的背景下，青少年作为中国社交媒体使用的主力军，他们的利益诉求表达方式、社会资本的构建及公民参与行为都发生了深刻的变革。根据《2020 年全国未成年人互联网使用情况研究报告》的数据，本土年轻网民呈现出一些特征：第一，青少年网民群体的数量继续扩大。未成年人的网络普及率接近 95%，数量增至 1.83 亿人次，不同学历段的普及率也存在细微区别，小学、初中、高中、中等职业教育分别为 92.1%、98.1%、98.3% 和 98.7%。首次接触互联网的低龄化趋势更加明显，不同学历段的未成年人在学龄前就接触网络的比例相较于 2019 年，均得到提升。第二，上网设备普及率提高。独立拥有上网设备的未成年人数达到 82.9%，智能终端普及迅速，手机、平板电脑、智能手表的持有比例分别为 65.0%、26.0%、25.3%。第三，对互联网主观依赖程度提升。非常依赖和比较依赖两种程度的未成年人网民数量达到 19.6%，较 2019 年有所提升。此外，日均上网时长也有所增加，部分青少年出现过度使用互联网的情况。第四，社交活动仍是未成年人的互联网使用重心。网上聊天、社交网站使用的比例分别达到了 55.1%、30.9%（余建华、孙丽，2021）。

此外，青少年接触社交媒体的时间更早，对新技术的接受和适应能力更强，因此社交媒体使用状况呈现出新特点：社交媒体形态的重叠性使用，即可能使用不止一种的社交媒体进行信息搜寻和沟通交流；使用动机具有多样性，利用不同类型的社交媒体提供的多元功能显著改进现有生活或议程；对社交媒体平台上的信息的认可度较高，虚假新闻、不良信息所造成的影响更普遍、严重。虽然相较于传统网站，社交媒体提供了更为真实的信息交流、社会交往平台，有助于青少年维持原有的人际关系网络并且拓展新的社交联系。但值得警惕的是社交媒体也具备一定的开放性，并且"把关人"系统的缺失更是让青少年暴露在广告、暴力、欺诈等不良信息网中。青少年不成熟的网络素养能否帮助他们辨别信息真假、抵抗不良现象的诱惑值得政府部门及社会各界的关注。因此，亟须深入了解社交媒体使用现状，以及其对青少年社会资本、公民参与的影响，以便针对性提出引导策略。

习近平总书记在庆祝中国共产党成立100周年大会上的讲话强调，未来属于青年，希望寄予青年。青少年应当响应时代的号召，承担起实现中华民族伟大复兴的历史使命，以更积极的姿态参与公共生活的治理。在这种形势下，学界需要对青少年社交媒体的应用方式现状及对公民参与的影响问题进行全面、系统和深入的研究，从而为党和政府在社交网络的治理和引导大众有序参与方面提供有针对性的决策咨询和理论支撑。当前，学界还鲜有研究聚焦本土青少年的社交媒体使用和他们的公民参与状况。此外，对于公民参与、影响因素和引导路径的宏观研究多于微观研究，学界尚缺乏对此现象的系统的理论研究和实证性分析。

互联网的发展和社交媒体平台引起了数字时代政治局势的颠覆性变革。个体逐渐地把社会媒体平台作为自我表达、沟通政治想法的重要渠道，众人纷纷利用自己的资源在这些平台上筹集资金，并鼓励他人参与投票、抗争、解决公众问题等。值得注意的是，青年在公民参与中的群体比重最大。由于青年群体的异质性特点，对其范围的划分方式也多种多样。比如，联合国指明了国际范围内通用的定义之一是将15至24岁的人群归类为青少年，然而由于青年群体在不同地区和国家差异很大，还能够根据不同区域的具体国情和相关政策，把年龄划分为25岁至30岁，或者大于35岁。不同研究人员就公民参与研究领域里的青少年的年龄分类展开了界定，并对13至17岁的青少年进行纵向探索，指出13至20岁是政治意识社会化的重要阶段。在中国学者的研究中，"青少年网民"主要指过去6个月内使用互联网的16至25岁公民。由于中国研究生的数量不断提高，越来越多的青年人在完成他们的硕士学位之前都处在校园中。同时，中国青少年18岁时就拥有选举权，从而拥有并担负着一定的公民权责。因此，中国青年以18岁为起点的人生阶段是其从年轻个体开始转变为成熟个体的初始和关键阶段。

社交媒体平台上，青少年的公民参与行为呈现出两大特点。首先是政治身份认同的两面性。具体表现为：一方面对政治议题较为冷漠。青少年之间就个人政治观点、时事新闻等展开交流和辩论的情况明显较少，没有形成浓厚的谈论政治的氛围，并且这一情况在不同国家都有出现，降低了社会民主的功效。另一方面表现出强烈的爱国意识和维权热情。青少年群体更加关注与生活紧密联系的事件，例如污染、贫困等全球性问题，或者当地的民生、安全问题等。另外，青少年往往通过非传统的公民行为参与政治活动。当处在缺少政治性资源的情况下，年轻人趋于采用传统的参与方式（例如游说他人为某个候选人投票、为某个政党工作等选举过程），这类方式不能带来真正意义上的改变，可能会降低他们的参与热情。然而，诸如微博、微信等社交媒体平台的出现为青年公民提供了可获得的、多样的参与途径。青少年可以采取撰文、网上发言，对有兴趣的话题进展情况进行分享与赞同，面对实际的问题能够联系有关部门负责人进行解决，提升公众的舆论氛围，帮助有需要的人，以为慈善事业募集资金等多种多样的非传统形式参与政治生活，为社会发展贡献一份力量。

对以上现象背后的因果联系深入探究，可以发现：第一，对实际状况不满的情绪成为青少年对政治淡漠的重要因素。青少年在正式政治组织中代表性不足，常被排斥在政治进程之外。某些政府部门的不作为行为给青少年留下了不负责的负面印象。此外，社会化媒介传播促使丑闻事件迅速蔓延，加剧了信息传播中的"极化"这一特有现象。这种"负能量"的政治环境和自身对政治的冷漠双重影响着青少年的政治参与行为。第二，青少年较低的经济来源也打击了他们的参与热情。尽管社交媒体提供了便捷的获取信息的渠道，但并不能完全弥补薄弱的经济状况带来的负面影响。第三，泛娱乐化的媒介环境造成青少年身份认同感的缺失。青年群体更容易沉溺于娱乐和游戏中，这对他们的思维方式产生了一定的影响。在这一背景下，亟须开展相关研究探讨如何引导青少年正确应用社交媒体和积极行使正当公民参与权利，进而促进社会民主的不断发展和成熟。

当前社会青少年大多通过微博、社交软件、网络论坛博客等途径来行使自己的公民权利，监督政策的实施，表达自己对于社会政治政策的看法。因为网络空间的虚拟性特征，以及网络个体用户进行在线参政议政的便捷性，使得网民极容易作出反馈。一旦这些反馈被接收，政府方面就会通过判断又一次作出继续加强政策的修改或重新制定的决策。社交媒体平台对于青少年群体在平台上开展政治对话、政治沟通等尤为重要。一方面，大学生群体进行的政治参与能够作用于社交媒体的信息产生和功能开展；另一方面，社交媒体平台本身培养了年轻人的政治性的表达形式，打造形式乃至价值层面和参与层面的意愿。从一定程度上来讲，社交媒体普遍对于青少年群体的网络政治参与活动具有引导作用，使其同时也和政治密切相关。随着新兴媒介的不断更新和改变，各种类别的社交媒体呈现出不同的发展状况。许多社交媒体平台在追求显示自身特色、发挥社交传媒优势的同时，也在不断探索融合道路，通过功能提升努力形成这一社交平台内的文化圈层和认同群体。

目前国内对于青少年群体网络参与的研究，主要是以大学生等青少年群体为主要的研究对象，这种现象在一定程度上源于研究界对于网络线上公民参与的定义大多集中在网络政治参与这个方面，忽视了公民参与其他层面的参与活动。此外，线上网络政治参与包括线上交流讨论社会政治政策和事件，主要涉及青少年群体的行为，所以目前我国对于线上网络参与主体的研究更加倾向于青少年群体。但从目前来看，未成年群体也已经逐步发展成为网络互联网使用的强有力的一部分力量，中国互联网网络信息中心（CNNIC）的最新数据显示，截至 2023 年 6 月，我国 19 岁以下的网民占比达到了 17.7%，略高于 20 到 29 岁网民所占的 14.5%。由此可见，对于未成年群体的研究也同样是不可缺少的。虽然由于其发展年龄段的限制，未成年群体可能对于社会政治相关事件没有青少年群体那么强烈的兴趣，导致线上网络的政治参与度相对较低。然而，这并不能代表未成年群体没有公民参与的行为和需求。因此，通过研究未成年群体，深入调查未成年群体的线上网络参与，进一步探索未成年人是怎样通过网络参与、以哪些方式进行公民参与，有助于维护未成年人的正当权益，最终实现对未成年人的网络赋权。

伴随着社交媒体的进步和发展，网络社交媒体当前已经成为青少年线上参与的重要平台。网络社交媒体这一新型媒体平台，相对于 Web1.0 时代来说，具有新媒体的特征，包括全方位的数字化、交互性、个性化、超时空性等特点。众多新的媒体特征为青少年网络参与提供了崭新的可能，提升了青少年参与的主动性和积极性，因此青少年网络参与的研究需要重视媒介媒体自身的特点及其在青少年赋权方面的作用。在研究青少年参与时，最关键的就是研究思路的转换。研究应该采取应对青少年参与相应的衡量指标重新划定界限，政府也应该切实负起责任，对青少年参与采取切实的措施，并进行思路和方法上的转变，以更好地适应宏观环境的发展和青少年自身的发展需要。宏观环境的变化，既包括政治、经济和社会各方面的变化，也包含新媒体和互联网的发展。不论是在国内还是国际，青少年群体都是社交媒体、网络互联网的积极主动的使用者，网络日渐成为青少年参与较为重要的平台和工具，网络空间环境逐渐成为青少年参与的重要环境空间。因此，对青少年网络参与的研究成为社交网络参与研究的关键。加强对参与过程的研究，了解青少年网络政治参与的机制体制，不仅能够为提升青少年政治参与度提供理论指引，也能够为正确引导青少年进行有序健康的政治参与给予帮助。

因此，本研究选取 14 至 28 岁的青少年群体为研究对象，试图全面、真实地展现出我国青少年群体的社会化媒体使用情况。研究将聚焦于青少年的个体因素，探讨社交媒体使用动机、使用习惯和使用行为等对其社会资本积累的不同影响。本研究在社会资本的视域下，关注青少年群体对社交媒体的使用状况与其社会资本积累和参与公共生活之间的逻辑关系。在此基础上，把握好影响青少年在新时期的公民参与的各种相关元素，针对当前我国青少年社交媒体的使用、社会资本的积累及公民参与中存在的种种问题，我们进行了有针对性的深入分析，旨在提出切实有效的解决策略，从而进行正确引导和促进青少年的公民参与。研究力争为新时期中国社会化媒体与公民参与这一重要议题贡献新的实证结论和理论解读。

1.2 研究意义

随着移动社交时代的到来，以微博、微信为代表的社交媒体平台提供了更便捷多样的公民参与渠道，公民参与的内容和形式也逐渐丰富，进一步催生了相关领域的研究。由于社交媒体的广泛使用与新媒体知识的日渐普及，当前，中国公民运用社交媒体进行公民参与的热情与日俱增。在中国，公民已经能够充分采用社交媒体进行参与公共性事务、进行民主监督等活动，行使人民的知情权、参与权、表达权及监督权。社交媒体的应用为公民参与提供了强大而有效的传播渠道和技术后盾，颠覆了以往传统意义上的公民参与模式，极大地提升了公民参与的积极性和主动性，多样化的社交媒体平台丰富了公民参与的渠道和手段，无论是从主观和客观方面，还是从理论和实践层面，公民参与的素养和质量在这样的媒介和环境下得到了改善和提高。在新型媒介背景下，将社交媒体的使用和公民参与结合考察，积极探究社交媒体和公民参与协调发展的最优结合点，充分发挥社交媒体在我国进行公民参与的重要角色和地位，逐步健全我国的民主化体系，拓宽民主化的方式，已经构成如今本土民主稳步推进的重要目标。基于这一观点，在社交媒体背景下，对当前本土公民政治参与面临的具体问题进行研究已经成为一个富有前瞻性和前沿性的重要理论研究和实际研究的议题。

同时，考虑到社交媒体在全国有着很大的发展前景和壮大趋势，青年群体，作为线上最频繁和最活跃用户之一，是社交媒体的热衷支持者和未来的主要参与者。这一群体在社交媒体使用方面的态势和趋势引起了社会各界、公众及相关部门的高度关注。对此，本研究要抓住并了解青少年社交媒体使用的态势程度，有针对性地进行指导和规范，从而引领青少年合理地使用媒体，积极进行网络参与行为，构建良好的网络文化环境。此外，借鉴社会资本理论、使用与满足理论和公民参与等多重理论，本研究更多聚焦于社交媒体使用和互动等因素对于他们社会资本的积累和公民参与的影响。研究试图通过使用这些经典的理念范式，评估社交媒体的应用力量，充实拓展它的内涵，填补学界先前对这类探索不足的领域。

本研究以社交媒体背景下公民参与的基础概念界定和相关理论研究为基础，对社交媒体使用、社会资本、公民参与进行了细致划分和全面评估。结合社交媒体的技术特征，并引入网络人际交往等社会因素，将社交媒体使用分为使用习惯、使用动机、使用行为三个部分，从心理层面到实际行动进行了细致探究。基于社会资本理论，本研究选取了对人们社交关系网影响最大的三个维度，即社会连接、社会信任和生活满意度，对社会资本进行了全面建构。公民参与区分了线上参与和线下参与两个不同渠道，有针对性地进行深入的剖析。从社会资本理论的视角出发，探索性地建立了当代中国语境下社交媒体使用、三个维度的社交资本及具体的公民参与之间的理论研究框架，多层次地系统探讨社交媒体使用在何种程度上能促进不同维度的社会资本和公民参与的提升。与此同时，针对日益增长的需求，研究创新地将社会资本作为中介因素进行探讨，探索其对于公众参与的间接作用，从而解决关键性的问题，并为有序的公民参与的引导提供新的理论指导和可行性的操作建议。

1.2.1　理论意义

第一，本研究侧重于从社会资本理论的视角，运用政治传播学和社会学等交叉学科的理论基础和研究方法来分析青少年社交媒体的使用及公民参与情况。这有助于重新理解在社交网络时代中国青少年公民参与行为的形成机制，同时也丰富了新闻传播学的研究视野。在整体的研究过程中，研究针对现有的社交媒体的普遍功能特征、社交网络中信息传播的复杂性和多样性、青少年的人口统计学特征进行相关理论的论证与调适，从本质上理解和把握青少年的社交媒体使用和公民参与，从而完善了相关研究的理论体系。

第二，本研究将通过验证性模型探索方式，构建中国社交媒体使用与公民参与的结构方程模型，以更好地阐释在社交媒体的背景下个体社会资本的获取。以往社会资本理论被广泛应用在社会学、经济学等学科的研究，目前越来越多的传播学学者将其应用在传播学领域。本研究将社会资本理论、社交媒体使用及公民参与进行结合分析研究，深化对社会资本理论的理解，同时也丰富了既有社会资本理论的内涵和外延。本研究还对于公民参与意识和行为的深度与广度的变革作出了贡献，为本土化的传播学领域的理论建构提供了新的思路。

第三，之前的社交媒体平台大部分都需要用户匿名注册和登录，例如曾经风光无限的 BBS 论坛和博客等初期的社交网站。许多研究的结果表明此类网站具有比较封闭的环式结构，虽然这种结构有助于促进互动沟通、激发用户建立个人身份、塑造自我形象，以及维护社交活动的正常进行，但由此构建的人际网络相对较为静态，缺乏稳定因素和灵活性。在线交友的选择存在一些束缚，因此构建的社会资本相对匮乏。网络技术的变革使得社交媒体能够突破互动构造的瓶颈，形成网状式连接的互动化结构。在此基础上，以使用者为原点可以无限制地拓展，同时辅助以强大的搜索功能，跨越区域限制；采用严格的实名制批准机制；网络空间中复制了人们通过亲朋好友和人际网络建立的传统模式，从而强化了原有关系，并为建立各类新型关系提供可能性。对于年轻人群体而言，他们获取潜在的社会资本具有很大的可能性。然而，当前本土研究对于社交媒体如何促进社会资本之类的研究关注度不够，并且缺乏大量实证性的探讨。鉴于此，本研究将从微观、中观和宏观层面透视不同维度的社会资本能否成为影响我国公民参与的重要链式中介因素。这将丰富对社交资本理论的实证研究，为当代青少年的公民参与和网络关系等后续议题提供新的借鉴和思路，具有一定的前瞻性。

1.2.2　实践价值

第一，社交网络的迅猛发展促进了用户交往形式和社会生活参与方式的创新。目前，通过社交媒体从事公民参与行为日渐成为青少年群体进行公共事务参与的重要手段，他们能够即时在网络空间中参与有关国家、社会和组织各类活动，表达个人意愿和利益诉求，其中的新特点与新动向值得学术界和业界的更多关注和探讨。因此有必要在新时代背景下探索社交媒体对个体和社会的影响，把它的有益因素与社会公共生活协调发展综合起来。研究通过全面评估青少年群体的社交媒体的使用现状，认真科学地分析了这类群体使用社交媒体的利与弊，从而为青少年该如何合理地使用社交网络，抵御网络世界的不良诱惑，培养自身的网络素养提供一定的启示。

第二，社交媒体已经成为个体建立和维持人际关系网络的重要工具，而社会资本作为社交网络中不可或缺的资源，在影响青少年健康成长方面显示出巨大潜力。本课题聚焦于青少年群体，试图全面和综合地勾画青少年群体使用社交媒体的图景。与此同时，考察个体统计科学变量尤其是所在背景、个体因素、使用动机、使用习惯和使用喜好的差别对社会资本产生差异性作用，从而把控了影响青少年群体社交媒体使用行为的具体因素，以便从根本上解读和更有力地解决问题。此外，深入剖析社会资本的构成维度和构建评估体系，能够让青少年正确认知自身资源，并学会采取相应的措施获取外界的社会支持、积累社会资本，更好地成长和发展。每一名用户都是重要的网络节点，想要提升自身价值，就要不断拓展社会网络、提高关系强度，将虚拟世界中的社会关系网转化为实际生活中的社会关系和社会资本。

第三，本课题旨在全面把握年轻人采用社交网络进行公民参与的现实面貌和未来趋势，为相关部门从社会资本角度来培养公民意识和引导有序公民参与提出可行性的策略和路径引导，因而对推动我国民主政治的进步具有积极的现实意义。鉴于网络技术手段的进步，大量社交媒体的使用者的线上活动都有公民参与的印记，他们对于社会公共议题方面的随时关注、意见表达、话题探讨、事件的动员和行为参与，都深刻地影响着公民参与公共生活的整体面貌。新的媒体环境下，公民参与的具体形式被划分为线上参与和线下参与两种，互联网为线上许多的公民参与的方式提供多样的平台，例如态度传达、网上投票、参加在线的请愿等。能够将内容制作和发布的权益赋权到使用者的社交媒体让这种影响得以扩大：社交媒体不但能作为基本的信息平台为受众提供有价值的信息，而且可以作为互动渠道为他们彼此的沟通交流提供新的路径，同时还衍生多样的表达方法如给他人点赞、转发帖子、主动留言等，为公民在平时参加社会的各类公共事务提供了便捷的平台。社交媒体的蓬勃发展，使得年轻人拥有更多的机会进行公民参与，这对建立积极和健康的民主制度具有极其重大的价值。此外，从使用维度来讲，研究还为政府相关单位利用新型媒体提高公民生活的政务服务的便利性提出了相关建议。

第四，针对青少年群体社交媒体使用和公民参与现状中存在的问题，个体、学校、社会和政府要群策群力，维护网络安全、规范网络秩序、净化网络环境，共同探索网络治理的新模式，营造人人参与的良好氛围。对社交媒体管理者和用户而言，社交媒体管理者需要知晓用户需求、使用行为及媒介使用效果，进而改进信息内容分享社区的服务建设，提升用户体验，从而使越来越多的用户加入社区。用户可以更为高效、轻松地在社交媒体上获取信息、培养人际关系。同时，社交媒体还有助于提高公民的线上和线下互动，帮助他们积累更多的社会资本。社会资本可以理解为对社会资源的积累和利用，对社会建设而言，弄清楚用户社交媒体使用行为与社会资本的之间的关系，对于实现社会资源的利用和变现具有积极影响。

1.3 研究思路与方法

1.3.1 研究目标

本研究主要根据社会科学研究的基础研究步骤来展开，研究的重点在于：①当代中国青少年社交网络使用状况评估；②社交媒体的崛起对于社会资本获得和公民参与行为的变革；③社交媒体的使用、社会资本和公民参与之间内在的逻辑联系。据此确立了主要的研究目标，并建立了总体研究框架，如图 1.5 所示。

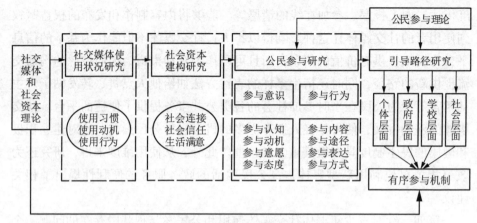

图 1.5　研究总体框架

　　第一，建立社交媒体背景下公民参与的理论分析框架。在对以往社交媒体、公民参与领域的相关文献进行整理回顾、归纳解析的基础上，发现现有研究存在的不足，侧重从多种社交媒体理论基础如强弱关系理论、使用与满足理论、社会资本理论出发，完善目前的研究模型。同时结合社交媒体的特性和本土语境，构建本项研究的理论探讨框架，为今后科研提供理论根据，从而提高研究的系统性和整体性。

　　第二，搭建青少年群体社交媒体的使用考察系统。本土青少年群体的社交媒体使用情况是探索社会资本积累和公民参与的基础。社交媒体与传统媒体最大的区别在于每一个用户都可以创造自己的内容并进行传播，一方面促进了信息的多元化，另一方面真假难辨的信息对用户的辨别能力提出了更高的要求。因此需要对当前青少年的社交媒体使用情况进行评估，以便后续的研究开展。参照现有文献，本研究将社交媒体使用的研究分为使用习惯、动机和行为三类展开样本的收集与解析。同时，聚焦于不同人口统计学背景的青少年的个人特征对具体的社交媒体使用的影响，以期建立对社交媒体使用状况的全面分析体系。

　　第三，搭建青少年的社会资本构建的评估框架。本研究将社会资本理论引入研究框架中，从社会连接、社会信任和生活满意度三个维度进行深入研究和探讨。在社会连接方面，关注在中国语境下社交媒体对个体的关系网络的搭建内在机理。社会信任作为不可或缺的社会整合力量，被绝大多数学者认为是社会资本的重要形式之一，其在促进人们的志愿合作、提升公民参与方面的潜力不可忽视。生活满意度是指人们对生活中的各项事物的满意度认知,包括家庭、工作、社区等多领域,是人们行动的主要目标结果。此外,考虑到社会资本在用户关系网建立的重要作用,本研究还深层次地考察社交媒体对青少年社会资本积累的潜在影响。

第四,探析社交媒体对公民参与的影响机理。首先,依据以往的研究结果,构建青少年公民参与情况的评价模型。主要从社交媒体使用效果出发,重点对社交媒体使用的哪些方面能够促进线上和线下公民参与来进行评估。其次,研究实证性地考察在社交媒体使用对青少年公民参与的影响过程中,不同维度的社交资本是否扮演中介的角色,并导致了不同的结果。

第五,探讨基于研究结果的提升公民参与的机制。本课题从网络治理理论和社会责任理论等战略视角出发,针对个体、政府、学校和社会这四个不同的层面,设计如何通过培育社会资本来促进有序公民参与的有效路径,并有针对性地提出相关建议。对个体来说,关注社交媒体使用如何有效提升其社会资本和公民参与。对政府来说,要充分利用社交媒体保证政务信息的公开透明,同时为青少年打造清朗健康的网络空间。对学校来说,要引导青少年正确使用社交媒体,提高他们的网络素养。对社会来说,明确社区治理多元主体关系,依托社交媒体营造良好的社区共治氛围。

1.3.2 研究思路

为了达到研究目标,还应对现有研究难点进行一一攻克。首先,针对公民参与行为模式的改变,将原有理论重新检验并修正,构建本土化的公民参与的量化指标和研究范式。其次,社交媒体种类繁多,要准确地把握青少年利用它们进行公民参与的规律,为引导有序参与提出切实有效的建议。如今社交媒体已经成为青少年群体对社会公共事务发表看法和表达意见的基本场域,所以如何有效引导他们进行理性的公民参与也成为目前本土意识形态工作的一项重要任务。在纷繁复杂的虚拟环境中引导青少年理性进行公民参与,要做到内在和外在相互结合,多种措置并举,才能形成有效的合力。通过对研究重难点及主要目标方向的把握,制定了如下研究思路。

第一,现实背景和文献分析。首先阐述了目前移动互联网技术和社交媒体的发展现状。信息传播方式的转变使得探究社交媒体使用对公民参与的影响显得尤为重要,尤其是当社交媒体以它的信息传递的瞬时性、信息含量的海量性、交互形式的对等性等特征，逐渐成为目前我国公民获得有意义的知识与内容，表达自我思想与看法，参加社会公共性生活的关键载体。公民参与作为国家政治和社会生活的非常重要的组成要素，是当代民主社会发展的核心因素，也是社会公共生活民主化呈现的关键标志。社交媒体融入公民参与，也日渐成为公民进行社会参与的重要途径和手段，它是时代变革、科技发展与政治民主化的必然趋势。在这样的背景下，聚焦于社交媒体的使用与中国公民参与问题，既是中国民主政治生活的现实映射，也是推动现代化的中国民主社会发展的重要举措。本研究从新时代青少年公民参与对我国民主化建设的战略意义出发，基于文献梳理与研究综述确立选题。引入社会资本理论，深入探究影响青少年公民参与的潜在机制。

第二，理论框架建立。课题基于文献回顾结果，通过研究青少年群体的社交媒体使用状况、三个维度的社交资本及具体的公民参与行为之间的联系形成研究的基础理论框架。考虑到不同种类的社交媒体特征，建立了全面的使用状况衡量体系，包括社交媒体使用习惯、使用偏好和使用动机。社会资本的建构方面，重点关注在社交网络中起到重要作用的各因素，结合强弱关系理论、使用与满足理论，将社会资本分为三个维度：社会连接、社会信任和生活满意度。公民参与行为的测量则归纳总结于现有的研究。社会资本是作为本研究中一个重要理论，能够更加清晰和整体地解释目前的社会现象，因此也成为探究个体在社会交往的有价值的研究视角。本研究定位于探析社交媒体青少年群体的社会资本的影响也基于此。

第三，系统全面评估。将研究聚焦于当代中国社交媒体对社交资本的建构和公民参与行为的影响问题上进行多元分析，形成对青少年群体参与行为状况的全面的评估和结论。运用问卷调查法获取相关数据用于后续分析，比较研究法为分析不同个体的社交媒体使用和公民参与特点提供方法指导。此外，本研究还应用多元统计分析法和结构方程模型剖析各变量之间的相互联系，验证后提出研究假设。

第四，对策和路径分析。对研究结果进行事后分析，探讨其产生的原因。研究从已有结论和公民参与理论入手，结合青少年公民参与现状，对青少年利用社交媒体进行有序公民参与提出建设性的方案和路径。青少年的公民参与是目前我国民主社会发展的重要内容。尤其在我国的社会主义的制度下，公民参与已经成为个人或不同群体与相关部门就一些共同关心的话题相互协商、互相沟通表达的重要途径。随着新的传播技术和工具的革命性发展，社交媒体与社会发展之间的关系变得越来越紧密，对人类的社会、经济和文化等多个层面都产生了深刻的影响。

研究的技术路线图如图 1.6 所示。

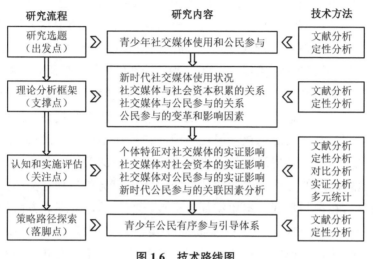

图 1.6　技术路线图

1.3.3　研究方法

本研究采用量化研究与质化研究互相结合、理论搭建与实证探索相互结合、微观视角与宏视角相辅相成的综合方法，具体的方法包括：

①文献分析法。文献分析法作为社会科学研究的基础方法，通过这种方法把已经收集到的丰富的文献资料进行整理，明晰研究对象的特质和状态，从而更好地引发观点的经典方法。本研究采纳这种方法，因为它可以使得研究者对多个领域的研究形成一定的印象，并实现对历史脉络的动态掌握。通过查阅相关专著、政策、国内外文献数据库如知网、Elsevier 等，查找并整合关于社交媒体、社会资本、公民参与等方面的文献资料，对符合要求的文章进行全面、系统、科学的梳理和归纳，掌握研究现状和未来发展趋势，为后续研究提供理论基础。研究依据以往文献将变量划分成多维度进行研究和概念界定，并确定合适的测量方式。

②问卷调查法。问卷调查法主要是基于之前设定好的问卷来收集样本

数据，这种方法作为行为研究中普遍的方法已经得到广泛应用。调查问卷的设计改编自之前的成熟量表并结合研究背景进行合理调整，变量的衡量采用Likert量表进行评分量化。研究基于此次研究的主体部分和研究样本的具体状况进行修正和补充，制定了《青少年社会化媒体的使用和公民参与的调查问卷》。通过分层抽样，借助社交媒体用户的社交网络发放问卷，获取足够的数据，同时使用统计软件SPSS 22.0开展科学的数据探索，运用了诸如描述性的统计分析和相关考察等方法。之后，研究利用AMOS 26.0开展假设模型的路径分析，深入研究移动社交媒体的不同使用因素对于青少年社会资本和公民参与的影响，并提出研究结果与讨论，为后续评估提供定量研究的资料。

③比较研究法。比较研究方法被认为是社会科学领域探索中被广泛采纳的方法之一，意图是查找相互之间的差异、特点和规律。公民参与在国外的研究和发展历史悠久，但在中国尚还处在不完善的阶段。通过对比的视角看待问题、分析问题是探索本土公民参与的关键出发点。因而，研究采纳比较研究的方法，解读和剖析中国公民传统参与和社交媒体时代下的公民参与在参与形式、本质特征、实践类型、运行机理等方面的差别和优劣，分辨结构网络虚拟在线空间与现实社会空间线下的参与之间的差异，能够归纳和梳理出新媒体时代下公民参与理性化的发展脉络和动态趋势，尤其是功能特性变化规律。这一方法有助于全面地解析目前面临的困境，并最终提出合理化的完善策略和建议。此外，本研究采用多维度的对比研究，将不同背景的年轻人的社交媒体使用和公民参与等进行对比研究，能够更好地把握不同人口统计学下青少年的社交媒体使用和公民参与特点。公民参与是一个具有普遍性意义的课题，对此课题，国内外不仅有丰富的理论研究，也有很多的成功实践。研究将通过对一些典型案例的比较研究，分析其普遍性与特殊性，从而帮助探寻引导公民有序参与的机制。

④多元统计分析法。研究涵盖的变量具有多样性，类型和关系也呈现出一定复杂性，因此需要运用多种统计分析法全面和系统地探讨多个变量之间的逻辑联系和规律性。针对已有的数据资料采用多维方法分析，包含描述性的统计分析、主要因子分析、关键变量的相关性探索等。对于具体的探讨，使用专业化的数据统计工具，诸如SPSS和AMOS软件等，使得数据处理结果兼具科学性和系统性。

⑤结构方程模型。结构方程模型作为基于主要变量的协方差矩阵搭建、

评价和检验各个变量因果联系的重要统计方法，也同样被应用在变量没有办法被直接观测的状况。这个方法的优势体现在：可以同步地处理多个因变量、容许变量有一定的测量误差，还可以评估因子结构和相互关联程度、从而让检测模型有相对的弹性、有效评估整体模型的拟合度，因而适用于本研究。实际应用在于：构建社交媒体使用与公民参与的结构方程模型，依据成熟的量表设计问卷收集相关数据来验证提出的研究假设，从而反映各要素和变量发生变动的运作规律。同时对研究结果进行事后分析，探究其产生原因。

1.3.4　研究创新点

以社交媒体为代表的新媒体的研究如今已经成为学界广泛探讨的焦点，以往对于这一领域的研究往往集中在对于其信息传达模式、整合营销范式、个体消费行为的探讨，也有学者关注于网络信息技术，从事策略和对策上的正面引导研究。然而，鲜有研究人员从传播学的学科范畴来全面考察社交媒体的使用。已有的从传播学的视角来研究的课题大多也是聚焦于新闻媒体生态体系研究、社交网络的传播学探讨、新媒体的客户端影响、新媒体的消费行为和品牌研究等，还有一些研究更多地探讨互联网、信息技术及无线网等方面，而对于目前依托互联网和智能手机平台的社交媒体的研究尚未获得大量的关注和探索。

如今社交媒体已经越发受欢迎和青睐，人们的日常生活也越来越依赖于它的使用，这就带来了多样的全新的话题。在目前的媒介使用方面的研究中，可以发现创新扩散理论、强弱关系理论及"使用与满足"理论在解释一些具体的现象上呈现出了较强的阐释力，然而仅仅依靠以往的经典传播学理论往往不能清晰地解释社交媒体的变革引起的众多理论和实际问题，因而如何在新的时期利用多种学科交叉来提出新的研究范式、新理论框架和新的概念已经成了一项非常迫切和重要的工作。针对新媒体的使用和用户的社会资本在国外很早就有研究，也逐渐受到研究者的重视和关注，然而在本土学术界目前还是一个比较新颖且有待开发的领域，本课题也将社会资本理论引入传播学的研究中，以跨学科和多种研究方法来探讨此问题。

通过研究社交媒体的使用对于青少年群体的社会资本的影响，以发掘这个群体的内心需求；研究影响社交媒体对于个人社会资本发挥的关键性因素，为他们如何理性地选择使用新媒体来构建社会关系提供建设性的意见，也为社交媒体的研发单位和管理者提供有价值的参考，以期待在新媒体开发时能够考虑到青少年群体的使用习惯和偏好等，这些研究在现实实践中具有实际的指导意义。同时，近年来，中国在社交媒体和公民参与的很多相关领域的基础研究上取得了一定的成果和进展，这些已经被提出的研究模型也被采纳到多种学科范畴和领域，诸如社会学和经济学等。网络技术的飞跃及其应用与人际交流，也推进社会资本构成和功能的巨变，带来了公民参与方式、方法、特征和行为等的改变。已有的国内外文献相关的理论依据和实证研究为认识和透析社交媒体时代的社会资本和公民参与提供了积极的理论支撑，但本研究也发现目前的研究仍存在许多不足之处。

第一，在研究范围上，尽管已有学者研究了我国公民的政治参与情况，以及网络在促进参与的积极效应。但此类研究多偏重政治参与，而忽视了公民在实际的公共生活中多方面的参与，包括关注公共话题、获得公共知识及参与社会活动等。公民参与作为本土的一种新型的基本民主理论和实践，它目前已经成为我国本土社会政治稳定和实现民主发展的关键内容，如何更好地使公民有序参与已成为学术界和业界的共识性话语。本课题尝试性地系统整理和回顾本土公民参与探索的历史脉络，探讨以往的优势与不足，并在新的背景视域下对本土公民参与进行未来展望，期待对新媒体时代背景下的公民参与的理论和实践带来有价值和意义的启示。但已有研究表明，在当前社交媒体背景下，青少年的网络公民参与呈现出新特征，因此已有的政治参与方面的结论不能简单推广到公民参与范围，而应结合公民参与的概念与新形式进行深入探索。研究通过全面梳理本土公民参与的研究，从初期的政治学背景的公民参与方面的探索逐渐拓展至公共行政研究方面和基层治理中的参与探索，包括这些动态变革中的公民参与的方式、路径与机理的探究。

第二，在研究方法上，与国外研究相比，本土研究侧重于宏观、宽泛的思辨性分析，学理构建性研究尚且薄弱。此外，国内研究采纳的理论多源自西方民主理论，缺乏基于我国国情的理论化的构建和成果。同时，本土研究更多局限于集中研究相关理论的本土化探讨，例如民主的价值意义、本土特征的民主体制和民主文化等，忽视了对于公民参与的一般性理论的进一步探讨。并且本土学者对于公民参与的研究仍处于起步阶段，大多采取质化的研究方法。也有新近的研究者使用了量化研究去探讨社交媒体如何影响公民参与，但研究结果仅证实了两者存在一定的相关性，研究尚未深入。从这些方面可以看出：当前的研究成果和资源相对比较零散，还有待进行综合分析，系统地整合成一个相对完整的框架体系。本研究的创新之处在于：结合了社会资本与公民参与行为，从而搭建起了不同要素之间的逻辑联系，并且在实证探索的基础上，结合了跨学科方式和方法的研究，以期从多个维度上对于公民参与进行深入的研究，理清各个相关因素背后的联系。

第三，在研究对象上，多面向全体公民，而没有关注到青少年群体在公民参与中的重要作用，以及他们独特的社交媒体使用特点。青少年的公民参与，作为当今公民表达个人权利和态度的新形式，在通畅民意、维护个体权益和监督社会事务上发挥着重要的作用，其正在解构与重塑着传统模式下的社会生态。在这种新的形势下，国内对青少年在社交媒体环境下的社会交往模式和公民参与的相关问题挖掘不够，因而不利于对新时期年轻人公民参与内在规律的准确把握。本研究特别关注社交媒体的使用对于青少年群体的公民参与方面的影响的原因在于：一方面，青少年群体是社交媒体使用的最活跃的用户群之一；另一方面，青少年群体正处于其人生的重要时期，拥有社会资本和进行公民参与对其人生发展有重要影响。根据对前人研究的整理和归纳，可以发现社交媒体的使用行为、动机、使用者的个体背景等都可能影响公民参与行为。随着社交媒体使用越来越融入青少年的日常生活，探索其对公民参与的影响机理具有较强的现实意义和理论意义。本研究试图用实证方法研究社交媒体的使用对于青少年社会资本积累的实际影响作用，构建一定的理论和实践贡献。

第四，在研究视角上，国外学者关于公民参与的探索角度较多元化，多数从具体理论框架和视角出发来研究，且从多学科范畴和多种框架下通过量化研究来验证研究社交媒体的使用与公民参与之间的关系，并尝试从深层次上探讨其背后的原因。近年来，随着网络技术的迅猛发展和社交媒体的广泛渗透，青少年公民参与的状况发生了巨大转变。在新媒体的环境下，每个个体都以前所未有的效率参与社会发展、政策制定进展及公共事务的治理中，给整个社会中的公共治理关系造成了一些影响和挑战，促成了公民参与的兴盛。面对我国公民参与在新媒体时代的一系列的变革，国内学界的探讨主要聚焦于政治学、行政学、社会学等领域，而从多学科和跨学科的角度出发将社会资本的框架应用到传播学领域，实证性地分析和理论探讨社交媒体和公民参与的研究相对匮乏。

因此，为了使现有的公民参与研究能够适应社交媒体的时代背景和中国特色社会主义语境，本研究作出了相应的创新以扩展现有的研究。首先，研究通过在线问卷调查获取数据，整体掌握我国青少年群体的社交媒体使用现状，包括个体统计学特征、社交媒体使用的习惯、偏好程度和需求动机等。同时关注社交媒体的技术特性和用户生成内容对传统的互联网使用行为的影响，从而对青少年社交媒体使用近年来的变迁和呈现出的新特点、新趋势进行探讨，为今后的研究作出贡献。其次，从研究视角上来看，本研究侧重在社会资本理论框架下研究青少年社交媒体使用的现象和特征，并且把它作为连接社交媒体使用和公民参与的桥梁，多层次地系统探讨社交网络在何种程度上能促进不同维度的参与意识和参与行为的提升。紧接着，从研究理论上来看，本研究拟将多种学科理论和方法结合起来，研究社交媒体使用和公民参与，拓展传播学研究方法的新边界，丰富现有的研究方法。最后，从研究范式上来看，本研究将探索性地建立当代中国语境下社交媒体的使用和公民参与的理论模型，为有序的公民参与的引导提供新的理论指导和可行性的操作建议。作为新型的媒介形态，社交媒体被认为是社会信息化的关键性标志，是公民参与的重要平台和渠道。

只有全面地认识社交媒体为公民参与所带来的助力和制约，才能更有效地发挥社交媒体在公民参与中的重要作用。社交媒体背景下青少年群体的公民参与问题的研究是一个跨学科的交叉性探索，其研究内容涉及社会学、政治学、哲学、管理学、新闻学等相关学科，这些都离不开有关学科的理论成果和研究方法的引导。通过对这个重要课题的研究，我们能够更好地对相关学科的理论成果进行正确理解和掌握，拓展和深化对本土公民参与问题的认识，同时也能够进一步推进对社交媒体及相关学科的探索。当前，我国正处在社会的转型期，一些社会问题日渐凸显、社会利益的分化逐步加剧，社交媒体为社会成员提供了意见表达与情绪发泄的场所。党和政府也开始重视社交媒体在其中的重要作用，发挥其及时、迅速、高效传达信息内容的作用，利用其进行治国理政，把握公民的思想动态，倾听公民的基本诉求，知晓公民的意见和建议，更好地搭建政府与公民沟通交流的桥梁。此外，目前中国公民通过社交媒体进行公民参与，也能够全面增强对社会有关部门和党员干部的监督，为推动依法治国、依法执政、依法行政营造良好氛围，从而不断地推动党的执政能力和执政水平提升与国家治理能力、治理体系现代化。

2 国内外文献综述

在进行具体的文献综述和梳理之前，明确哪些文献需要梳理和哪些相关的理论需要清楚地理解是非常有必要的，这样便于研究者形成对于所要研究的领域和方向的整体看法和观点。通过对于文献综述的梳理，本研究也实现了对于研究的具体问题和应用的理论的深入理解，最终构建本研究的重要的问题和假设。具体而言，从研究内容上，本课题以社交媒介、新媒体传播、公民参与理论、社会网络、网络参与理性化等为基本概念，以公民参与的发展与功能嬗变为主要的轴线，进行社交媒体时代的公民参与、社会资本等的基本内涵阐释，该部分的研究建立在公民参与、社交媒体、青少年群体特点等领域的文献研究成果基础之上；同时通过查阅国内外相关文献，梳理公民参与和社会资本的发展现状，从中提炼一定的共性规律和差别特征，为研究提供要点参考，并更加清晰地明确重点和创新点。

为了尽可能广泛地收集资料，该研究的文献查找从知网（CNKI）中国学术文献网络出版总库、EBSCO 全文期刊数据库和 ProQuest 数据库入手。本研究不仅仅采用了搜索关键词和关键词组合的方式在以上重要的数据库中进行检索，还采用了其他的文献检索方式，也就是重点关注研究社交媒介、新媒体传播、公民参与理论发展及社会网络等与此研究相关的学者及其论著，还包括已经查找到的相关文章。之后，研究按图索骥地检索其引用的相关研究资料，通过归纳整理所掌握的众多的文献资料，对已有材料进行逐步分析对比，思考讨论其中存在的问题，借鉴和吸收有益的研究结论和研究观点，为本课题的进一步深入探讨提供了更多的思路和视角。

此研究试图通过获取力所能及范围内的文献资料，整体全面地梳理和概括青少年社交媒介的使用与公民参与研究，包括相关探索的新近发展、定义、内涵、研究方式和目前动态，并点明目前研究的缺点和以后的研究道路。因为健康有序的公民参与是我国社会发展和新时期中国特色社会主义建设的根本保障，公民参与的积极性在某种层面上又依托于社会资本的积累。在社交媒体时代，公民参与依托迅速发展的互联网，其形式和功能逐渐扩大。随着这种新的媒介技术的普及，许多西方学者注意到了这一现象，并且纷纷兴起了探讨公民参与的研究热潮。他们立足于不同的学科，从多个角度对公民参与的理性化路径进行多个维度的分析，产出了一些标志性成果和结论。网络公民参与的产生和发展，不仅为个体提供广泛而公正的参与渠道和平台，而且丰富了社会民主的相关理论。目前，以网络技术的迅猛发展为依托，社交媒体与公民参与行为也变得越来越紧密。唯有整体理解和把握新媒体的使用与公民参与的逻辑关系等根本问题，才能够帮助我们更合理地使用社交媒体来推动我国公民参与的稳步和长足发展，促进具有中国特色的社会主义的民主化进程。

因此，本研究通过在社会资本的视域下探索我国青少年的社交媒体使用情况和社会资本的积累状态，从而系统地解析他们在公民参与中的状况和不足，探讨探索公民政策参与的优化路径，提高公民参与的效能及呈现出我国社会主义民主制度的优越性。为此，厘清公民参与、社会资本等有关重要的概念内涵，确定理论基础是本研究的立足点和出发点。综上原因，对于国内外文献的梳理大概分为三个部分进行：一是国内外关于公民参与变迁的研究；二是国内外关于青少年社交媒体使用的研究；三是国内外与社会资本相关的研究。

2.1 公民参与

2.1.1 公民参与的概念与历史发展

公民参与（Civic Engagement）从发展脉络上来看源于政治领域，和民主制度密不可分。公民参与可以溯源到古希腊时期的直接民主，并伴随西方的民主政治的进步而演化。在二战时期，国外研究人员提出了公民参与的定义，此概念之后被来自不同领域尤其是政治学和公共行政学的学者所认可。伴随社会的持续进步，学界逐渐意识到个体对公共和集体事务的参与并不能囿于政治范畴，还需拓展到对社会整体的政治、经济、文化层面等关联到公众利益的其他维度的参与（徐洁，2018）。在20世纪六七十年代之前，公民参与被认为从属于政治参与范畴，此后逐渐和政治参与分割开，衍生成为拥有独立学术谱系的重要领域。

公民参与可以被溯源到美国20世纪四五十年代国家职能的扩张。在那个时期，不同的社会运动的蓬勃开展，使得代议制民主不断呈现出危机状态，政府与人民之间的关系继续被调整。Arnstein 发表"公民参与的梯子"（A ladder of citizen participation）一文，他认为公民参与是公民权力（citizen power）的一种分类，他注意到社会的弱势群体并没有参与项目的计划和实施，此类人群在社会领域受到挤压和排斥，因此参与实际上表明权力的再次分配，弱势群体获得了权力（Arnstein，1969）。区别于政治学界的已有探讨，他更加关注参与的具体问题，聚焦在多种案例的探讨，揭示了弱势群体在政策制定过程中的权力再分配，并提供了全新的研究角度和方法（朱德米，2009）。

20 世纪末，有关公民参与的概念和理论被引进中国。相较之下，国内的公民参与研究起步较晚。对公民参与的研究初期，国内学者主要是借鉴西方的参与式民主，主要表现为政治学领域的政治参与。在以后的研究中，公民参与研究的领域逐渐拓展，研究也不断向纵深化开展，为政府改革提供了理论依据和支撑。

早在 1960 年，公民参与一词就被 Arnold Kaufmann 提出，这一概念源于美国早期的争取学生公民权利的民主运动（李正风、刘诗谣，2021）。除了 Arnold Kaufman 以外，C.B. Macpherson 和 B. Barber 亦对参与式民主这一理念的发展提供了有价值的见解。1970 年，Carole Pateman 发表《参与和民主理论》，这被公认为西方参与民主理论体系形成的里程碑（陈尧，2013）。Carole Pateman 的这一理论首先是在批判当代民主范式中提出来的。当代民主范式的代表人物是 Schum Peter、Dahl 以及 Sartori。Pateman 认为，以经验主义和实证主义为基础而建立的当代民主理论强调的是大众广泛参与政治的不稳定性，比如曾经的魏玛共和国便具备高度公众参与的政治，然其最后却演变成法西斯主义和第二次世界大战后的极权政体。正是这一实际案例的存在，包括熊彼特等人在内的当代民主理论家担心公众积极参与政治会造成极权主义，因此他们主张应将公众参与途径局限于投票选举领导者，并主张通过竞争方式获得领导职位是民主的突出特征（陈尧，2013）。

Pateman 在批判当代民主理论的同时，梳理了法国民主理论思想家卢梭的思想，认为参与有四个主要作用：一是参与具有教育作用；二是个体自由感受可以透过参与而获得改善与肯定；三是参与到决策过程中能够使个体主体感增强，亦使集体决策更易被个体认同，公众对精英较为顺从；四是参与有整合性作用属性，可以提高社会归属感，促进社会连接和共同体的搭建

（刘红岩，2012）。

从已有的探讨得出，公民参与本质上是一个跨学科的定义范畴。目前学者们对公民参与的探讨主要集中在四个方面：定义和内涵、影响因素、形式与分类，以及相关的意义研究。

2.1.2　公民参与的定义

由于研究重点和角度的不同，学者给出了各式各样的定义。从概念的来源看，"公民参与"是从"政治参与"中衍生出来的概念。当前学界对公民参与的定义亦因此而划分为两种类型：一是往往强调其是指对选举等系列政治活动的参与，二是主张其客体不仅限于政治范围，还涵盖对一般性社会事务所进行的干预。国内外学者关于公民参与的定义也有所不同。

长久以来，西方研究人员对于公民参与的考察倾向于集中于政治参与范畴，特别是围绕选举而展开。例如，在 Verba 和 Nie 的研究中，政治参与被定义为公民以直接影响政府人事选拔或政府活动为目标而采取的公民行动（Verba & Nie，1987）。对于政治参与和公众参与的差异性缺乏清晰区别。亨廷顿认为政治参与就是公民要去影响政府及其相关决策行为（Huntington，1965）。从 20 世纪 60 年代开始，随着公众参与实践的不断推进，其理念本身、种类和范围等方面与政治参与之间的差异开始显现。从整体上看，公众参与既包括政治参与也包括社会参与，如参加社团、进行志愿服务和联合解决社区问题等各种活动。公众参与是指个体公民参与有关活动，其目的是左右政府政策的制定和执行及公共生活（俞可平，2006b）。

比较政治学派的学者在二战之后讨论公民文化时提出了"公民参与"的概念，Almond 等著《公民文化》一书对五国政治文化进行对比，由此引申出"公民参与"（Almond & Verba，2015）。但是笔者对于公民参与并未有一个清晰的界定。在随后的研究过程中，公民参与被不同的学者所认识并解释。Arnstein 指出公民参与是政府将行政职能让渡给公民，让公民去参与公共性的事务，让公民的意见被参考（Arnstein，1969）。Kaase 和 Marsh 认为公民参与是一种行动形式，并增加了包括参加示威和抵制在内的"非常规"参与形式，使公民参与的定义更加广泛（Kaase & Marsh，1979）。Garson 和 Williams 强调公民参与使政府部门在从事和处理公共事务时得到反馈，民众也可以更直接地参加公共事务，把公民参与的客体延伸到公共事务范围内（Garson &

Williams，1982）。Verba 和 Nie 将公民参与视作一种工具性活动，通过这种活动，公民可以影响政府，使其以公民满意的方式作出决策。他们将参与分为四种模式，分别是：投票、竞选活动、合作活动、公民发起的接触（Verba & Nie，1987）。Adams 认为公民参与是一项重要的民主功能，向公民提供了与官员传递信息、影响舆论、吸引媒体注意、设定未来议程、推迟决策、与其他公民沟通的机会（Adams，2004）。

国内初期的学者往往将公民参与作为民主政治的重要元素进行考察。丁荣生认为，公民参与是衡量民主建设程度的尺度，民主是个体参与国家事务的制度（丁荣生，1989）。早期本土学者关注了公民参与意识、参与行为类型、参与驱动力，以及参与体制等系列问题。20 世纪 90 年代初期，研究焦点在公民参与的两个方面：一是对欧美等国家的政治参与理论范式与实践的评介；二是根据本土语境，就政治参与的定义、特点、性能等具体理论层面进行初步研讨。20 世纪 90 年代中后期，部分研究者依据本土政治环境，解释了公民参与自治、民主选举、政治协商、立法实施与决策，以及民主化监管等层面的实际景象（唐代望，1999）。伴随体制转型的步伐加速，多元化利益局势的展现和公民社会的崛起，使得公民参与由传统定义上的政治参与拓展到政策制定过程和公共领域。本土学者此时已经将公民参与的探讨角度从政治学范畴转移到了公共行政学科领域。例如，罗豪才点明了公民参与不但包含了公民的政治参与，还包括有关的公共利益和事务管理等层面的全面参与（罗豪才，2003）。李图强详细解析了公民参与的定义、理论范畴、行政实务与公民的联系、公民参与在本土的实践等，认为应该由公民参与来构筑我国行政的民主管理制度（李图强，2002）。

公民参与相关概念引入国内之后，不同学者发表了自己的观点。但公民参与的概念在目前还没有十分权威清晰的界定。因其外延和内涵比较宽泛，"公众参与"和"政治参与"常混为一谈（李倪，2020）。俞可平从宏观的角度提出：公民参与其实也是公民企图运用某种活动对公共政策和主体施加压力的行为。他指明了公民参与的构成包含参与的主体部分、参与的领域和参与的重要方式。伴随本土民主政治的健全和完善，公民参与的范畴也在扩展，也由原来的正式领域拓宽到了一些非正式的领域（俞可平，2006b）。

杨光斌指出公民参与既包括个人投票、参加选举等体制层面的参与模式，也囊括了群体性事件、个人上访等非体制层面的参与形式（杨光斌，2009）。党秀云强调公民参与是指公民通过特定的工具和渠道，影响政府官员法规政策实施和开展公共事件的动态过程（党秀云，2003）。蔡定剑指出本土的公民参与关键聚焦于立法机构、政府抉择、公共管理及基层治理等领域（蔡定剑，2009）。郭小聪和代凯指出公民参与具有与政治参与不同的特征，公民参与是指个体对政府的决定和公共管理环节的参与，参与的方面涉及制度决定、社区管理等，而不涵盖基层投票、公开抗争等类型的参与模式（郭小聪、代凯，2013）。

2.1.3　公民参与的分类

2.1.3.1　国外学者对公民参与的分类的研究

西方学者主要在中观层面和微观层面对公民参与的传统形式进行分类。依照公民参与的程度深浅，Arnstein 提出"公民参与阶梯"理论，还将公民参与划分成三个关键时期。第一层面是以政府为主导类型的参与模式，囊括了政府幕后的操纵和宣传引导；第二层面是以象征性为表现形式的参与，包括发布信息、决策咨询、组织建立和互惠合作关系；第三层面被称为完全型参与，包含了给予权力和个体自行控制。公民参与水平的提升将造成相对权力的增长（Arnstein，1969）。

同样，根据公民参与程度，Cooper 等人将公民参与根据参与程度由弱到强分为五个种类，包括：抗争式、选举式、信息互换式、公民社会式和协商参与式（Cooper, Bryer, & Meek, 2006）。根据公民参与的制度化水平，Segall 把公民参与区别为体制内参与（institutional participation）和体制外参与（noninstitutional participation）（Segall，2005）。根据公民参与过程中的信息传播，Rowe 和 Frewer 把公民参与分成三个类别：①沟通，信息从政府传播给公民；②协商，信息从公民传向政府；③参与，信息在公民和政府之间交换并进行协商对话（Rowe & Frewer，2005）。根据公民参与的主导力量，Kersting 提出了混合空间理论，将公民参与分成两类：一是邀请空间，即自上而下由政府主导的公民参与，如圆桌会议、全民公决、听证会、政府举办的论坛和选举投票等；二是发明空间，即自下而上的由公民主导的公民参与，如游行示威、非暴力反抗等（Kersting，2013）。根据公民参与的意图和类型，公民参与也被区别为三类：以提升认同感和接受度为目标的参与，涵盖了咨询委员会、集体大会等；以获得重要内容为意图的参与，如公民调查和新型交流方式等；还有高级形态的参与，包括申诉专门人员、志愿劳动和维护组织公共利益（Thomas，1995）。

具体而言，公民参与指通过干预政治或社会生活来影响政治或社会，从而促进公共利益达成的过程（Zukin, Keeter, Andolina, Jenkins, & Carpini, 2006），公民参与不仅包含政治参与和社会参与两个行动维度，也包含信息获得和信念态度两个认知维度（Molyneux, 2019）。从内容方面来看，公民参与包含着各种不同层次的利益诉求；从表现形式来说，公民参与可分为正式制度安排下的公民参与和非正式制度安排下的公众参与。另外，在形式方面可将公民参与类型区分为行为层面与认知层面。

2.1.3.2 国内学者对公民参与的划分

国内学者对于公民参与方式持不同的分类准则，由此衍生出公民参与的不同分类。目前，学界对于公民参与类型划分的研究主要集中在两种方法上：一种是基于社会分层理论的分类方法，即按照政治参与主体的身份来划分；另一种是基于公共选择学派的分类方法。一些学者按公民参与行为制度化程度来分，比如刘勇智就把公民参与制定政策的路径分为体制内路径与体制外路径：①体制内路径，由政府把控，比如官方调研、听证会、信访等，有清晰的流程与体制规范；②体制外路径，由公民主导，由公民采取积极行动，对政府提出合理化建议，公民参与渠道比较广泛，并不存在太多局限（刘勇智，2004）。孙永怡将本土公民参与划分为两种基本类型：制度性的参与，包括直接和间接的参与模式；非制度性参与，通过舆论扩散、民间咨询机构、特殊的社会关系网及其他无序甚至违法的方式对政策施加影响（孙永怡，2006）。胡荣将政治参与区分为三个类型：非制度性的维权斗争、低制度层面的利益表达及高制度层面的选举参与（胡荣，2015）。

有些学者根据公民参与程度进行分类，例如孙柏瑛在 Thomas 的公民参与有效决策模型基础上，将公民参与分为 4 种类型，即政府层面自主决策、公民不参与或更低层次参与、基于获取资政信息意向的公民参与、基于政策接受与支持意向的公民参与，以及公民或某一机构积极主导下的公民参与，并分析了几种主要公民参与形式的适用性（孙柏瑛，2005）。周志忍把公民参与分成了五个基本层次：公民无参与方式、无效参与方式、有限参与方式、深度参与方式、主导性参与方式。这些公民参与产生的作用也呈现递增态势（周志忍，2008）。肖哲等将公民参与分为三个层次和六个类别：①浅层次参与，对应信息公开和信息收集；②中间层次的参与，对应信息交流和沟通；③深层次参与，对应协商决策和积极行动（肖哲、魏姝，2019）

还有一些学者从微观视角出发，对公民参与进行分类。例如朱德米和唐丽娟把公民参与的过程由低级到高级分为三种主要形式：告知、咨询和积极参与（朱德米、唐丽娟，2004）。褚松燕把本土的公民参与形式进一步细分，其中包括了公民投票和选举、个人信访、行政诉讼、协商沟通和基层治理等具体的模式（褚松燕，2009）。蔡定剑认为公民参与应该囊括立法决策维度、政府管理维度和基层治理维度（蔡定剑，2009）。王建容和王建军指出，公民参与不仅涉及民意调查、公民会议、公民论证、专家咨询，而且涉及公民联系、民主座谈、公民旁听，以及网上参与的各种途径（王建容、王建军，2012）。依照公民参与公共政策制定的深浅度及影响，公民参与形式被划分为信息沟通、民主协商和集体决策（王建军、唐娟，2006）。

2.1.4 公民参与的影响因素

公民参与的影响因素被俞可平归总为五个主要方面：一是社会本身的经济发展条件和公民个体所在的社会地位。通常情况是经济的发展程度会推进公民的积极参与程度。二是来自传统文化的影响。具有鼓励性质的政治文化能够极大地提升公民参与的积极性，反之，带有遏制性质的政治文化会让公民对于政治毫无兴趣。三是公民个体的受教育程度。公民参与的热情会随着他们受教育程度的提高而提升。四是当地呈现的政治氛围，尤其是国家层面的政治体系和政府当局体现的民主自由精神。国家维度上构建的政治制度为个体有效的参与提供潜在的平台、模式和场地。五是含有技术性的渠道可以影响公民参与的真实质量和结果。传统媒体和新的媒介技术可以很好地促进公民参与（俞可平，2006a）。

从规范的视角，朱德米指出公民参与可以被区别为理性选择理论和共和主义两种不同的方式。理性选择理论指出公民参与的内在驱动源自利益驱使程度、个体行动能力和拥有资源的态势。共和主义认为公民参与溯源于公民个体对共同的真善美和公民权力的向往。公民参与社会事务是个体的重要职责和使命，因此该理论点明了公民参与需要互动协商与沟通（朱德米，2009）。王新松在对政治和社会参与阐释的过程中，归纳总结了能够对公民参与产生影响的理论模型，具体包含了理性选择、资源和条件、社会心理条件、社会资本与外界动员模型。（王新松，2015）。

王洛忠和崔露心以公民参与程度为研究对象，采用多值定性对比分析方法对 2009—2019 年我国 31 起政策制定过程中的公民参与案例进行对比分析，提出了政策、政府和公民 3 个层面上影响公民参与水平的决定性要素：政策问题专业性、政策被认可性、参与机制化、政府互动性、公民参与意向和公民组织化程度等，指出不同的公民参与水平是由政策、政府和市民 3 个维度上各类原因共同作用的结果。研究发现，不同类型的政策可以推进不同的参与程度，"政府—专家—公民"主体协同的决策模式提供了良好的体系支撑；丰富的公民技能、较高的公民素养则为社会组织表达自身利益诉求提供可能（王洛忠、崔露心，2020）。赵欣欣在建构理论模型的基础上，对各变量及变量之间的关系作了描述性分析、相关性分析及路径分析等，得出的结论是：微信的使用强度与政治效能、社会网络规模及线上公民的参与之间都有相关的联系。其中政治效能和社会网络规模都与公民在线参与显著正相关。此外，线上公民参与也会直接或间接地作用于政治效能；而政治效能又可以在一定程度上显著地正向推动线上线下的公民参与行为（赵欣欣，2017）。

学界关于互联网对公民参与影响的研究，起源于 20 世纪 90 年代。对于二者的逻辑联系，学界呈现出截然不同的意见。其中一部分学者认为互联网对公民参与产生了消极影响。Putnam 在 1995 年提出了"时间置换"（time displacement）的概念。Putnam 指出，人们的时间是有限的，而看电视的时间越多，用于民主参与的时间就越少（Putman，1995）。Nie 和 Erbring（2000）在美国成年人中随机抽样调查表明：人使用互联网的时间越久，那么在面对面沟通中的时间便越短，并且和社会环境接触的机会就减少。Nie 的这一研究结果也进一步证实了 Putnam "时间置换"（Time displacement）的假设（Nie & Erbring，2002）。此后，Shah.D 等（2002）对时间置换的概念提出了质疑，他们对 3000 多个样本进行数据分析，并且认为公民互联网使用对于公共参与及公民志愿服务都有积极的促进作用，以此驳斥互联网使用语境中的"时间置换"功能。之后也有学者意识到网络的使用能够提高公民参与的程度和水平（D. Shah, Schmierbach, Hawkins, Espino, & Donavan, 2002）。Polat（2005）将互联网的划分为三个方面，分别是信息源、传播媒介和虚拟公共空间，并分别分析了其与公民参与之间的关系。研究结果表明，互联网作为一种信息源、传播媒介和虚拟公共空间，都在不同程度和不同途径上积极地影响着公民的参与（Polat，2005）。另外，Boulianne（2009）分析总结了 38 篇相关文献，证实了互联网使用并不会对公民参与造成消极影响（Boulianne，2009）。

我国学者普遍持有第二种观点，即认可互联网对公民参与的积极影响。潘忠党（2012）在全国 31 个省区市抽样调查数据研究发现：网民的公民参与程度（知识水平、意见表达频率和社会参与程度）比非网民更高。尽管各个区域的网络使用和公民参与水平参差不齐，然而在全国范围内，互联网的使用对公民参与有积极的推动效能。互联网除了具有国际普遍适用的性质之外，就我国而言，互联网还是一种促进信息多元、有可能提供不同于传统媒体呈现方式的通道和媒介（Hung，2006）。互联网作为一种新兴技术和应用模式，它所具有的开放性、共享性和互动性等特点使其成为公众表达民意、汇集民智的重要平台。随着互联网发展速度加快，网民规模越来越大。利用互联网可能会使主体对公民参与个人和集体行动产生不同认识，从而产生参与行为（Lei，2013）。

在互联网技术越来越发达的今天，社交媒体应运而生，将互联网和社会发展之间的关系带入了一个全新的时代，呈现出技术性和社会性兼容的发展趋势（邓建国，2011）。在这一背景下，社交媒体被广泛地运用到人们生活中，并成为一种重要的工具和手段被应用于公共领域之中。学界亦开始研究社交媒体的使用对于个体的影响。

Cheng，Liang 和 Leung 提出公民态度可以正向影响公民参与，在公民参与中，公民态度由公民身份、自我效能与慈善机构自信三个维度构成（Cheng，Liang，& Leung，2015）。通常人们把自我效能看作公民在组织机构中、在开展某种行为以取得成就时具有的辨别能力。自我效能感由个体对其本身是否具备某种特定技能进行判断而形成。它表现为一个人对自己完成某种行为能力所具有的自信。当一个人自我效能水平较高时，对完成特定行为也会有较强自信，就会倾向于实施该行为（Bandura，1982）。

有关"效能"的研究起初被运用于政治领域。效能被认为是政治领域中公民对于"有力"与"无力"的知觉（Morrell，2003），它强调人的政治行为是对于政治与决策过程所产生或可能产生的结果的知觉，也就是对于履行公民义务的价值的知觉（Campbell，Gurin，& Miller，1954）。从 20 世纪 60 年代开始，西方政治学中就有大量的文献探讨效能问题，并且取得了一定成果。然而，这些研究主要集中在组织管理、领导艺术等方面。早期研究将政治效能分为两个维度：内部效能与外部效能。内部效能表现为个人可了解和参与政治的信念；外部效能表现为政府有关部门可响应个人需求的信念（Niemi，Craig，& Mattei，1991）。这些学者大多集中于内部效能的研究，这是因为学者更注重个人对其政治与公民事件参与性的自信程度，而不是其对政府产生影响或变革的程度。黄东平（2013）以青年群体为样本进行了数据研究，结果发现内在效能和网络公民参与之间存在正向相关。

在过往的探索中，关于社会网络规模是否及如何能够影响公民参与行为的探讨仍并不完善。但是根据前文梳理，公民参与和政治参与具有学术脉络的一致性，所以本研究将社会网络规模和政治参与相关关系的研究拿出来作为借鉴。Leighley 和其他学者在研究线下社交网络时一般都注意到较大社会网络规模会积极影响政治参与（Leighley，1990；McLeod，Scheufele，& Moy，1999）。然而，到目前为止，关于如何通过扩大社会网络规模来提高政治参与率的问题并没有得到很好解决。就政治参与方面的研究而言，一些学者认为公民政治网络规模越大、政治讨论参与概率越高、政治讨论频率越高，相应地，对政治知识的获得及政治参与越具有正向作用（Eveland Jr & Hively，2009；Kwak，Williams，Wang，& Lee，2005）。伴随着探索的深入，社会网络规模被 Eveland 和其他人认为是政治参与中的一个关键原因（Eveland Jr，Hutchens，& Morey，2013）。在前人关于政治参与的研究基础上，Y. –C. Kim 与 Ball–Rokeach（2006）所提出的传播基础理论进一步指出社区资源的获取是政治参与的重要影响因素。

早在 1985 年，研究者 Ajzen 就提出计划行为理论（Theory of Planned Behavior），该理论的英文被缩写为 TPB（Ajzen，1985）。这一理论以理性行为理论（Theory of Reasoned Action）为基础，把知觉行为控制作为一个新变量来考虑，并强调人的行为一方面受个体主观意愿所左右，另一方面又受制于人实施这一行为所需要的能力及条件。因此，对公众参与行为进行分析，有助于我们更好地理解和把握公众参与机制，以及提升我国民主建设水平。

孙锦霞以计划行为理论为理论基础，在综合其他学者对我国公民政务微博参与已有研究的基础上，总结出公众政务微博参与行为的 5 个影响要素：①感知有用性与易用性的关系。感知有用性是指人们对于政务微博的有用性感知；感知易用性则是指公众在使用政务微博时对微博平台的可操作性、政务微博发布信息的便捷性及发布信息的简易性 3 个方面的满意度。公众对政务微博的利用必须以自身对政务微博的认知为前提，并借助政府部门与媒体的有效宣传与引导来深化公众对政务微博服务优势的理解，只有这样才能推动公众乐于利用这一网上服务形式。②政务微博是政府部门形象宣传与为民服务之窗，而市民对政府部门服务能力的信任度则会影响到公众后续参与程度。另外，公众使用政务微博需要得到政府部门及媒体的支持与协助才能取得良好的效果。因此，要想提高政务微博用户的信任度，就应该重视公众在使用政务微博的过程中可能存在的风险。同时公众也需要通过与官方机构沟通来获取自己想要知道的信息。因此，政务微博的公信力是决定政务微博能否被广泛推广使用的重要因素之一。③涉入主观规范。这是指涉入者对政务微博涉入产生顺服动机或社会压力的行为。目前学界对此研究较少。有研究通过实证分析认为参与的主观规范会积极地影响市民的参与态度，进而促进市民的参与。④在知觉行为控制方面，不同类型的政务微博中，参与动机和方式存在显著差异；政务微博中个人的自主意识越强，其越倾向于选择自己喜欢的方式进行表达。⑤参与的态度与意图。公民参与态度是个体对政务微博感受良好、主动、感兴趣的一面，它受到感知有用性、易用性及对政务媒体的信任水平三大要素的作用。TPB 理论认为人对特定知觉行为控制度越高、行为态度越积极、主观规范越高，就会在很大程度上促使产生现实行为（孙锦霞，2019）。

2.1.5 公民参与的意义

20 世纪 50 年代，西方政府逐渐意识到公民积极参加民主事务可以推动社会治理的民主化，于是积极推行公民参与项目（Thomas，1995）。随着公民参与活动越来越多地展开，众多学者试图对公民参与的含义进行深入研究。研究者们把公民是否能够主动参与政策的策划和实施当作衡量政府部门成功与否的准则（Redburn，Cho，& Newland，1984）。Box 认为，公民参与可以使政府制定的政策更符合公民的需求和偏好（Box，1998）。Thomas 指出，公民参与制定的政策更加容易受到公民的接受和认可，所以在政策实施时会更加平稳高效（Thomas，1995）。Oldfield 提出，公民参与的实践过程能够唤醒公民的同理心，所以公民会以更加包容和理解的态度去评估政府在政策制定过程中的艰难选择，进一步减轻了公民和政府的冲突和矛盾，政府也更加便于治理和监管社会（Oldfield，1990）。

公民参与在民主发展和社会治理中具有基础性作用。随着我国民主化进程的不断深入，我们学界对公民参与的意义研究也逐步深入。党的十八届三中全会着重指出要整体推进国家治理体系与治理能力现代化，这为整体改革指明了方向。十八届三中全会通过的决定进一步明确了我国人民在城乡社区治理中的主体地位，并将发展基层民主作为推进基层社区治理的重要手段之一，这就要求我们以公民参与为核心构建中国基层社会民主治理的基本景观。然而，对于这一问题的认识目前仍然存在着不同程度上的偏差与分歧。因此，如何正确认识公民参与对推进社会主义民主法治建设具有重要意义。学界一般认为，公民参与的广泛性与有序性，一方面能够为民主的发展与进步提供支撑性的力量源泉，为社会优良治理的实现提供可靠的支撑；另一方面还能激发个体自我想象并强化其能动主义理念与公民行动。

21世纪早期，面对本土在长久发展中仍不完善的商业市场和特定文化环境，以及公民参与认知、法治能力和组织参与水平不高的现实状况，研究者认识到，从理性出发来探讨公民参与公共生活的话题是具有一定价值的，这需要正确看待公民参与对于公民社会推进的必要性。

孙枝俏和王金水将公民参与划分为理性方式和非理性方式。理性层面上的公民参与可以很好地维系法规的实施，拯救机构无反馈的缺乏，提升公共政策的实施效能等。从政府层面上，可以搭建各类体制和非体制的多维参与渠道；从公民层面上，可以提高个人和组织的参与热情，以此构建和树立具有有序性、理性、自主性的策略制定和开展形式，让公民能够实际地参与政策的策划和实施，也会使得政府的策略制定在立足于民意的基础上而被认可（孙枝俏、王金水，2007）。

王洛忠和崔露心将公民参与的意义和价值概括为三个层面：①对于公民来说，他们可以经由利益表达来保障并满足自己的利益、满足参政议政内心需要，从而使政策体现最多数人的意愿，提高公众的政策认同。这将有利于减少社会矛盾冲突，降低政治风险，实现国家长治久安。②从政策公共性角度来看，政府在制定政策过程中具有较强的执行力（朴贞子，2005），从公共政策的实施效果看，由于我国是以公共利益取向为主导的社会，因此，要实现公众价值导向与执行阶段目标之间的平衡，提高公众对政策的可接受程度（徐元善、居欣，2009）。③对于政府来说，可以促进决策的民主化、决策的合法化和决策的有效性。一些学者认为，公民参与制度的确立可以约束代理人的机会主义行为（孙枝俏、王金水，2007），减少并预防决策权的滥用。还有研究者强调，公民的参与可以帮助公共事务的发展，改善公共服务，提高公共服务的质量（党秀云，2003；王洛忠、崔露心，2020）。

王彩波和闫辰在对国内外学者关于公民参与的研究进行梳理时指出，学者对公民参与的认识，更加重视参与内容层面的实质取向，也就是强调公民可以通过独立参与来对自己利益有影响的公共事务起到实质影响力；更加重视参与形式上的交流性，也就是着重于公民通过对话性社会活动来实现积极交流，从而照顾到自己的利益诉求；更加重视参与进程上的开放性，也就是强调参与进程中个体既可以得到平等参与的机会，又可以公开表达自己的喜好与原因，公开相互交换自己的公共理性。他们在研究中运用实证分析与定性分析相结合的方法，从不同维度考察我国现阶段公民参与的现状及其特征，并且提出中国基层民主治理存在着公民参与效能感不强、参与组织化水平不够、制度化水平不高及受到传统治理结构冲击等问题，这些问题制约着公民参与品质。此外，他们还相应地提出了提高基层民主治理中公民参与的 4 个主要途径：①强化公民参与的内驱力；②培植基层社会机构或组织；③完善基层民主治理体系环境；④建立新的治理范式（王彩波、闫辰，2014）。

从治理理论维度来看，公民参与水平可以推动基层民主治理。一方面，治理理论强调治理主体的多元化。它强调治理中政府占据主导作用，但也需要公民经由公民参与履行职责。此外，社会组织是治理主体的主要构成部分，也是公民参与的凭借。因此，从一定意义上讲，公民参与是促进我国民主政治建设与发展的有效手段。更重要的是，公民参与社会公共事务管理过程，既能激发现代公民个体的想象，强化其能动主义信念，强化其行动能力，又能为民主发展与提升提供持久的源泉、为社会良好治理的达成提供坚固支撑。然而，由于现实条件的制约，公民参与并没有发挥其应有的作用。

在政治进步与社会管理创新视域下，公民参与构成了中国城市社区民主治理的关键因素，并且社区民主治理的进步又为个体的深度参与提供了更大的空间。以社区居民为视角，参与社区事务虽然符合居民利益需求，但也有助于培育市民共同体感知、提高个体素质、强化居民社区归属感、推动互惠性规范实现（王彩波、闫辰，2014）。

刘览霄根植于新型公共行政范式，对公共治理范畴下促进公民参与展开考察，指出公民参与能够使政府更加直接全面获取群众需求，从而有利于协调群众利益和政府之间存在的矛盾与冲突，并进一步帮助政府制定符合群众利益的决策，提高政府的行政水平（刘览霄，2018）。魏星河认为，公民参与有利于保持个体与政府之间的互动交流，避免或降低政治系统运行对民意的背离（魏星河，2007）。张嫣婷指出公民参与有利于提高政府合法性根基，增强公民对于政府的信任感和政策认同，从而推动民主政治的健康发展，让公民能够自觉地履行义务与责任（张嫣婷，2022）。

2.2 线上和线下公民参与

在互联网出现之前，早期学者关于公民参与的研究主要聚焦于传统意义上的社区，Verba 和 Nie 指出公民参与是平民能够以影响政府机构的决定和行动为根本目标而从事的行动（Verba & Nie，1987）。20 世纪末以来，随着互联网等传播媒介的飞速发展，其对于社会生活改变的改变逐渐渗入民主观念的形成中，改变了传统公民参与的内涵。学者们将公民参与的研究方向从传统意义上的线下参与转移到以互联网为载体的线上参与。从我国现有研究看，借助互联网实现公民参与已成为一种不可或缺的参与方式，线上公民参与已成为一种较普遍的政治参与方式。

线下公民参与反映公民为了达到目的，如向环境组织进行志愿服务或者与政府进行交流等实际生活中的行为（Greenhow & Li，2013）。随着互联网技术的发展及网络社交媒体的普及，线上公民参与成为一种重要的形式。目前我国网民数量众多，其中不乏有政治态度积极者，例如主动向非政治性组织、向慈善机构募捐，参加会议，支持企业承担相应责任，并通过采购企业产品或服务来代表社会团体，以及从事社会事业（Gil de Zúñiga & Valenzuela，2011）。夏金莱（2015）根据功能的准则，把公民参与区别为程序化参与和实体化参与。程序化参与以实际的信息为根基，以策略科学为目的，关键功能是协助组织和机构根据实际情况开展决定。实体化参与以公共价值元素为底色，以决策民主为主要目的，重要功能是与某些组织一起实现科学和民主的意义评估。同时，线下公民参与具有一定的年龄壁垒，由于社会地位、社会阅历、政治感知、知识储备等的影响，年轻人在线下公民参与中存在感较低，线上参与一定程度上可以促进线下公民参与。

在一定意义上，社交媒体在公民参与中呈现出介体和环体的双重作用（张楚洛，2018）。一方面，社交媒体改变了公民参与的表达方式、参与途径及公民自身的倾向与价值观。另一方面，公民参与对社交媒体的内容生产和效能发挥也产生了一定的影响。Martin 研究了大学生的社交网络行为，总结得出"大学生在网络上的政治积极性越强，他们政治参与的可能性就越高"（Martin，2008）。Brusilovskiy 等人的实证研究表明研究对象使用社会媒体的频率越高、强度越大和时间越长，公共参与水平就越高，从而推断出社会媒体增加的使用量和公民参与度是正相关关系（Brusilovskiy，

Townley, Snethen, & Salzer, 2016）。潘忠党在对全国 31 个省区市抽样调查数据进行分析后认为，与非网民相比，网民公民参与水平较高（潘忠党，2012）。

随着网络的进步与广泛使用，学者们对于线上公民参与的探讨逐渐推进。王润（2017）研究发现，公民政治成熟度与线下公民参与之间存在着紧密的联系，但是公民线上参与的渠道为网络，具备特定的能力作为先决条件。故线下公民参与和线上公民参与之间，因年龄、收入城乡分布等因素的不同而存在差异。甘彩云、王金朋运用 CiteSpace 专业性的软件对我国和境外的公民参与的文献资料开展计量分析，发现强度最大的突变词为"social media"，其强度为 26.2601，该突变词出现于 2015 年，至今仍未褪去热度（甘彩云、王金朋，2021）。可见，随着网络技术的发展，基于社交媒体的线上公民参与日益成为公民参与的主要途径，也是目前学界的研究热点。

2.2.1　线上公民参与的主体

线上参与主体是指从事网上政治活动的公民和他们所组成的团体，其中以主体最为重要，但又最为能动和复杂，它是中外学者对线上参与问题进行研究的热点。Brian 发现，美国的低收入群体更倾向于通过网络进行政治讨论（Krueger, 2002）。Pasek 等研究了美国 14 岁至 22 岁的青年在线上公民参与中的作用与特征（Pasek, Kenski, Romer, & Jamieson, 2006）。Corinna 和 William 认为，18 岁至 24 岁的青年群体往往更愿意利用网络资源和政府取得联系（Di Gennaro & Dutton, 2006）。Kimmo 研究了 25 岁至 34 岁的群体，结果表明，受教育程度越高，线上公民参与程度越高（Grönlund, 2007）。Gil De Zuniga 等指出，了解和搜索政治信息是公民政治参与的前提，利用互联网进行信息搜寻的人，其线上公民参与的程度更高（Gil De Zuniga, Puig-I-Abril, & Rojas, 2009）。

Bennett 等把传统范畴维度的参与主体和新型参与主体称为尽职型和实现型的公民。对于年龄大且尽职尽责，这部分公民的参与方式一般是参加竞选、为政党和组织提供服务，以及别的以政府机构为中心的活动，而年轻一代更愿意通过表达个体意见来进行参与（Bennett, Wells, & Rank, 2009）。Lori 等以量化方法对线上参与方的性别、年龄、教育水平和收入进行分析，结果发现，与女性相比，男士的线上公民参与的程度更高（Weber,

Loumakis, & Bergman, 2003）。Rojas 和 Puig-i-Abril 发现，年龄较低、受教育程度高、收入高的群体在线上公民参与中更加积极（Rojas & Puig-i-Abril, 2009）。

赵君慧从在线政治参与的具体类型、参与主体成分、网络资源服务三个维度分析目前本土网民参与状态，并提出保障有序性和良性参与的意见和看法（赵君慧，2012）。张晓红和潘春玲探讨了本土青年人网络政治参与的情况、主要问题及相关解决策略。他们发现，青年进行网络政治参与有一些特征，即广泛性和多样性的协调、平等性和开放性相互统一、相对较强的积极性，此外具有务实性和一定的合理性（张晓红、潘春玲，2012）。谢新洲等人采用问卷调查、深度访谈及个案分析等方法，对网民话语权认知水平及其影响因素进行了研究，并探讨了其实现路径（谢新洲、李之美，2013）。杜智涛等从人口统计特征、网络基本使用特征、网络政治参与行为特征和对网络政治参与效果的态度四个方面，分析中国网络政治参与主体的结构与特征。研究表明，公民参与的主体为年纪轻、学历层次高、收入水平高、个人素质高的理性人群；"职业声望"与"网络话语权"在现实社会中并不完全一致甚至对立；社交媒体俨然变为网络参政的重要渠道，公民进行网络参政的旨趣在于自我实现（杜智涛、付宏、任晓刚，2014）。

何煜雪对国内青年公民网络政治参与进行了研究，发现青年群体的线上公民参与行为呈现出政治冷漠与狂热并存的特点，并从提升青年政治效能、加强青年经济赋权、健全维护青年群体利益的机制三方面提出避免青年政治冷漠的解决方案（何煜雪，2018）。张楚洛从心理学角度出发，通过对多种社交媒体渠道的大学生群体的自我效能感和外在效能感的探索，分析大学生线上公民参与现状，并提出要从提升大学生媒介素养和加强社交媒体平台建设两方面完善大学生线上公民参与生态（张楚洛，2018）。

2.2.2 线上公民参与的分类

黄少华等通过对网络公民参与的历史性阐释和研究，强调了学者对于线上公民参与有着不同的理解（黄少华、袁梦遥，2015）。第一种强调网络公民参与是真实世界的参与在网络上的翻版，也就是说互联网扩展了公民参与的途径与方式，并成为一种新渠道、新工具和新载体，其对于线下公民参与起补充作用，公民参与的本质与内涵并没有改变。第二种则认为互联网延展公民参与的范畴，重新打造公民参与的特性，即互联网在对公民参与路径进行补充的同时也使其获得了新的社会空间，其种类与本质也发生了一些变化，因此需要通过重新定义公民参与的内涵，来解释网络空间中公民参与展现的改变和特征。

部分研究者以网络作为全新的公民参与渠道对线上公民参与进行具体划分。公民参与主要包括三个方面：政治的参与、行政的参与、社区与组织的参与。网络仅仅作为一个新变量，对公民参与产生影响。黄少华等将线上公民参与的具体参与形式划分为：①信息获取与信息生产。理论依据为信息获取是公民参与的先导行为，获取信息的内容和角度，可以在一定程度上预测参与行为；信息产生则是在线表达性政治参与，同样可以作为其他公民参与行为的先导。②交流互动。一方面，交流互动是公民参与的直接形式，人们在交互中表达不同观点，是公民参与的初步形态。在线虚拟空间中的沟通交流，主要包括对话、内容汇总、广播和群聚探讨。另一方面，互联网作为公民互动空间能够降低人们的交流成本、提高交互效率，其内部可能发生的审议、讨论、动员等交流互动行为有助于人们增加信任度、积累社会资本，进而提升公民参与。③具体行动。线上公民参与行为包括两类。一类是网络使用促发的线下参与，呈现类型主要为信息生产与沟通互动；另一种则是将参与的整体行为都在互联网上完成，例如线上投票、线上上访、线上捐赠等（黄少华、袁梦遥，2015）。

此外，在第一种解读的分类角度下，钟智锦、李艳红和曾繁旭依据主动参与程度强度，认为中国网民在线参与可划分为关注型参与、公民记者式参与和行动式参与（钟智锦、李艳红、曾繁旭，2013）。而李斌将线上公民参与分为5种类型，分别是：通过互联网进行网络选举、进行对话讨论、与政治机构和政治人物接触、表达自身立场、参加民意调查（李斌，2007）。从线上公民参与的具体内容看，Macintosh将线上公民参与分为三个等级：网络赋能、网络参与和网络赋权（Macintosh，2004）。

针对第二种解读，该视角指出互联网使公民参与重点发生了变化与扩大。在网络技术条件下，信息传播具有即时性、互动性等特点；公民可以通过多种渠道表达自己的利益诉求和意见主张；网民成为舆论的主要参与者。互联网的应用打破了个体参与问题壁垒并拓宽参与种类，社会资本也因此呈现出松散性和弹性活力，团结型的资本逐步被接桥型社会资本替代；同时，线上公民参与主体也打破了年龄、阅历壁垒，逐渐转变为包含各个年龄层的群体，即使是现实生活中的政治弱势群体，也能在线上公民参与中找到途径。

2.2.3 线上公民参与的影响

前互联网时期已有一些学者注意到媒体使用模式的差异会给公民参与造成不同影响，他们得出的一般结论是：旨在获取信息的媒体使用向用户提供参与公共事务所需的知识（Viswanath & Finnegan Jr，1996），进而给公众特定行为带来正面影响，同时旨在休闲娱乐的媒体使用也妨碍了对应内容的获得，使用户由于获得知识的劣势而很难推动公民的参与，这可能造成参与程度降低（Besley，2006）。

在互联网应用盛行的今天，以互联网平台为载体的在线公民参与越来越成为一种非制度化的新型政治参与类型。通过对国内外相关文献进行梳理和分析发现：关于网络环境下公民信息获取行为与社会互动影响关系方面的研究较少；国内学者对网络环境中公民信息获取行为的理论基础及作用机制探讨相对不足，因此有必要开展深入研究。Kruikemeier 和其他学者研究得出：公民在互联网基础上获取信息的行为可以促进政治社会化，并在获得信息的同时刺激公众进行公民参与，但是探寻娱乐信息则会产生相反的作用（Kruikemeier，Van Noort，Vliegenthart，& de Vreese，2014）。王润发现，总的来说互联网对公民参与行为的影响呈正向相关。此外，我国公民参与行为受到结构性因素的影响。值得注意的是，年龄对线上和线下公民参与产生了相反的影响，这反映出公民的政治成熟度和线下公民参与存在密切关系。在具体行为方面，研究发现不同类型的互联网使用对线上和线下公民参与产生不同的影响。对线上公民参与而言，在线信息搜寻、在线互动活动和在线娱乐行为都具有正向的作用。在这种情况下，仅有在线信息搜寻类行为、网络社交行为、网络娱乐消遣行为等互联网利用类型影响了线下参与（王润，2017）。

有学者对社会动员型线上公民参与作了实证研究。于建嵘以 2012 年中国大规模群体性事件为例，通过对公民动员型涉入群体性事件和自媒体使用关联性的分析，得出结论：必须完善制度化维权体系和公民利益诉求及保障制度，只有这样才能够推动社会的和谐治理（于建嵘，2013）。也有以自媒体作为中介，近似于公民参与特征的探讨。例如在郭旭看来，公民的网络政治参与有以下特征：参与方平等、地位隐蔽、参与话题范围广、多样性参与方式、参与方成本低、参与过程中互动性强、参与方深度不可测性等（郭旭，

2008）。

通过分析网络媒体公民政策参与所具有的三大效能，张宇主张网络参与可以赋权以加强公民对政策的理解并打造公共精神，确保公共内容可获得性以提升政策共识可达成性，以及公共论坛可进入性，关注公共兴趣以实现个体集聚，促进议题网络整合（张宇，2015）。方晓红与牛耀红则以实证性考察为基础，从公共性交往、舆论与行动三个主要维度考察新兴网络世界对于农村背景下的公共性再生产所产生的效应。结果发现，村民们在集体探讨与行动过程中完成了由"村民"向"网民""公民"的转变（方晓红、牛耀红，2017）。

2.2.4 青少年公民参与的测量

公民参与的评估在不同年龄阶段没有展现出很大的差别化，相关国内外学者在对公民参与及其相关概念的政治参与等方面进行测量时也未从年龄角度区分，并且现有青少年公民参与的研究较少，因此在测量方面青少年公民参与基本可以等同于公民参与。在对国内外相关研究进行分析后发现，西方学者对公民参与的测量主要集中在志愿工作、社区服务活动、在论坛或博客上进行政治讨论、参与在线抗议、访问政府官员或机构的网站和各种包含政治内容的来源等方面；国内研究者目前对于公民参与的探讨有线上和线下两个维度，除了参与的情况与路径，部分研究人员也从公民参与的目的、效能和态度等维度对公民、大众的政治参与展开评估。

对于国外学者的研究，测量公民参与的内容主要是针对志愿工作、社区服务、参与非政府组织的时长和频率，例如有研究者认为促进在线和线下公民参与的措施途径是基于城市公园研究的规模，并且融入公民与政治参与的内容（Smith, Schlozman, Verba, & Brady, 2009）。线下公民参与的内容主要有：参加学生俱乐部或非政府组织，参加俱乐部或非政府组织的有关活动，重视或讨论有关政治社会新闻，与政府或大众媒体接触，探讨公民问题的解决之道并寻找关注，表决，抗争，从事志愿者服务，为慈善机构提供捐助。网上公民参与主要有：参加虚拟活动社区，阅读网上与公民有关的资料，发表关于公民议题的评论、照片或相关录像，以及在网上对公民参与进行探讨等。针对上述相关问题对公民参与进行测量，对于青少年可以将公民参与的时间限制在大学期间或其他想要研究的时间段。针对青少年公民参与，Cicognani 等人（2012）是通过对其参加不同社会活动

（文化协会、学生协会、宗教运动、娱乐俱乐部或爱好）和公民活动（青年运动、人权协会），还有政治参与活动（如示威、抵制、罢工、职业、请愿等）的项目来衡量的，并通过是否参与及参与频率来体现青少年公民参与的程度。

而对于线上公民参与，国外学者普遍认为其在社会发展中越来越占据主流趋势。传统情况下，公民必须通过各种烦琐的步骤来表达他们的意见，如果与某些政府决定有分歧，公民必须通过电话或其他方式提出投诉，或者亲自参观拜访当地政府的办公室（Bakker & Devreese，2011），这些方法既耗时又昂贵。Arshad 等通过研究指出，提供政务新闻信息的机构在社交媒体上提供高质量的信息对其追随者的在线政治参与有积极的影响，这意味着随着追随者、关注者得到信息更新和意识到机构的活动，他们更倾向于参与政治，随之而来的线上参与活动也就更多。研究通过测量这些高质量社交媒体上公民参与政治的讨论、转发评论内容和频率，能够得到更加真实的结果（Arshad & Khurram，2020）。

对于国内学者的研究，新时代下的公民参与已经成为新时代党和国家关注的重点，青少年作为中国社交媒体使用的主力军，他们的利益诉求表达方式、社会资本的构建及公民参与行为在新媒体时代都发生了深刻的变革。这两种因素的结合，使得青少年公民参与的测量演变为从线上参与和线下参与两种主要形式途径展开。例如郭瑾（2015）在研究中认为，线上的公共参与活动主要可以包括以下几种行为：转发、评论或与亲戚朋友一起讨论公共事务、政治事务；主动地去搜索、阅读相关的社会类、政治类新闻报道并且参与评论。线下的参与方式包括：参加集会、游行示威、罢工等，加入志愿服务和公益，自主捐赠，自发抵制与自我政治价值相悖的某些产品。其研究最后通过后期的 0、1 编码处理数据，然后每项累计求和得出线上、线下公共参与两个连续的变量。这种连续变量的数据处理也为后续描述性统计和公民参与行为 logistic 模型的构建提供了便利。

关于线上和线下公民参与的衡量，王润把"网上政治问题讨论"作为一个准则。研究认为，将网络中一切公民参与行为都归入政治问题讨论失之偏颇，却又可避免互联网使用行为被"过度政治化"（王润，2021）。此外，针对线上参与的衡量，他加入了问卷调查中向报刊和电台来信反映观点、向政府部门举报、向政府部门请愿及参与居委会/村委会的选举等多个行为。无论是线上还是线下，以上研究的公共参与的测量指向目标主要是针对公众对于社会及国家政治问题的关注程度和关注途径，例如何煜雪定义了网络参与的内涵（何煜雪，2018），指出，对社交媒体的大量使用使得部分青年公民成为网络参与者，无论是线上互联网网络参与，还是线下社会网络参与，都渐渐成为主流文化的青年群体网络参与，这不仅是一种不断更新发展的治理新形式，亦将会是一种对公民有益的文化。胡荣（2008）通过研究，使用了11个方面的项目测量居民政治参与这一指标，这11个方面主要涵盖维权抗争、利益表达和人大选举的公民政治参与，虽没有明确地将线上与线下参与分述开来，但在参与途径上体现了网络参与与线下选举投票参与的区别。

对于公民参与的测量，也有学者从其他维度考量，例如黄少华、郝强（2016）的研究从政治参与和社会参与两个维度对公民参与进行测量，其中政治参与的测量标准包含获得政治信息、参加政治讨论、接触政治信息、在线抗议等；而社会参与的测量标准则包括个人表达、参加社团和从事公益事业等。标度包含"登录政治新闻网站""和网友探讨政治议题""在线评论政府工作服务""在线服务于社团和机构"等13个选项，使用李克特五级量表开展准确评估。同样是李克特五级量表，卢家银（2018）通过量表问卷以受访者过去一年中参加的12个政治参与活动项目的频率作为测量数据。同样，王绍光（2008）在对县农村政治参与行为进行测量时也依据频率作为衡量依据，确定了参与方式，测量每种参与方式的参与频率。杜智涛等研究认为，网络政治参与的测度包括程度、效果、影响等方面，参与程度这一个因素就能够较为简洁、直接地对公民参与行为进行描述，类似于五级量表，该研究将网络政治参与程度划分为5个层次进行测量（杜智涛、付宏、任晓刚，2014）。任豆豆（2020）通过研究认为，公民参与应该从参与意图和参与效能两个方面测量，参与意图决定了公民是否有参与国家社会公共事务的意识，考察了公民参与的自主意识；而参与效能则体现了自身对于政府回应性的期待和感知，与意图和效能有相关联之处。董超华（2022）从公民政治参与的态度和行为两方面来测量，还从思想上的价值认同和行为上的身体力行两方面对公民参与进行测量；此外郑建君和马璇使用自编的《公民参与量表》，将研究分为四个主题，分属参与认知与参与行为两大层面，使用七点评分（郑建君、马璇，2021）。

不同时代的中国公民政治参与的形式和特征是不同的，20世纪八九十年代中国公民政治参与具有广泛性和动员性，到20世纪90年代中期，全国经过注册的社团就有17万多个，社会公民通过参与社团组织和活动这个渠道就会有一些政治参与机会（刘昌雄，1998）。当前网络技术的迅速普及让在线政治参与逐步成为本土公民参与主要的方式，网络参与的特点主要集中在通过网络如社交媒体进行政治表达，通过网络进行政治监督和举报，通过网络政治组织联系活动和进行宣传动员等。与传统的公民政治参与相比，网络政治参与体现出了参与主体的多元性和参与形式的多样化。这种网络参与形式，往往伴随着后续公民参与过程的线下线上的联系互动，扩大了政治参与的渠道（熊光清，2017）。

对于青少年公民参与的特点而言，近年来随着青少年通过网络表达利益诉求的数量越来越多，研究者开始关注求职创业类和教育服务类话题，这些议题也与青少年群体自身发展的时期息息相关。同时青少年网络表达情感倾向总体上较为积极，体现了青年群体诉求表达的理性和对国家政治体制的信心。然而，青少年充满激情和理想，在政治参与时有时会把问题想得过于简单和理想，也需要后续的学习以不断完善和成熟（陆士桢、王蕾，2013）。

2.3 青少年社交媒体的使用

第四十九次《中国互联网络发展状况统计报告》显示，截至 2021 年底，我国网民人数一直呈上升态势，使用行为相应地表现出一些特征：一方面人均上网时长继续提高，网络已经渗透到生活之中。人均每周上网的时间高达 28.5 个小时，比 2020 年 12 月份增加了 2.3 小时。另一方面，上网终端设备种类增多。手机仍然是主要上网工具，用手机上网率达到 99.7%；在网民当中，用台式电脑、笔记本、电视、平板电脑等上网率也都超过了 25%。与此同时，未成年人使用者的使用也呈现出了新的特点，伴随着网络在未成年群体的广泛普及，这些渠道已成为当代未成年人沟通、消遣和学习的重要手段，在青少年的成长过程中起到了越来越显著的作用。手机作为首要上网设备，在未成年人中的拥有比例已达 65.0%；值得注意的是，智能手表作为新型智能终端的代表性产品，其在未成年网民中的拥有比例达到 25.3%，可见新型智能终端在未成年群体中已经广泛且迅速普及。

中国社会科学院大学陈宗海在其硕士论文中综合国内外的相关文献（陈宗海，2020），总结归纳出关于青少年和社交媒体研究的 5 个主要议题：①社交媒体对青少年的影响；②社交媒体的使用与需求满足；③虚拟世界的自我呈现；④社交媒体使用后的主观认知；⑤社交媒体使用与政治参与。由此可见，青少年和社交媒体的研究已经扩展到效果研究、用户研究和内容研究等层面，这也说明，当下社交媒体已经深入青少年生活的方方面面，也影响着青少年的认知，改变着青少年的行为。

也有学者认为，移动社交媒体是一个多元使用的平台，社交媒体上的信息形式丰富、更新速度快，青少年可以在社交媒体上体验到线上网络游戏、沟通互动、信息获取和音乐视频等服务。移动社交媒体拓展了青少年的精神世界和社交途径，为青少年积累社会资本起到积极作用，然而这种集合了多种网络的社交媒体，可能会使人们每天用很多时间登录社交媒体，特别是在这些媒体逐步迁移到智能手机终端这一过程当中，让更多青少年经常地、高强度地使用社交媒体。这一现象可能导致当青少年无法使用社交媒体或手机不在身边时，因担心错过与自我相关的信息或他人发布的最新信息而产生焦虑情绪和错失恐惧。

在该视角下，叶凤云等（2020）研究发现，由于使用动机不同，青少年在使用社交媒体时出现的焦虑及成瘾等症状亦有所不同。青少年对社交媒体使用感到担忧和恐惧，这也许不只是因为他们担心和社交机遇失之交臂，而且还因为他们怕错过接受信息和消遣的时机。如以获取信息为动机的青少年，会养成频繁查看社交媒体的习惯，从而使自己不错过有用的信息；而将娱乐作为使用目的的青少年更倾向于利用移动社交媒体来消磨时光，但是在养成习惯后又会因为担心失去娱乐机会而产生错失恐惧心理。因此，他们为了保持人际关系更倾向于利用社交媒体来进行沟通与表达，形成习惯后也可能会由于害怕错过社交信息而产生社交媒体使用焦虑或沉迷等负面情绪（叶凤云、徐孝娟，2020）。

根据社会补偿假说，个体借助网络参与社交活动，如果能够获得在线好友的正面反应，则可以在某些程度降低孤独感，获得生理和心理上的满足。青少年同样期望通过社交媒体使用来补偿现实生活中的心理缺失。据此，成鹏通过对628名青少年社交网络使用强度及其孤独感进行问卷调查后发现，当未成年人对实际生活有巨大的孤独感而又不能得到舒缓时，就极有可能把目光转向网络并通过社交媒体得到弥补。高孤独感的青少年会更渴望网络中的社交积极反馈（如点赞、积极评论），然而当青少年沉溺于社交媒体使用带来的心理需求满足时，又会导致其对于社交媒体使用的依赖性，一定程度上不利于其现实人际交往的健康发展（成鹏，2021）。

2.3.1　社交媒体的概念

通常情况下，社交媒体（Social Media）也被叫作社会化媒体，"社会化媒体"这一新的概念最早由美国学者安东尼·梅菲尔德（Antony Mayfield）在 *What is Social Media* 一书中首次提及，在该书中梅菲尔德对社会化媒体的概念做了概括性的阐释。梅菲尔德认为"赋予用户参与、传播和创造内容的能力"是社会化媒体最关键的特征之一，并总结了社会化媒体的若干显著特征：公开性、连通性和参与性。在他看来，社交媒体在网络上为用户参与提供了十分广阔的空间（Mayfield，2008）。他指出社交媒体实质上就是某些网络媒体的汇集，它们同时具有易于沟通性、互动对话性和连接性等典型属性，并赋予了个体产生与传达信息的权利。

国内学者彭兰认为互联网技术和移动通信技术是构成社交媒体的核心技术要素，促使 UGC（user generated content，用户制作内容）制作和互换（彭兰，2012）。同时她还阐述了社交媒体的两个主要特征：首先，她认为社交媒体是内容制作与社交网络的结合，即社会关系与内容制作的相互融合；其次，她提出用户才是社交媒体平台上的主角，而不是网站的运营商（彭兰，2012）。

"社交媒体"这个词汇虽在 2007 年才出现，但在 2008 年就成了网络热点。不过，社交媒体的概念发展可溯源到 20 世纪 70 年代，甚至应该从计算机连接开始。1969 年初，美国国防部成立了一个研究部门，为高级研究计划局（简称 ARPA），创造了初期的计算机互联，旨在推动计算机互联。而此时的 ARPA 网是一个封闭式的网络。随着网络技术的迅速进步和普及，这种封闭状态逐渐被打破，人们开始通过各种网络平台进行交流。其中最典型的例子就是博客和论坛。Netnews 是最早出现的一个分散性讨论系统，Usenet 则是最早的一个新闻组。BBS 在 20 世纪 80 年代开始流行，并形成了以计算机为核心的初期信息服务平台。

互联网技术在 1994 年被引入我国，初期的社交媒体形式是由国家智能计算机研发中心创建的曙光 BBS 站。BBS 作为一个以议题为载体展开讨论的模式，其出现使用户首次摆脱大众媒体而获得集聚与沟通，超越单向大众传播模式而拥有双向互动沟通的空间。随着互联网的普及，人们的社交意识也越来越强（谭天、张子俊，2017）。因此，Andreas M.Kaplan 曾经提出"社会临场感"理论，社会临场感是一个人在沟通中对群体中其他人的感觉。他将社交媒体分为以虚拟社交游戏如"第二人生"等为代表的高等社会临场感，微博、脸书、优兔等社会化媒体交往平台及内容分享平台之类的中等社会临场感，以及维基百科等协同技术的低等社会临场感（陈勇、杜佳，2014）。

如今国外的社交媒体平台种类多样，诸如以脸书、推特、领英（LinkedIn）为首的社交网站平台，以照片墙（Instagram）、Pinterest 为代表的照片分享平台，还有像我们熟悉的优兔和 Vimeo 视频类分享平台，当然如抖音国际版（TikTok）和色拉布（Snapchat）这类具有交互性的互动媒体也是社交媒体的一部分，另外基于协作计划的维基百科（Wikipedia）也可算作社交媒体的一部分。中国的社交媒体是网络论坛（以各种话题为主的 BBS），它是中国最早的线上多对多的交流空间，如贴吧、天涯社区、猫扑论坛等。后来到 2005 年，博客被大规模商业化地引进中国，并在短时间内得到了广泛普及，和 BBS 不同的是，博客突出"博主"的角色，从而形成了一个以个体为中心的社会化舞台。与博客同时，SNS（social network service，社会网络服务）也被引入中国，只是相比于西方国家，中国的 SNS 发展相对弱势且坎坷，校内网是初期的 SNS 应用，随后诞生了人人网和开心网，但由于 QQ、微博、微信等的冲击，国内的 SNS 平台很快就衰落了。今天，中国的社交媒体以微博为代表，其已经实现了大众传播的社交化，由此也带动了传受关系的新变动。而微信的出现则通过即时通信的方式建立了社交中的强连接，使用户在该应用上的黏合性更强。当然，当下各类"社交+"的概念出现，也使得哔哩哔哩、小红书、淘宝等能够有用户参与，生产内容和传播内容的平台成为社交媒体的一部分。

我们可以从国内还有国外的社交媒体发展中看到，进入 21 世纪，传播媒介发生了翻天覆地的变化，地球村效应在互联网浪潮下更加显著。与传统媒体相比，基于互联网技术、数字技术、多媒体技术和移动通信技术的社交媒体有更快的传播速度、更广的传播范围和更大的传播力，因此社交媒体为信息和新闻的传播开辟了更为畅通便捷的渠道。

2.3.2 我国社交媒体使用特点

互联网使万物互联扩展到了全球范围，它也让全世界的各个部分紧密连接为一个整体，发达国家社交媒体的发展也推动着我国社交媒体的进步，从整体上来讲，我国社交媒体使用主要有以下三方面的特点：

（一）媒体渗透率提高

艾媒咨询提供的资料显示，移动社交媒体使用者在移动手机用户中的占比持续增长。2020年，中国移动社交用户超过9亿，比2019年增长7.1%（艾瑞咨询，2022）。刘姝秀在《我国社交媒体发展新趋势探究》一文中分析出当下中国主流的社交媒体平台竞争态势平稳，微信、QQ、微博在移动社交服务中以每月亿级别的活量排名第一梯队，使用率分别高达97%、69%和32.6%。随着内容社交、职场社交、陌生人社交和购物社交的兴盛，各种社会资本的入驻，企业和行业积极开拓各类细分市场，产品和设计下沉，潜在用户也慢慢被开发和挖掘出来，用户范围拓展得更加庞大（刘姝秀，2021）。

（二）社交媒体应用形态创新丰富

自1971年第一个电子邮件出现至今，社交媒体由静态图文发展为动态视频，由单一形式发展为多种形式（朱保一，2020）。在信息爆炸的今天，社交媒体为人们提供了一个全新的交流平台，也成为一种重要的社会力量和沟通渠道。当今我国社交媒体打破了大众传播时代的局囿，互联网技术首先把全球"认知时钟"整得井井有条，草根阶层首先摧毁权威"象牙塔"，随后交互科技的跨越式发展更是以从未出现过的性能构建了一种全新的信任连接（于辉，2015）。从传受双方上看，手机等互联网移动终端的快速普及为自媒体的发展奠定了坚实的基础，在此情景下，信息"产消者（prosumer）"出现，用户自己生产和传递内容成为社交媒体的重要一环。社交媒体平台给用户提供了大量的可供自我创作的权限，"受众"变成了"用户"，用户不再被动参与，而是承担了主动的创作和分享的角色。

从社交媒体的功能上来说，随着社交媒体的发展，"社交"的理念越来越普及，无社交不传播甚至成了规律，泛社交成为趋势。从传统的贴吧、BBS这类单一的信息与观点分享和交流的互动类平台变成了"社交媒体+"形式的各类社交媒体平台，如以抖音为表率的"社交媒体+短视频"，以淘宝为首的"社交媒体+电商"，以腾讯视频为代表的"社交媒体+音视频功能"，以微博和头条为代表的"社交媒体+咨询服务"，以知乎、分答为代表的"社交媒体+知识分享"，以学习强国为代表的"社交媒体+政治学习"等。同时，近些年随着"社交媒体+"平台的拓展，以QQ、微信等"强关系"为基础的私人社交媒体平台也慢慢向"弱关系"社交媒体平台转化，人际关系网络也变得越来越庞大。由此可见，当下人们的工作学习、吃穿住行、休闲娱乐等一举一动都离不开社交媒体平台。

（三）强化在场化体验

所谓在场化就是用户可以感受到一种很强的在场感：一方面科技迫使用户不得不到场，同时用户也将从内心深处体会到一种直观认知。在场化使用户获得了沉浸式和主角式的亲身体验，而在线化则使得用户体验更加丰富。所以，我们说，在场化是未来信息社会发展中的一种趋势。从这个意义来说，在场已经成了移动互联时代的重要特征之一。新技术包括视频直播、VR（虚拟现实）、AR（增强现实）和 MR（混合现实）等都可以让用户通过社交媒体实现在场化；VR 将使用者完全嵌入一个虚拟环境中，却彻底排斥使用者身边的自然背景；AR 则为使用者身边的自然背景添加虚拟内容；MR 则将虚拟实物有机地融合到使用者身边的背景里，并且能有效地响应虚拟物体，使用者将如同现实空间中那样，无法看到遮挡物下面的虚拟物体。不管是 VR、AR 还是 MR，它们通过让用户有一种实实在在的在场感，可以火速地将用户送至魔幻空间或将魔幻场景送至用户面前。

从线下到线上，人们少了现实世界真实可感的接触与感觉，于是开始在线上寻求在场感。而虚拟空间的线上在场感是指在不影响用户体验的前提下，将真实生活中的虚拟场景、各类人物或角色还原到真实场景之中。在场化使用户产生了真实角色代入感，而在线化则可以让用户更方便地与他人进行沟通。如今，在发达国家，脸书、谷歌、苹果、亚马逊等社交媒体都进行了大量的在场化实践；同时，在互联网技术不断发展的背景下，"网络+"成为一种全新的产业模式。这使得传统行业与新兴行业之间的界限逐渐消失，越来越多的企业进入了这个领域。其中虚拟现实就是典型代表之一。目前国内视频直播平台已超过 200 家，同时脸书拥有 VR 领域超过 400 人队伍，世界范围内参与 VR 的企业也层出不穷。它们打造新型平台的硬件与形式，使软硬件有机融合。另外，社交媒体的在场化、场景思维等特点，也让更多用户参与到社交媒体大潮中（郭全中，2016）。

社交媒体平台上，每位用户都是社交网络上的一个节点，这些节点通过社交媒体实现远程不在场的连接，这种连接的发生是由用户使用社交媒体这一行为产生的，从而形成节点与节点之间的纽带，也就构成了一个大的社交关系网络。用户使用社交媒体建立连接这一现象可以用社会网络理论进行阐释。

社会网络理论的基本思想就是，在社会场景下，由于个体之间存在着相互关联，他们会以同样的方式进行思维与行动。该理论讨论了现有社会行动者所建构起来的相互关联与纽带，试图将社会网络系统看作一个整体构架以解释社会中的特定行动（Mitchell，1969；Tichy，Tushman，& Fombrun，1979）。社会网络是由具有某种连接的行动者所组成，这些行动者通过一定的方式构成了一个复杂的关系网络。社会网络结构研究从 20 世纪 80 年代开始受到关注，目前已经成为社会学领域发展最快的学科之一。其原因在于它为我们理解和解释社会存在提供了一种新的视角。社会网络的核心思想之一就是"中心度"（Bavelas，1948，1950；Leavitt，1951），也就是处于社会网络中心地位的点为利润最高的点。互联网时代的社会行动者，通过其所在社会结构和其在社会网络中所处位置，获得了与之相对应的社会资本（Coleman，1988；N. Lin，2002；Alejandro Portes，1998）。用户使用社交媒体往往具有使用动机，而这种使用动机也与获取一定的社会资本相关联。

Kilduff 和 Brass（2010）探讨了主导社会网络理论研究的四种具有前瞻性且相互关联的研究点，分别是：网络行动者间的关系研究、嵌入性研究、网络结构模式研究及网络连接的社会效用研究。社会网络分析自产生之初就关注可令社会行动者相聚合和分离的关系（Tichy et al.，1979）。Moreno（1934）指出个体在社会网络中的空间定位决定其行为。也有部分研究人员对其所在社会情境下的行动者进行实验研究（Heider，1946；Lewin，1936）。

社会网络理论十分重视间接连接和路径作用。在此理论下，网络关系不但涵盖两个行动者间的彼此连接，还包括在社会中几乎所有行动者之间的多元性间接联系和路径的汇合体。Travers 和 Milgram（1969）在研究中募集美国内布拉斯加州的志愿者，让每一个志愿者都寄信给波士顿一个指定的陌生人，规则是每个志愿者只能把信交给他认为比自己更有可能把信寄给目标人物的人。研究结果显示，从开始寄信到联系到目标个体只需经手 6 个中间人。该发现之后被称为"六度分割理论"（six degrees of separation）。社交媒体具有强大的社会关系的编织功能（周宇豪、杨睿，2021），社交媒体社会化的根本逻辑和依据也在于用户的使用行为，这就和"六度分割理论"一样。

六度分割理论最早是由美国社会心理学家斯坦利·米尔格拉姆（Stanley Milgram）提出的（Milgram，1967）。该理论认为，每个人与陌生个体之间的距离总的来讲不会超过六个人。言外之意，顶多可以经由五个人就可以结识一个陌生人。六度分割理论说明社会上存在着普遍的弱连接，而且这种连接具有扩展性，即两个素不相识的人通过一定的联系方式总能够产生关系。在互联网环境中，这一理论有两种典型的案例：其一是人肉搜索，即借助社交网络进行个体定位；其二是社会性网络服务（SNS），即帮助人们建立社交网络和社会关系的互联网应用，这种应用多为社交媒体。

但社交媒体的广泛使用已经从"六度分割"变成"四度分割"。2011年，脸书与米兰大学合作，在一个月内对7.21亿脸书平台活跃用户（相当于世界人口的10%）进行了一项调查，计算出其中任何两个独立的用户之间平均距离缩短到了4.74人，而在美国、意大利和瑞典等国家，这个数值甚至更低，接近于4人。脸书的这一发现打开了六度分割理论新的发展阶段，同时也说明基于社交媒体这个框架，用户和公众能够更加便捷地建立连接。

2.3.3　青少年已经成为社交媒体使用的主力军

《数字化生存》这本书的作者尼葛洛庞帝曾指出："计算不再是只和计算机有关，它决定我们的生活。"作为互联网原住民的新一代的青年已然成为社交媒体使用的主力军（董居瑶、杜娟，2014）。

联合国儿童基金会推出的年度总结《2017年世界儿童状况：数字时代的儿童》指出，全球范围内高达30%以上的互联网用户是青少年（方蓉、孔令帅，2019）。据中国互联网络信息中心统计，截止到2020年底，我国网民人数达到9.89亿，比2020年3月增加8540万，互联网普及率达到70.4%，比2020年3月提高5.9个百分点。其中10岁至19岁、20岁至29岁、30岁至39岁网民占比分别为13.5%、17.8%和20.5%。同时数据发现，在我国网民群体中，学生占比达到21.0%，比例最高。19岁以下的青少年网络普及率甚至达到93.7%，远远高于我国人口64.5%的网络普及率（田丽、张华麟、李哲哲，2021）。除此之外，还有大量研究数据表明青少年社交媒体的使用已经变成"上瘾"：92%的青少年每天上网，24%的青少年说他们几乎不间断地上网，76%的青少年使用社交媒体（年龄较大的青少年81%，13岁和14岁的青少年68%）。77%的家长表示，他们的孩子会被电子设备分心，当他们在一起时也不会注意。59%的父母说他们的孩子沉迷于移动设备，50%的青少年称他们对移动设备上瘾。

在《欲罢不能：刷屏时代如何摆脱行为上瘾》中，亚当·阿尔特（Adam alt）提到，照片墙的创始工程师之一Gregg hachimas早已注意到社交媒体使用的"上瘾"现象，并设计了一个上瘾引擎。在照片墙上，总有一个新的热点可以点击，"很快，它就像有机体一样有了生命，人们对它迷恋不已"。不只是照片墙像"有机体"一样存在着，其他社交媒体、短视频、游戏，在拼命攫取人的注意力这一点上基本大同小异，它们背后数以万计的工作人员正是在为此而努力工作。

"成功"的互动体验能够带给用户奖励感，想要更多奖励，想要再次收获成功的体验，他们需要发布更完美更动人的照片与视频引人注意。每次分享照片、网页链接或更新状态，都是在赌博。一旦效果不佳，他们收获的将是挫败感，以及想要扳回一局的好胜心，长此以往，难免陷入负面循环。纪录片《监视资本主义：智能陷阱》里也批评了这些："因为爱心、点赞、竖起大拇指这些短期的信号给我们奖赏，我们把它融合到价值中、融合到真相中，不论是否虚假、易破碎的人气，这是短期的，你需要承认，这让你更加空虚。于是你会再次这样做。因为这样，它会将你逼入一个恶性循环。你会想：我接下来要做什么？因为我还想要这种感觉。"只要出现合适的产品或体验，无论年龄与性别，任何人都有可能上瘾，尤其是在如今这样一个数字化时代里。亚当·阿尔特提到，在许多维度，行为上瘾很像物质上瘾，他们启动了同一个大脑区域，并由某些同样的人类内在需要驱动：社会参与及支持、精神刺激、奏效的感受。这些在照片墙上被无限量供应。对于青少年而言，生活是逐渐从现实世界转向数字世界的。在照片墙上，他们发布照片，发送消息，以此来建立友谊，获取认可；但在"社会比较"中，他们逐渐变得失落与忧郁。

由此可以看出，我国青少年首次接触和使用网络的年龄持续提前，这种低龄化态势逐渐明显。青少年的成长与网络环境紧密结合，平板电脑和手机等网络媒体终端贯穿了青少年的成长全过程。社交媒体正在向"连接一切"的生态平台发展，它正在全方位地影响着青少年的学习、生活、娱乐等方面。如今，社交媒体已然成为青少年认识世界、形成价值观的重要渠道和知识来源。此外，青少年社交媒体成瘾还会消极影响其情绪，因此青少年社交媒体的运用已经吸引了全社会各方面的关注。李静等通过对我国 103 所在校大学生的调查发现了媒介对大学生的沟通、表达与传播行为具有培养效果。青少年通过社交媒体建立关系、发表观点、学习知识。社交媒体正逐渐取代学校和家庭，成为青少年实现个人社会化的重要中介（李静、姬雁楠、谢耘耕，2018）。

2.3.4　青少年社交媒体使用动机

通过对社交媒体中使用动机的现有探讨，能够发现"使用和满足"理论作为其中一个最经典的框架已得到了广泛应用。这个理论的出现和发展是大众传播研究从传者导向视角转向受众导向视角的重要标志点。此前，大众报刊、广播、电视等大众传媒迅速发展，产生了巨大冲击力和惊人效果，这就导致了传播效果研究主要从传播者的角度考虑，研究的主要问题就传播者对受众产生的影响和影响受众的途径进行展开，并诞生了以传播者为研究中心的理论，如"魔弹论"和"有限效果"理论。而"使用与满足"理论则强调从受众出发，通过对受众媒介接触动机及媒介所满足的需求进行解构，审视媒介带给受众的心理及行为作用，用以说明用户在接触具体媒介时是根据其社会需要及心理需要进行的。

传播学学者 Katz（1959）认为，传播学探索不仅仅需要关注"媒介对人们做了什么"，还需要进一步探讨"人们对媒体做了什么"。但在 Katz 正式提出该理论之前，早在 20 世纪 40 年代，关于使用与满足的相关研究便已然开始。Herzog 通过对 11 名收听"专家知识竞赛"节目的广播观众进行深度访谈，总结了收听节目的三种内心需要，分别是竞争需要、获得新知需要和较好的自我评判需要（Herzog，1941）。Berelson（1949）在报业罢工时期人们对报纸产生怀念的背景之下，对纽约受众进行了调查，并总结出读报的六大动机：①获得外界消息的信息来源；②日常生活的手段；③休憩的渠道；④获得社会地位的方式；⑤社交的途径；⑥读报的动机。早期的使用与满足研究试图探寻受众为什么使用某种媒介，并总结出受众的集中基本需求：信息需求、精神需求、社会关系需求、娱乐需求等，由此推动了使用与满足理论的概念化进程。

20 世纪 70 年代，"使用与满足"理论被正式确立。McQuail（1969）在前人的基础上进一步提出了满足的几种具体形式：心绪转变、人际互动、自身认同和环境监视类型（McQuail，Blumler，& Brown，1972）。大众传播媒介与受众之间关系的研究一直是传播学领域中重要且热门的话题之一。20 世纪 80 年代以来，随着大众传播活动的发展，这一课题引起越来越多学者的关注。E.Katz 于 1973 年归纳出大众传播媒介运用中的五种主要社会与心理需要，即认知需要、情绪需要、个人整合需要、社会整合需要及释放压力的需要（E. Katz，Blumler，& Gurevitch，1973）。Rubin（1984）确定了习惯性和意向性的共存，进一步完善了 Katz 的五大需求（Rubin，Perse，& Powell，1985）。"使用与满足"理论强调受众的突出地位，是传播学中引用次数最多的理论。它被广泛应用于诸多理论研究，如对媒介使用动机和特点的分析，对社会现象分析解读及对理论的自身探讨。

互联网时代赋予了受众一个全新的信息环境与传播方式，也赋予了"使用与满足"理论以新的探讨可能。社交媒体快速发展，用户能成立"个人门户"自发创造内容，能通过转发、分享、关注、屏蔽等媒介使用行为个性化地选择性认知与传播，同时也能延伸与拓展人际关系网。Swanson（1987）认为计算机年代的信息选择性更强，信息搜寻行为更多，人能够根据内在需要对信息进行有选择的感知，主体性和能动性大大增强（Swanson，1987）。Eighmey 和 McCord（1998）在一项针对网页的调查中强调，互联网的利用对个人的参与和维持相互连接起到了重要作用（Eighmey & McCord，1998）。侯利强（2006）对芙蓉姐姐红透网络半边天的现象提出，芙蓉姐姐借由"使用"网络满足了个人展示欲望，意味着在网络时代"使用"的概念不但包括"使用媒介信息"，也包括"使用媒介本身"。王华（2014）认为阶级差异、地域差异及城乡差异进一步扩大了"数字鸿沟"，技术的先进性与接触的可能性影响人们对网络媒介的使用。他将"使用与满足"理论和技术接受模型（TAM）结合使用，发现社会网络关系是影响媒介使用的重要因素。因此，参考社会关系网络理论、社会影响理论及媒介系统依赖理论是有必要的。从传统媒体时代到网络时代，"使用与满足"理论被赋予了新延伸，互联网"传受合一"的特性使受众的主动性和积极性增强，让受众的传媒接近权得以实现。数字时代所带来的"数字鸿沟"影响着受众对网络媒介的使用，社交媒体的使用影响人际关系网络，人际关系反作用于社交媒体的使用。"使用与满足"理论与其他理论的结合有助于弥补理论本身的不足。

对新媒体渠道、内容和应用的研究分析少不了"使用与满足"理论的应用，而社交媒体作为新媒体中蓬勃发展的代表，个体的使用需求、动机及满足在与其相关的研究中至关重要。有大量对社交媒体使用需求的研究发现，信息获取、娱乐休闲、社会交往、自我认同与表达是社交媒体使用中较普遍与明显的需求与动机。胡翼青（2003）对 90 位经常上网的受众（其中包括 20 岁至 35 岁时间较为富余的学生群体）进行无结构访谈，归纳出获得有价值信息、发泄心情、沟通感情、参加娱乐或消磨时间 4 种需要。通过对这些需求进行分析可以看出，社交媒体的使用是人们生活中不可或缺的一部分，但是由于其自身特性，在实际应用过程中也存在着一些问题。Grant（2005）在对社交媒体需求满足问题的探讨得出：社交媒体使用者的关键需求包括形象管理、获得关注、个体表达、个性展现、社会交往和归属感等，同时还包括追求新的体验、调整心情、消磨时光、获取信息和维持关系等。Namsu Park 等将脸书 Group 中的 1715 名大学生用户作为研究对象，探讨用户使用中所寻求的满意度与他们现实生活中的政治参与度之间的关系时，指出四种最基础的用户的使用满足度方面，涉及信息沟通、社交、闲暇休闲及寻求自我认同（Park，Kee & Valenzuela，2009）。

作为互联网数字原住民的青少年受社交媒体影响深远，他们对信息获取、娱乐休闲、社会交往、自我认同与表达等需求的满足极为迫切，也呈现出区别于其他群体的需求特征。王华（2014）认为青少年使用社交媒体的动机除了工具性使用动机外，还表现为较强的仪式性使用动机：青少年会出于习惯性、消磨时间、跟风等目的用社交媒体来消磨烦闷，仪式性利用成了仅次于娱乐的社交媒体使用动因。针对"人们为什么能持续使用某种媒介"的讨论，他通过实证研究及小组访谈，验证了青少年对社交媒体的使用并非只基于传统的"使用和满足"理论所认为的"个人动机"，更大程度上是为了寻求群体中的自我身份认同、情感认同和价值认同，即"群体动机"。然而，受到"群体动机"影响的青少年会因为"怕跟不上时代""怕没有共同话题"而更容易产生媒介依赖。邓银华（2015）通过关注微信朋友圈用户个体信息分享意愿的行为发现，认同性需求的满足度对信息分享意愿的影响最为显著，高于社交性需求、信息性需求与娱乐性需求，说明在信息分享方面青少年群体强化"我"的重要性、意义、成功和满意，期望"我"受人欢迎，得到肯定，彰显水平，并能够影响别人。

与认同性需求相关的，在对于青少年在社交网络和社交媒体中的使用动机研究中，有部分文献集中于青少年在社交媒体中的"自我呈现"这一方面。自我呈现理论（self-presentation）最早是美国社会学家欧文·戈夫曼基于设得兰岛的社区实验提出的理论，又被称为"拟剧理论"和"印象管理"理论。他认为根据表演场景的不同可以将舞台分为"前台"与"后台"，生活中的表现是精心策划的选择性呈现过程。社交媒体形成了一张庞大的关系网络，关系网络中不仅包括现实朋友，也包括素未谋面的陌生网友。用户在社交媒体平台上基于"自我展示"和"使用与满足"的动机，会通过"发布""转发""评论""点赞"等基本规则，对呈现信息进行选择，进行不同程度的展演与自我表露，其后蕴藏的是用户的价值取向与对个人形象的想象。Sonia Livingstone 曾采用深度访谈的研究方法，发现青少年更喜欢通过社交内容的创作，不断地更新重塑形象，展现自己的身份概念和风格（Livingstone，2008）。张洋（2013）在研究微博用户的内容选择与自我呈现的关系时发现关注和转发展示的是"表演"贴近个体最终目的及长期物质和精神层面的追求；发布原创信息则是对"表演"进行了恰当修饰，以展现个体短期目的及积极生活的态度。

Namkee Park 和 Seungyoon Lee（2014）认为大学生由于对印象管理的高度需求而依赖脸书，因为社交生活和人际关系是校园生活的重要组成成分，所以学生通过印象管理塑造良好的形象有利于提升他们在校园的心理舒适度。王晓桦（2019）结合"使用与满足"理论和自我呈现理论对微信用户"点赞"行为进行研究，他认为用户通过"点赞"表态好友动态的行为凸显了自我个性特征，满足了其个性凸显的欲望，进一步构建了自己的形象，也让他人更了解自己。

社交性需求涉及社交互动、印象管理和归属感需求，有部分青少年社交媒体使用动机的研究进一步强调和细化了社交性需求的影响。美国学者 Ito 在历时三年的研究中，通过调查青少年在新媒体中的生活和学习状态，得出了青少年使用社交网络的两个动机：友谊驱动和兴趣驱动（杨洸，2015）。Peter 和 Valkenberg 在对个人对网络传播的认知差异的研究表明，青年的亲和性动机越强，就越有可能使用社交网络。比起线下交流，线上沟通对人际的互动满足度更高（Peter & Valkenburg，2006）。张咏华、聂晶（2013）则提出大学生使用社交网络的主要动机是"认知需求"和"情感需求"，且大学生的专业和社交网络的使用行为、动机之间有显著的相关性。李芹（2015）认为微信用户的使用动机主要有五个方面：社会交往、寻求社会地位、获取经济利益、利他主义和娱乐消遣。总之，不论是对人际关系进行主动维护和延展，还是寻求群体归属感与自我认同感，这些均反映出了青少年在社交媒体平台的帮助下，由被动地接受社会化转变为积极地完成社会化这一行为变化。

2.4 社交媒体的使用和公民参与

公民参与概念的形成很大程度上来源于哈贝马斯的"公共领域"理论和普特南的"社会资本"理论，往往指公民的公共参与。它不仅包括政治生活中的参与，而且还包括在各个层面诸如政治、文化和现实生活中的参与（由丹丹，2013）；它既包括传统的线下公民参与，也包括基于互联网的线上公民参与，并且线上政治参与常常被线下模仿和扩充（Di Gennaro & Dutton，2006）。

任何一项新传播技术的出现都会带来一个命题：传播技术是否及如何促进社会的整合、民主参与？在新技术的持续演变历程中，人们开始悟出社交媒体在社会日常生活和民主观念塑造中发挥着积极效用，如刘杲所说：虽然民主的技术并非某个国家民主达成现实的关键，然而其工具意义层面的价值不应该被小看。只有在社会生活中使用了和需要达到的民主目标相同的手段和方式，并把其拓展至人们生活的各个维度，民主才有可能成为现实（刘杲，2007）。在传播技术水平低的社会，公民参与的途径缺少水平传播，大多沿自下而上的路径表达意见，而又因为自上而下的逐级指示得到反馈，参与程度有限、效率低，意见存在失真风险。在传统媒体时代，点对面的大众传播模式形成了媒体"把关人"的角色，传播机构、媒体组织的一批把关人是信息资源的选择的主体，他们控制了新闻信息和舆论，受众处于传播过程末端，公民参与需借助记者和编辑的工作间接表达。新媒体时代，社交媒体渗透进普通大众的生活已然成为事实，由于社交媒体的草根性和平民化，互联网上参与信息传播的发布者也越来越多，传播速度变快，网络传播去中心化。社交媒体重塑了公民话语权，给公众提供了表达意见和信息分享的平台，个体政治参与的机会和渠道获得拓宽。如今，由社交媒体打造的网络空间已经演变为公民进行自由表达意见、理性交流和政治参与的服务平台。清华大学方伟等人曾对国内外青少年网络参与进行研究（方伟、聂晨，2015），发现数字时代政治格局发生了快速和根本性的变化，而这种变化是由数字技术和社交媒体平台带来的。社交网站越来越多地成为网民和用户获取政治信息和表达交流政治思想的主要公共场所。

社交媒体最初以其草根性与公共性赢得了广大用户，如今通过"公共性"与公民参与之间形成了高度契合。赵珞琳、柏小琳考察了2011年至2016年社会化媒体的研究进展，通过对SSCI传播学期刊的内容分析提出，从"社交媒体"到"社会化媒体"体现了脸书、优兔、微博、微信等社会化媒体平台已经由一种媒体力量转变为一种社会性力量，而且这种力量的大小是不容忽视的。与此相对应，研究者对社交媒体的关注焦点，也需要从"人际的""社交的"主题逐渐转向"信息的""文化的""政治的"等更为广泛的、社会性的议题（赵珞琳、柏小林，2018）。

基于以上观点，我们认为当下探讨社交媒体与公民参与的话题非常有必要。社交媒体这类传播技术对公民参与到底有何种影响？这种影响能否启示我们作出一些行为提高社交媒体上公民参与的积极性，以增强公民特别是青少年对国家的认同，从而达到社会整合和促进民族发展的效能？21世纪以来，随着社交媒体的快速发展，关于社交媒体的使用与公民参与的研究与观点层出不穷，目前基本分为两派：一派是持积极态度，认为社交媒体的使用促进了公民参与；另一派持消极态度，认为社交媒体的使用给公民参与增加了阻碍。

①社交媒体的使用促进公民参与

国内外的相关探讨都显示了社交媒体在公民参与中的正面作用，解析角度呈现多元化的图景，当下我国学术界也普遍认同社交媒体对公民参与有积极作用。有学者以细化的具体使用功能为角度，研究具体影响因素。如Valenzuela等（Valenzuela, Park & Kee, 2009）以美国得克萨斯州两所高校2600多名大学生为研究对象进行问卷调查，结果表明大学生脸书应用强度可以有效地提升其公民参与和政治参与。他们还运用脸书群组功能预测公民参与和政治参与，并在进一步研究中发现，参加政治和学生小组对政治参与具有一定的预测作用，而对校园及学生小组的参与可以加强公民的参与。一些研究人员以社交媒体的技术特征为切口，讨论社交媒体对公民政治参与的推动。马小娟（2011）认为社交媒体的水平传播、斜向传播使信息沟通更透明、信息获取更便捷；较低的使用成本、时间和空间局限的打破、技术的平民化、表达的匿名性和平等性都为提升公民参与的积极性作出了极大贡献。

有学者以"使用与满足"理论为基础，从社交媒体使用动机入手，探讨其与公民参与的关系。Bennett（2008）相信社交媒体能使人得到大量信息和寻找共同的职业，使他们能更主动融入公共生活，并为社会作出贡献（Bennett, 2007）。王润（2013）指出网络信息获取、交流和消遣行为都会对公民在线参与起到正向的作用，而对线下公民参与而言，只有网络信息搜寻行为具有积极影响。他认为，网络娱乐消遣行为（主要指网络游戏）对线上公民参与的积极作用是值得探讨的话题。

有学者从互联网传播要素入手，研究不同要素对公民参与的影响。Polat（Polat, 2005）在对互联网政治参与的研究中，以网络为信息源，从传播媒介和虚拟公共空间维度来探讨它与市民参与的联系，证实它在参与中所起到的积极作用和途径是不一样的。有大量学者通过社会调查、现象分析的方法，研究社交媒体与公民参与的深层联系。日本传播学者池田健一等曾在《2003日本社会状况调查》中揭示，网民在网络上的互动讨论的主题无论其是否与政治有关都会提升他们的政治参与度（Ikeda & Boase，2011）。由此，池田健一进一步提出了网络互动的副产品假说。这一假设指明，尽管民众在在线社区内所探讨的内容多以社群品位为主，且无针对性地探讨政治议题，但透过沟通与信息分享，可以增进个人政治感知与激发民众对于公共议题的反思，继而可推动公民的政治参与。潘忠党曾在研究互联网使用与公民参与的地域性和群体性差异时，收集了来自全国31个省、自治区、直辖市的问卷数据（潘忠党，2012），并且通过问卷数据进行解析和讨论，探寻互联网使用和公民参与的相互联系。同时他也发现，基于地域和群体的差异，公民的互联网使用和参与虽然存在不同，但从总体上看，网络使用行为在全国范围内具有广泛的积极效应。卢家银通过关注2011年学生群体微博自荐参加人大代表选举的社会事件，研究社交媒体在青少年政治社会化进程中的作用，从而得出结论：社交媒体使得信息传递从单向变为多维、个体政治参与从鼓动变成为自发行为，并促进公共领域的搭建，提高青少年对公民身份的认同（卢家银，2012）。

②社交媒体使用妨碍公民参与

和乐观持有者不同，悲观主义持有者认为社交媒体的使用妨碍了公民参与，尽管这一观点后来在很大程度上受到了社会心理学家和政治学家的批评。有学者认为，互联网使用会降低民众的政治信任水平，对政府信任产生直接的负面影响。Chalaby等研究学者则以电视曾引发"大众逃避主义"（Pearlin，1959）的担忧为例，担心新的传播形式会引发"道德恐慌"（Chalaby，2000）。这种新的传播形式现在是互联网环境下的社交媒体。何煜雪（2018）分析青年政治冷漠现象时认为，社交媒体促发了政治丑闻的快速爆发式传播，政治"极化"不断加剧，负面媒体全天候报道，"政治"的美好形象急转直下，这些因素使青年认为政府部门失去了责任感，从而对政治产生了厌恶与冷漠。

一些研究学者认为泛娱乐化的媒介环境使青年身份认同感缺失，对网络政治参与产生负面影响。何煜雪（2018）认为中国现在已经掉入或正掉入"奶头乐"的陷阱。"奶头乐"这一词汇由布热津斯基提出，意味着通过温情、麻痹、减少成本、半满足的方式消除"边缘化"人群的不满情绪。

一些学者结合理论分析，进一步探讨社交媒体给公民参与带来的可能危机。20世纪90年代，在批评者看来，网络的盛行加重了个人与社会、公共生活之间的隔阂（Turkle，1996；White，1997），降低了人们的满足感与幸福感。而这一时段也有学者通过研究认为互联网使用并不利于公民参与，本研究亦与"时间置换"（time displacement）假说遥相呼应，此假说在分析美国公民间社会资本消失现象后，提出民众用于看电视的时间会抢占其本来将用于民主参与的时间（Putnam，1995）。王英（2015）在对中国台湾青年学生非理性网络政治参与的影响分析中提出"弱关系"（weak ties）的横向关联的确可以产生广泛的纽带力量，然而此连接却鲜少推动高风险的行动主义，社会运动风险程度高且激进，其较需准确且自律的组织，社交媒体的无领导性对于目标的设定与共识的建立亦有极大的难度。因此，在互联网时代，网络舆论往往成为社会冲突的主要来源之一。周凯等人（周凯，刘伟、凌惠，2016）曾经深入访谈20余位香港大学生，发现社交媒体实名制使用与网络暴力的出现会压抑个体意见的自由发表与对公共事件的争论，从而推动"沉默螺旋"效应，阻碍社会观点的多维度表达与理性参与的达成。

媒介环境学派从宏观的层面对新媒体进行研究，认为传播科技是推动人类社会进步的力量，批判学家则着眼于"建制"，剖析了传播技术背后权力的实质。美国学者赫伯特·席勒则站在批判学派的立场上，指出传媒技术的进步并不能改变世界的面貌，但它可以使人们获得更多的知识和信息，从而达到意识形态渗透的目的。在加拿大学者莫斯柯看来，对于电子空间的遐想不过是一种迷思，而政治、经济等方面的事实，则是决定新媒体性质和效能的重要动力（陈共德，2000）。

③社交媒体环境下中国的公民参与

李图强认为，公民社会就是公民参与的实践活动空间（李图强，2002）。许多研究人员认为，从20世纪80年代起，中国的经济和政治系统发生巨变。并且，我国公民成长的社会条件和真实空间也在拓展，一个相对独立的公民社会开始呈现，这既体现在非政府组织的壮大上，也表现在中国市场经济的发展、政治体制改革的深入、公民个人权利的发展、自治性社会领域的逐步形成等方方面面。公民社会与大众媒介之间相关联，近年随着我国网络媒介环境的极大改善，网民规模不断扩大，以社交媒体为代表的互联网新媒介在促进公民参与方面发挥着令人耳目一新的作用。

以社交媒体为代表的网络新媒体给信息公开提供了强大保障，这便成为公民参与的关键性信息资源。报刊、广播、电视等传统媒体内容可以在社交媒体上融合流通，各类信息平等自由地流动，使人们能及时、广泛、充分地寻找、交流和反馈信息，奠定了公民参与的基础。如1999年开启的电子政务，它通过网络发布省情、市情、物价信息、市政规划、交通状况、办事程序等重要信息，保障公民知情权。公民在获得多元信息的同时，也能够在网络的帮助下进行传达和回馈，这极大地提升了公民的参与热情。

在新媒介视域下，信息逐渐开放化、共享化和多元化，社会权力构架的制约性被消减。网络参与者作为一个独立的个体具有自主性，能自由进入或退出，自由选择议题、发表意见或保持沉默，获取信息和知识跨越阶级布局，保证充足的互动反馈，这些极大地弱化了社会权力结构对他们的约束。如人民大会堂外"网络大会堂"的形成，公众通过互联网等途径广泛地参政议政，自设议程，充分讨论，网络成为民众表达意见的重要场所。

新媒介背景有助于培养更加强大的公众舆论监督氛围和公共目标。在这种情况下，网络匿名权、技术支持与服务平台等因素为公民参与提供了理想的论辩环境，网络使用者虽是拥有独立人格的人，但这些人若在一般性利益问题上达成共识，这种共识便不再属于普通心理学维度的"个人意志"范畴，而是可以呈现出社会学意义上的公共意愿（许英，2002），这就表示"公共性"的达成。如"贫困县县委书记戴着数万元的名表""张家港官夫人组团境外考察"等事件的披露便得益于网民举报，这意味着网络成了反腐倡廉的新渠道，成了公众舆论监督的有力武器，成了民众参政议政的重要空间。

以人际传播为主的社交媒体为"媒介公民"行动提供了通信载体，发挥着社会动员和公民参与的功能。"媒介公民"拥有"公民性"，反映了行为主体的政治利益与法律地位，以及独立自由地参与公共生活的可能，"公民"认同是判断"媒介公民"的基本表征。借助新媒体平台，"媒介公民"讨论公共利益问题，通过人际传播形成共识，反映"公意"，推动线下社会动员。

传播技术高度发展为我们带来了前所未有的福祉，但也带来了不平等和社会分化的加剧，造成了新媒介背景下公民参与的困境。我国幅员辽阔，民族众多，地区、城乡、教育、职业和贫富之间存在差异，由此带来了以技术为基础的网络新媒介下的"数字鸿沟"；同时数字空间的虚拟性和身份隐匿性使得部分公众丧失理性，互联网道德失范问题须引起重视。

公民通过社交媒体参政议政，在一定程度上反映了真实民意。但不能忽视的现实是，并非所有人在社交媒体上都有相等的机会或相等的话语权来表达民意。信息在各区域、城乡和人群间的差距始终存在,"数字鸿沟"也始终存在甚至在扩大。美国哈佛大学诺里斯教授在全球、社会和民主鸿沟中对数字鸿沟进行界定,并将网络应用技术、经济、社会、文化和心理诸要素纳入数字鸿沟内涵,其中既有数字鸿沟中的不平等,也有数字鸿沟中的社会分化(曹荣湘,2001)。严利华(2010)通过分析本土区域间、城乡间、教育水平间及职业结构间的网络利用程度,指出在以上视角下,民众对于网络这种新媒介的利用并不平衡。它是指在有人收取低成本和高效率信息资源的同时,还有一些人则由于受到各种障碍而缺乏巨大的信息资源。在此基础上,以社交媒体为代表的网络传播技术是否真实反映了民意、是否真正促进了公民参与、是否能改善公民参与的状况等问题值得深思。

在网络上公民获得了更多表达民意的自由,但仍要意识到不少公民将自由视为一切,在网络中拒绝被约束和监管,忘却理性与法律,丧失公众理性的问题始终存在,并严重恶化了网络表达的环境。约翰·罗尔斯指明公共理性的合理之处在于公众的合理,在于利益的共同性与根本正义的本意,在于属性与旨趣的公共性,在于社会正义的概念传递出理想与准则的公共理性。他认为,公共理性的理想只有在公民参与公共事务和政治论坛时才能实现(詹姆斯,2006)。社交媒体上有许多人讲述个人遭遇和宣泄不满情绪,在评论区和主页发布激烈言论或恶意谩骂等,更有甚者掀起或助长一次又一次的"人肉搜索"与"网络暴力",助长网络戾气,恶化舆论环境,造成不良社会影响,使公民参与的真实性与可参考性被质疑。例如,2006年上旬的"铜须门事件"就刺激着中国网民"集体执法之乐",网友不断"追杀"当事人,使其不能正常生活。当网络成为情绪与暴力的垃圾口,当公共理性在网络环境中丧失,当网络舆论环境变得粗鄙不堪,通过网络收集的民意便不具有可信性,甚至还会阻碍共识的达成与表达,妨碍公民参与的进行与发展。

2.4.1 影响社交媒体上公民参与的因素

信息化社会打开了"新公民参与运动"的大门,而现阶段社交媒体上的政治参与似乎出现了政治冷漠与狂热两极现象,一方面所谓的"强势民主"在社交媒体平台上频频上演,而另一方面"懒散的行动主义"(slacktivism)也在慢慢侵蚀着公民参与的积极性(袁梦遥,2011)。那么影响公民参与的因素到底有哪些呢?

现有网络公民参与影响因素的研究主要基于两种研究视角，一是基于公民自愿模型的公民参与，二是基于社会资本理论视角的公民参与。公民自愿模型其实建立在政治参与作为集体行为的设定层面，此模型着重强调影响公民参与的关键要素是公民拥有的政治资源、心理需求和政治动员网络状态。也有学者从社会资本的角度分析社交媒体使用与网络公民参与，但这一视角下学界的发现并不一致。部分学者认为，网络的间接接触属性，相较于直接、强烈的面对面交互，会在一定程度上削弱现实的人际关系，对社会资本积累和公民参与均会产生负面影响。

另一部分学者认为，社交媒体可以降低人们的沟通成本、提供大量信息、培养信任感，从而有助于扩大人们的社交网络，激活社会资源，积累桥接社会资本和推动面向共同利益的合作行为，促进人们的公民参与。普特南把社会资本的定义概括为人与人相互间的关系，包含社会网络、互惠规则及信任程度，并把社会资本区别为黏结型资本和桥接型资本。Williams 指出，网络不但能够代替线下社会资本，还能帮助搭建新的社会资本，尽管互联网提供的环境不能很好地促成强连接，却具有搭建弱连接和桥接型社会资本的可能性（Williams，2006）。Kobayashi 等人发现，互联网的集体使用和互惠是民主的润滑剂（Kobayashi，Ikeda，& Miyata，2006）。

郭瑾通过对全国范围内的 12 所高等院校中的"90 后"大学生的考察，研究社交媒体上公民参与的影响因素，分析大学生社交媒体使用与公共参与的关系。探索结果表明，社交媒体的使用频率越高，公共参与行为的可能性越大；社交媒体的使用频率越高，学生进行公共参与越积极（郭瑾，2015）。黄少华等通过对天津、长沙、西安和兰州四个城市的在校大学生开展问卷调查，关注社会信任与网络公民参与之间的逻辑联系。研究发现社会信任能够正向促进大学生线上公民参与，互联网使大学生群体的网络公民参与呈现出多元化特征，大学生网民的公民参与形态主要分为获得、表达和讨论政治信息三个维度，此类行为在某种层面上会对大学生个体的政治观念产生影响，但并不是指大学生群体的现实政治行动也会受到影响。研究还发现，现实的社会信任对网络公民参与的影响情形较为复杂，现实人际信任对线上公民参与在一定程度上具有消极作用（黄少华、郝强，2016）。

社交媒体的使用对不同类型的公民参与的影响也呈现出差别状态。王润通过实证检验对 2013 年的中国社会状况进行了综合调查（王润，2017），发现互联网使用对公民参与具有积极影响，但互联网的不同使用方式对线下公民参与和线上公民参与的影响不同。具体来说，互联网信息搜寻行为对线下公民参与影响显著。信息搜寻、社交活动、娱乐消遣等行为均对线上公民参与产生积极影响，显然互联网在不断进步发展的同时也逐渐成为促进民主政治的有效工具。公民参与的形式本身具有一定的教育属性。据此，伊恩·戴维斯（2015）认为，对于青少年而言，若想促进其公民参与，做好教育更是重中之重，而社交媒体具备一定的教育潜能，会引导青少年投入公民参与，即社交媒体对公民参与和教育都有积极影响。社交媒体、教育与公民参与三者之间可形成一种良性循环，教育会在一定程度上培养人们融入社会的正确态度，受过教育的人们既可以通过社交媒体来进行公民参与，又可以通过社交媒体与社会参与的相互作用来更好地理解社会。

2.4.2　青少年的社交媒体与公民参与

青少年处于懵懂和价值观塑造的关键阶段。在全球化时期，青少年网民易受来自异样思维、文化和意见等方面的影响与冲击。网络并非孤岛，它是无限开阔的天地。在这个平台上，人们可以畅所欲言，表达自己的观点和想法；也会有许多人借助互联网工具进行各种有目的活动。互联网已经成为世界各国争夺话语权的重要阵地。以美国为代表的西方国家鼓吹"网络自由"，以网络霸权为手段向我国传输意识形态及相应理念，给我国意识形态发展带来了严重的威胁，所以研究如何在青少年群体中构建国家认同感生成机制刻不容缓。在有关公民的国家认同研究领域，青少年群体是一类非常重要同时也比较特殊的群体。在世界多元文化和舆论压力的影响冲击下，青少年群体网民的思想认同极易受到影响。朱多刚和任天浩学者在对我国网民社会认知资料进行调研时得出：青少年群体的国家认同价值由社会构建与媒介构建两方面因素综合而成，媒介的性质属性差异将对他们起到不同程度的建构效果。他们通过实证探索归纳出两点结论：本土青少年网民面临不同性质媒体时会呈现出使用与信任的差异，但是总体上国家的认同度更高。可以使青少年国家认同感提升的是传统官方媒体使用与其信任程度，海外媒体使用频度与信任程度越低，青少年国家认同感越低（朱多刚、任天浩，2020）。

社交媒体的交互性会给青少年产生社交压力，进而促进其公民参与；社交媒体内容生成与沟通的特点为青少年进行网上讨论提供了便利，并有助于促进其参与实践；Valenzuela 等学者的研究认为，社交媒体在满足用户信息需求、促进彼此交流的同时，也更容易推动集体行为的形成（Valenzuela et al.,

2009）。基于社交媒体自由的特性，在社交媒体上传播的信息与受众保持着很强的交互性。李颖昇通过研究社交媒体新闻传播领域中受众群体与信息的交互性时发现，社交媒体利用互联网在空间层面的无限可能性和传播成本的低价性，以高速、简便、覆盖面广的特点颠覆了以往的传播类型，在展现新鲜度、重要度、接近度、显著度和有趣度5大新闻元素方面具有其他新闻要素无与伦比的强势性，并由此成为民众获取新闻的首要途径（李颖昇，2015）。新媒体的影响力日益增强，受众的需求越来越多元化。用户实现了对新闻的实时接收，同时又开始了新的新闻信息发布，这使得社交压力在青少年群体中逐渐产生。从某种程度上来说，新媒体对于青少年群体的社会实践参与是有正向的促进作用的。交流是人们的天性，这种天性更倾向于对于新鲜事物和新观点的分享交流。社交媒体的应用迎合了公众的这一天性，使得同一种内容在独立个体身上被解构和重构后变得更多元、更丰富、更有传播意义和潜力。

卢家银探讨了社交媒体在青少年政治社会化过程中的作用，提出社交媒体实现了信息传播由单向到多维、政治参与由动员到自发的变化，同时也促进了公共领域现实搭建和公民身份的生成（卢家银，2012）。这些年来大量的实证研究已经指出了社交媒体的使用和公民参与之间的正向相关关系。随着互联网科学技术和新媒体技术的发展，社交媒体作为多元化的强大信息载体，减少了个体在公共生活中的内容与服务参与成本。这种成本的降低对于青少年群体来说更是一种福音，使得青少年群体用户可以更加便捷地获取多样化的信息。在政治参与方面，国外传播学者通过实证研究发现，社交媒体使用与青少年政治参与具有正向联系，尤其能促进弱势青少年群体政治参与。其影响在于，社交媒体使用能弱化不同的社会经济地位，使处于弱势的青少年群体在长期的政治参与中取得均衡效果（Michael Xenos，Ariadne Vromen，& Brian D. Loader，2014）。

以上关于社交媒体使用的探讨多关注于社交媒体的使用频率与时间，常常忽视社交媒体使用的多样性，即青少年群体能够经由更加具体和多样化的活动来使用社交媒体，从而影响公民的政治参与行为，比如说媒介的娱乐休闲使用。娱乐性经常被认为与公民的政治参与无关，有可能会阻碍公民参与，然而互联网的多元化发展使这一判断开始被怀疑。一些学者在研究电子游戏的公共价值中通过实证研究得出结论：玩家在游戏中玩得越多，社会资本就越容易搭建起来，这类社会资本也将在游戏中得以确立，会进一步促进公民在现实生活中的公民参与。在互联网的推动下，游戏行业的发展如火如荼，国内外青少年群体的游戏玩家用户大量激增，各大游戏平台的日均活跃用户量非常之多，特别是众多游戏当中的加好友和聊天互动机制，使得游戏社会资本逐渐成为社会资本的一种新型的独立资本形式。社交媒体闲暇活动对公民意见表达，社会和政治参与等方面所产生的正面作用也被大量研究所验证。陈福平以数字不平等为研究视角，采用分层抽样方法，通过实证研究得到，网民的娱乐性社交媒体使用对于他们在线表达这一行为具有显著的正面影响，可以通过促进公民在线政治表达来实现政治参与（陈福平，2013）。王润也通过研究指出，互联网用户线上的娱乐互动行为对于行为参与有着显著影响（王润，2017）。

现实也存在青少年对于政治参与冷淡的这种情况。当下青少年对政治参与冷淡的主要原因有：对现实的失望，年轻人在正式的政治结构中代表性不足，青年经济基础薄弱，政治参与度较低，泛娱乐化的媒介环境导致身份认同感的缺失等（何煜雪，2018）。赵欣欣通过对微信使用的研究发现，当今大学生在微信平台上的公民参与积极性普遍较低，主要原因是大学生的自身内在政治效能较低，而且微信本身的泛熟人社交属性使得青少年大多不太愿意在社交网络上发表个人观点，特别是政治参与相关的观点（赵欣欣，2017）。高蕾则通过研究微博和微信朋友圈这两种最常见的青少年群体使用的社交媒体，发现大学生群体通过社交媒体进行网络公民参与的态度不是很正面，而是比较消极的。一方面，大学生群体认为，在微信朋友圈和微博中，依旧存在个体的不理性行为和素质低下的现象，这些现象会有阻碍社会发展，影响社会的稳定；另一方面，大学生群体对自身持怀疑态度，认为自己并不能够广泛有效地参与社会政治，认为自身产生的影响力和作用微乎其微。因此，高蕾认为社交媒体的使用对于公民参与起不到理想的促进作用（高蕾，2015）。

青少年是国家的未来和希望，当下我国必须着力于青年网络政治参与的重构：增强政治素养教育，全方位提升青年政治效能；加强青年的经济赋权；健全机制，维护青年群体的利益表达（何煜雪，2018）。朱多刚和任天浩以我国网民社会认知调查数据为依据，针对中国青年网民的国家认同状况及形成原因进行了实证考察，发现青年的国家认同感由媒介建构与社会建构共同作用而成，且不同性质的媒介在建构过程中所扮演的角色也有所不同，所以重新建构青年网络政治参与需要社会和媒体共同努力（朱多刚、任天浩，

2020）。

综合以往的探讨，对于青少年来说，社交媒体对其公民参与仍具有较深刻的意义。杨宗原等学者通过研究发现，社交媒体传播与使用对于大学生公民意识的影响首先在于一种全新的政治参与模式，其次是能够通过联结模式带来不同的参与结果。社交媒体在网络上形成的这种集群式的参与和联动，能够进一步推动公民参与意识的形成，进而使公民参与成为一种可能（杨宗原、蔡玉婷、吴江秋，2019）。闫文捷指出了互联网的繁荣及青年人是网络生活的主力军两个现象（闫文捷，2019）。在青年人与互联网紧密结合的背景下，提出了青年人如何与网络良性互动、如何将互联网策略性地纳入日常实践、如何利用网络手段创造性地参与公共生活三大问题，并作出了自己的思考。作者主要从社交媒体的政治性能、社交媒体作为青年公共参与的均衡器、社交媒体与青年政治规范的转变三个方面进行分析，研究社交媒体对青年政治参与的影响。国家的发展和强盛离不开青少年积极的政治参与。吸引青少年积极参与社会公共政治活动，引导青少年群体积极有序地进行政治参与已经逐渐成为十分重要的研究领域，也是一个值得深思和深入探索的方向。

2.5 社会资本

2.5.1 社会资本的概念

"社会资本"这个定义初期是由"资本"逐渐衍生发展而来的。从《汉语倒排词典》中可以发现，"资本"这个词语包含着三个层次的内涵：在资本家手中所掌管的生产资料和雇佣劳动工人所需要的货币、开展生意所用的本金及用来牟取利益的凭借。资本作为马克思主义政治经济学领域的重要理论之一，具有特定的延展性质。它的独特的内涵也正在随着经济、文化和社会的发展进步而得到更加全面的丰富和完善。

马克思主义中阐述，资本就是可以带来某些剩余价值的价值，资本这个概念在内在层面包含了以往的历史范畴，它不但是物，还是经由以物为中介才能展露出来的资本主义工场主和雇佣劳动者之间的剥削关系。因而，资本这个定义在马克思主义政治经济学领域中更多展露为一种互相关系维度的概念。但是，资本本身作为动态演变的概念，它无时无刻不处于运动状态，并在循环往复的动态过程中持续地剥削着雇佣劳动者，以求最大化地攫取剩余价值形成资本。

20世纪60年代，资本得到更深入的扩展而形成"人力资本"。著名的新古典经济学家舒尔茨（T. W. Schultz）和贝克尔（Gary S. Becker）先后把人力资本的定义引入经济学和新古典经济学的研究范围（Becker，1962；Schultz，1961）。人力资本作为与物质资本互相对立的概念，也被称为"非物质资本"。经济学家一致认为，人力资本是镶嵌在劳动人民身体上的一种特定类型的资本。具体而言，劳动力个人能拥有的个体身体健康状态、知识掌握量的丰富程度及个人的技能素质等均被认为是人力资本的构成元素。这些因素可以影响甚至决定了生产率的高低水平。人力资本定义的初次提出，丰盈并拓宽了资本理论在经济学领域探索的深度。随后，法国社会学家布尔迪厄提出了"文化资本"的概念，这进一步扩充了马克思主义政治经济学所研究的资本概念。布尔迪厄（Bourdieu）认为，在当下的社会，文化因素已经替代了政治和经济因素成为公众最关注的领域。换言之，不管是政治问题的解决还是经济社会的进步，如若没有文化在其中发挥的巨大影响，可以说这个社会的政治和经济的进步都是缺乏动力的。"文化资本"理论概念的提出进一步丰盈了资本的内涵。

"资本"这一术语起源于经济学。马克思在《资本论》中曾经提出，资本是以物质为载体的生产关系，也就是说资本与物质存在很大的关联（张晶晶，2021）。因此在最初，不少经济学家及研究学者将资本描述为物质资本，即能够进行生产和创造产品的物质。这种资本的定义是从古典主义和新古典主义经济学的视角出发的。在该领域对资本概念及特征的描述中，资本被认为是等同于土地和劳动力的重要生产要素（大卫·科茨、黄斐，2016）。20世纪以来，资本概念被很多不同领域广泛研究，如经济学、政治学、社会学等，所以资本理论的研究也在不断深入和革新，并逐渐形成了新资本理论。人们发现非实体性资本也能够给社会带来深刻的影响力和前进动力（Bourdieu & Wacquant，1992）。一些经济学者指出，社会资本被提出为社会科学研究领域提供了分析媒介的有效工具。学者Bourdieu点明，社会资本作为现实存在或潜在存在的资源融合体，此类资源与体制化的受到社会成员认可的社会关系网络具有紧密关系。迄今为止，已有众多学者还从功能主义和结构主义等维度对社会资本作了详尽的理解与阐释。

1916年，与社交资本相关的观点首次被美国学者Hanifan提出，他认为社交资本产生于人与人之间的交互过程中，这些互动不断发生的过程使社交资本累积。人与人进行交互满足了基本的社交需求，同时也潜在提升了人们的生活水平（Hanifan，1916）。然而 Hanifan 的观点并未在社会学、经济学等相关领域引起学者们的注意，直到 20 世纪 80 年代，社会资本作为一个热门话题才成为人们关注的焦点，并在此后吸引了越来越多的研究兴趣。在 1980 年，法国社会学家 Bourdieu 初次提出"社会资本"的术语并且对此进行系统解释。在他的《社会资本随笔》这篇文章中，他将社会资本置身于经济、社会和文化资本统一的层面，并对社会资本进行考察（王雨磊，2015）。Bourdieu 把社会资本定义为"实际和潜在的生成与存在于相熟联系网络中的资源的汇总"（Siisiainen，2003）。换句话说，社会资本在特定的关系网络中才能产生和存在，它与群体中成员身份有关。Bourdieu 进一步明确指出，社会资本由社会关系和资源数量质量两方面组成，与个体相联系的人、个体社会关系的强弱及这些结构联系中所包括的资本的质量和数量一起体现了个人社会资本的强弱。Bourdieu 将看待和认识社会资本的新视角——社会网络结构带到人们的视野之中，使社会资本产生了新研究视野。同时，社会资本这一描述性术语也开始进入社会学研究领域之中。社会资本这一概念的诞生离不开 Bourdieu 的贡献，但是他提出的研究理论也存在着局限性，即过度强调社会资本的经济属性。他指出社会资本最后可以转变为经济资本，这忽视了在此过程下的社会资本的特殊效能（张文宏，2003）。

在 Bourdieu 对社会资本理论进行阐述之后，Coleman 作为促进社会资本理论研究的重点学者，基于社会资本功能这一视角对社会资本作出了全新界定和阐述，并进行了更深入更系统的研究。Coleman 认为，社会资本由社会结构的各个组合要素构成，这些要素为网络结构中的个人提供资源和帮助，社会资本对个人的社会行动实现起着关键作用（Coleman，1988）。纵观 Coleman 对社会资本的具体阐述内容和相关结论，可以认为社会资本是一种从人际关系中得到和积累的实际的或潜在的资源。除此之外，Bourdieu 通过研究还发现了影响社会资本产生、积累和消失的各类原因：第一，社会网络封闭性；第二，社会架构稳定性；第三，意识形态；第四，正式承认的富足和需求满足水平。尽管在 Bourdieu 的研究基础上充实了社会资本这一界定，Coleman 的研究也有欠缺的地方：他没有给社会资本贴上一层鲜明而清晰的标签，对于概念没有一个较为清晰的定义；另外，他对社会资本的定义来源于社会资本的功能，这是一种逻辑上的明显错误，即通过结果去给主因下定义，这违反了论证的原则（邱爽，2020）。

自从社会资本的内涵被提出，与社会资本有关的探讨在社会学领域内迅速弥漫。2000 年，Putnam 从宏观层面出发进行研究并发表相关研究成果，认为社会资本并非聚焦于社区个体，而是全社会成员拥有的资源。社会资本指的是社会组织中的包括相互信任、规则和网络在内的资源促进协调合作来提升社会效率（Putnam，2000）。Putnam 进一步根据多维性人际关系的不同强弱程度将社会资本分为黏结型社会资本和桥接型社会资本。前者以强社会联系为特征，而后者源于弱社会联系。桥接型社会资本具有异质性的特征，有助于个体在社会网络关系中拓展和积累更多外部资源；黏结型社会资本具有同质化的特征，能促进社区成员互相协调和合作帮助。另外，他还认为媒介使用负面影响个体成员的社会参与，媒介的使用对社会资本的积累起抑制的作用。Putnam 的这一研究结论引起了许多专家研究者的质疑。他们认为 Putnam 在衡量社会资本的指标中只考虑了媒介使用对社会合作的负面影响，忽视了人的主观能动性，忽略了个人其他类型的社会参与活动。Putnam 对社会资本的概念和描述同样具有狭隘性，因为在他的定义里，个人的集体参与既带来了创造社会资本的结果，同时又创造了社会资本，这意味着 Putnam 的定义也违背了论证的原则。但 Putnam 的一系列研究仍然是承前启后具有里程碑意义的，因为他第一次从集体层面去定义和分析社会资本。

Putnam 的研究成果在问世之后便被社会学领域研究学者广泛关注。与此同时，其研究成果也成为政治学、经济学、教育学等各个领域的焦点，并从原先的小范围传播变为逐渐被大众所认知，得到了广泛流行，成为全球研究热题。在后来的几十年里，与社会资本理论相关的研究不断推出于世。华裔学者林南被誉为在社会资本领域作出巨大贡献的人，其在提出社会资本模型的同时也给社会资本下了一个全新的界定。在他看来，社会资本的根源在于社交媒体和社会关系。因此，社会资本可以被定义为从整合在社交网络中的资源中获得的，可以通过有目的的行动在网络中投资（N. Lin，2002）。同时，N. Lin 还提出了社会资本模型。模型涵盖社会资本投资、摄取和回报三方面内容，提出社会资本产生和存在于社会关系网络之中，个体必须遵守一定的社会规则和制度才能获得和积累所需的社会资本。

在众多对社会资本及相关问题的研究之中，N. Lin 的研究是早期使用社会资本理论和模型来研究具体问题的，并适配我国国情。郑素侠认为林南对社会资本的定义体现了人的主观能动性，社会资本的获得和积累是通过个人进行有目的的行动（郑素侠，2008）。中国人民大学新闻传播学学者彭兰等认同林南所提出的社会资本理论，并认为此理论在中国社会关系背景下非常适用（苏涛、彭兰，2020）。张洪忠等认为社会资本指的是社会中个体成员利用存在的社交网络关系和社会结构所获得的一组资源，这类资源既可以通过在网络建立的新的关系获得，也可以通过线下现实关系连接获得（张洪忠、官璐、朱蕊鐾，2015）。潘曙雅和刘岩认为社会资本是存在于社会中的能为社会带来强劲发展的社会资源，社会资本促进个体参与社群，并通过成员行动带来社会效率的提高和社会行为的规范（潘曙雅、刘岩，2018）。我国学者周宇豪、杨睿在考虑中国社会的基础上，进一步明确了社会资本的定义和社会资本的社会属性，认为社会资本产生于人与人之间的交互，是通过与社会成员互动交流、满足成员利益诉求而构成的系列连接资源及其潜在积淀的互信、规则与价值观念（周宇豪、杨睿，2021）。

通过梳理发现，社会资本这一定义的生成和发展与社会学家对社会资本研究的贡献是密不可分的，社会资本的内涵随着时间的前进也发生着深化和改变。尽管直到今天，中外专家学者对社会资本的定义和理解仍然有一些差异，但他们在社会资本的核心内涵方面也达成了共识，并都对社会资本的分类进行了完善与丰富。社会资本并非具体的实物，而是一种抽象的概念。社会关系和社会网络是宝贵的社会资源，也是社会资本形成的基础和先决条件。社会资本被广泛定义为一种多层面现象，包括社会规范、价值观、信仰、信任、义务、关系、网络、朋友、成员资格、公民参与、信息流，以及促进互利合作和集体行动的并有助于经济和社会发展的机构。基于社会资本理论的宗旨，即资源可以通过个人之间的社会关系网络获得，许多学者使用该框架调查组织与成员行为之间的关系，特别是在知识共享或整合方面（Li, Li, Suomi, & Liu, 2021; van Dijk, Hendriks, & Romo-Leroux, 2016）、口碑参与和品牌绩效方面（Kwon, D'Angelo, & McLeod, 2013; ŞAHİN, GÜLMEZ, & ERSOY, 2019; Yusuf & Busalim, 2018）以及公民行为和公民参与方面（Ferrucci, Hopp, & Vargo, 2020; Hsu, Wang, & Chih, 2018）。

2.5.2　社会资本的分类

与其他形态的资本一样，社会资本表现形式多样，对于它的分类标准也不尽一致。根据差异性特点和功能，不同学者将社会资本区别为不同的类别。比如按照社会资本形式将社会资本分为结构社会资本（structure social capital）、关系社会资本（relational social capital）和认知社会资本（cognitive social capital）；按照社会凝聚力角度可分为桥接型社会资本（bridging social capital）和黏结型社会资本（bonding social capital）；Nahapiet 与 Ghoshal 根据社会资本的类型把它分为结构社会资本（structure social capital）、关系社会资本（relational social capital）及认知社会资本（cognitive social capital）（Nahapiet & Ghoshal，1998）。Krishna 和 Shrader 认为结构性社会资本包括组织密度和特征、网络参与和互动互助组织、集体活动等。也就是说，社会资本的结构维度指的是个人建立网络联系和"你接触到谁"（Krishna & Shrader，1999）。黄志铭和谢兴政在研究福建省青年进行青年群体的社交资本和在线口碑传播行为时强调人际接触与互动对形成社交资本的重要性（黄志铭、谢兴政，2018）。Best 和 Krueger 提出社交互动关系（social interaction ties）是结构性社会资本维度的表现，它代表了关系的强度、花费的时间及虚拟社区成员之间的交流频率（Best & Krueger，2006）。社交互动关系为参与者提供了某些好处，如找到工作、获取信息或资源（Berg & Huebner，2011）。Zhang 等人认为社会网络活动形成了人与人之间的合作，形成了社会互动关系，从而产生和积累了社交资本（Zhang，Li，Wu，& Li，2017）。社会资本源于人际关系的形成和人际互动的积累，不能离开社会互动关系层面来谈社交资本（林南，2020）。社交媒体中公共虚拟社区成员之间的社交互动关系，允许以一种经济高效的方式访问更广泛的资源（Stolz & Schlereth，2021；袁登华、高丽丹，2020）。大量的研究指出，社会互动越多，交流的信息等资源的强度、频率、广度或数量就越大（刘玉，2020；尹建华、石少卿，2020）。

Pérez-Luño 等人提出社会资本的关系维度关注的是人与人之间的一种关系，正是由于人际关系的存在，所以才形成和积累了社交资本（Pérez-Luño，Medina，Lavado，& Rodríguez，2011）。社会资本的关系维度通过信任来衡量，信任是社会资本研究文献中的关键因素之一（Goddard，2003；Pinho，2013）。信任可以分为三种类型：人际信任（人与人之间的信任）、组织信任（组织与组织之间的信任）和组织内信任（个人与组织之间的信任）（Zhao，Lu，Wang，Chau，& Zhang，2012）。信任是社区成员在共同规范的基础上，对有规律、诚实和合作行为的社区所产生的期望（郭瑜、张一文，2018）。因此，信任被认为是公民参与的先决条件（Miranti & Evans，2019）。Graddy 和 Wang

认为公民参与通常需要一系列不同的资源，特别是来自陌生人的资源。由于这种公民参与通常需要个人与他们不认识的人互动，因此这种公民参与可能是由信任推动的（Graddy & Wang，2009）。此外，Liu 和 Shen 的一项研究探讨了信任如何影响当代中国大学生公民参与的性质和特征。研究从对 1993 年至 1999 年出生的 68 名学生的深入个人访谈中得出证据，信任是该模型中的一个显著结构，信任会促进个人为共同利益而集体工作（Liu & Shen，2021）。同时，这项发现为我们理解社会资本下的信任模式与公民参与的典型形式之间的关系增加了新的深度。

Liao 和 Welsch 将社会资本的认知维度（cognitive social capital）定义为社会成员间存在着共同的期望愿景（Liao & Welsch，2005），例如社区成员所感知到的生活福祉、主观幸福感、个人满足感和社会认同感等。生活满意度对认知社会资本的积累非常关键，反过来认知社会资本（cognitive social capital）也对改善个人福祉和提高生活质量十分重要。它是主观和无形的，会通过共同的愿景和追求使人们倾向于参与集体活动（R. Lee & Jones，2008）。生活满意度是指人们的情感和认知评价，个人通过主观评价来评估他们的生活质量。这种评价可能是正面的，也可能是负面的（周宗奎、连帅磊、田媛、牛更枫、孙晓军，2017）。有研究认为个体生活满意度的提高会带来自身社会资本存量的增加（佟赤，2020）。充分的互动和沟通增强了社区成员之间的感情和社区的归属感，从而提高居民的生活满意度，这会带来社会资本的积累（Yeo & Lee，2019）。一些最新的研究则认为，具有积极的社交关系和较高水平生活满意度的个体会有更强的社会资本（Bye，Muller，& Oprescu，2020；Crowley & Walsh，2021；Merkin，2020）。例如，有研究发现，在竞争激烈的全球高等教育环境中，社会资本和社会支持可预测青少年大学生的生活满意度，因此可以通过促进社会资本发展的战略，最大限度地提高日益多样化的学生群体的满意度和成功（Bye et al.，2020）。同样的，Crowley 和 Walsh 通过使用大规模的、原始的、个体层面的横断面调查数据调查了六大洲 37 个国家的人民主观幸福感和社交资本积累的状况。结果发现，在所有 37 个国家或地区，良好的社交网络带来的社会资本与人们的幸福感高度相关，但影响的程度各不相同，这可能是因为从社交网络中获得的社会资本因国家而异（Crowley & Walsh，2021）。

除以上对社会资本的区分外，另有学者从社会凝聚力的角度将社会资本区分为两种重要形式（Claridge，2018；Patulny & Svendsen，2007；Poortinga，

2012），即桥接型社会资本（bridging social capital）和黏结型社会资本（bonding social capital）。桥接型社会资本是指社会网络中的弱关系（Weak ties），它表现为遥远的联系，即个体与他人联系较少、亲密程度较低，如不经常联系的朋友、同学或工作伙伴。黏结型社会资本则是指社会网络中的强关系（Strong ties），指的是彼此非常亲密和熟悉的人之间的联系，如直系亲属、亲密朋友和邻居。陈鹤杰提出基于强关系的黏结型社会资本有助于信息传播，有助于用户采纳信息，而基于弱关系的桥接型社会资本更易于传播带有新观点的信息（陈鹤杰，2021）。赵曙光指出，桥接型社会资本和黏结型社会资本能够正向预测在线媒体的使用强度，并得出微信在增加桥接型与黏结型社会资本方面的效果最明显，而微博对维持社会资本的影响最为明显（Lian et al.，2018；赵曙光，2014）。

Coleman 依据社会资本主体对象的差异，把社会资本划分为群体与个体两类（Coleman，1988）。个体社会资本包括个人对自身社会关系网络及与之相关的其他成员关系网络等。它可以直接或间接地促进个体发展；而群体社会资本则主要通过影响个体的社会化过程来实现其作用，同时它也能够给本群体中的成员带来提高生活质量和工作的机会，是一种集体拥有的公共资源。不仅如此，群体社会资本还能加强公民社会、社区建设及社会的和谐高质量发展。个体社会资本则指的是嵌入在社会结构中、与个体成员相联系的各种能为个体提供期望效益收回的关系资源，与个人理想选择有着密不可分的联系。群体与个体社会资本之间存在着密切的联系：社会资本通过提供各种形式的收益回报来影响每一个社会成员对集体公共资源和个体社会关系的选择。从理论上看，群体社会资本与个体社会资本有很大不同，它们是由群体中所有成员共同建构而成的一种"集体"力量。这种集体力量不仅具有共享性，还具有排他性，这是个体社会资本难以企及的。

Coleman 认为，个体社会资本是指个人在获得他人帮助时所得到的获益成果，而不是指个人与群体之间的关系。在此基础上，部分研究进一步将社会资本根据收益回报对象划分为异质性社会资本与同质性社会资本。前者是以个人爱好与社会分工细化为前提，包括同学型、同事型、兴趣型、战友型等社会资本，另外也包括因公众目标与行业利益目标而建构起来的众多民间社团组织、社区共同利益体及其他法理类的社会资本。异质性社会资本体现为社会人，也就是组织或个人在互动交往过程中的活动状态和因各种社会活动所构成的社会关系网络，这种社会关系网络具有扩大社会资本投资所带来的效益成果、发展组织或个体社会交往范围的功能。

同质性社会资本强调以熟人为根基层面搭建的社会关系网络，这些关系网就包含我们日常的家庭、相同邻居、宗教信仰、民族等关系，一般不需要投资或所需投资较少，例如，社会上最为普遍的家庭成员关系是彼此之间自然结成的亲密无间的亲戚关系。成员之间因亲密无间的血缘关系形成一种相对于其他关系而言更密切的情感联系，此类亲情联系表现为个人作为动物本性的自然情感纽带，通常无需具体的物质投入培育，但同时又需要定期的情感投入，不然会因定期不联系而渐趋情感冷漠，从而降低或影响因此种亲情联系构建起来的社会资本的回报收益。社会资本也被划分成民间类社会资本和政府类社会资本，前者包括社会成员相互共同的规范、价值观和正式网络等；后者的界定是指人们在法律规则、契约实施效率和国家许可范围内的公民自由程度方面为实现同一价值利益所开展的各种政府制度的联合。

总之，各学者对社会资本这一概念定义不一，划分标准亦有区别。社会资本指的是人们在一定的社会关系网络中所形成的对自身及他人具有影响作用的各种关系或社会关系的总和，是社会结构形态下的一种重要的资本形式，其主要表现为个人与群体之间、个体行为者之间各方面的联系。西方学者对于社会资本划分的研究主要集中于特定的社会背景下，如社会民众组织、社区、企业等方面。而针对个人或组织而言，他们则更多地关注自身的个性化发展、良好的氛围环境及所拥有的稀缺资源能力等。在实际中，虽然也有一些具有志愿性质的社团组织，但是由于缺乏健康发展与和谐发展相结合的理念，这些志愿性社团并没有发挥出应有的作用，从而导致了社会资本的流失。志愿性组织是在这种互动基础上产生的，它与其他类型的组织一样，都需要通过一定形式的交往才能建立起相互信任关系。从历史结构层面对社会资本进行分析，并以维克托尔的市民社会理论为基础，构建一个包含社会资本在内的公民社会组织成长模型是必要的。国内志愿性组织因其最初市民社会正处在建设初期且尚未发育完善，组织内社会成员的信任关系多是靠以往传统关系建构产生，然而新媒体技术的发展却促进了其互信模式建构的转变，为新型社会资本的塑造与累积提供了迅捷途径与通道。

社会资本具体功能体现在经济学、社会学和政治学领域。从经济学层面来看，社会资本不但可以使劳动者提高使用生产资料的效率，而且可以促进组织的更新迭代、企业间的合作及市场交易机制的完善，助推国家和地区的经济发展；从社会学角度来看，社会资本作为嵌入于社会结构连接之中的一种资源要素而存在，对公民间的义务与责任起着粘连效果。它还使互信、规则和制度等成为行动者构建社会网络的基本因素，对提升个体行动者或组织参与社会关系交往时对团体共同分享利益的预期有着重要的意义。在政治学层面上，社会资本可以推动社会文化与政治的发展，改善社区、团体、个人和国家的相互联系，以及促进社会结构与关系的变迁，助推公民有序地参与社会公共政治事务和社会的和谐发展。

2.5.3　青少年社交媒体使用和社会资本

社交媒体也被称作社交网站，是近些年兴起且逐渐流行的为使用者提供一种在线网络参与服务和互动功能的媒介。最早提出社交网站概念的学者是Barnes，他认为是社交网站赋予了用户在线分享和传播的功能，使个体与其他社会网络用户相连接起来（Barnes，2006）。之后很多学者对社交媒体都有不同的定义和描述，尽管他们对社交媒体的定义并不统一，但都蕴含着基础特征，即人们产生互动并进行内容传播（Ahn & Shin，2013；Akubugwo & Burke，2013）。近十年来智能手机的普及使得以手机为载体的各种社交媒体软件应运而生，电子通信技术和互联网的蓬勃发展催生了移动社交媒体。移动社交媒体是指以移动应用程序形式存在于手机、平板电脑等便携设备上的社交媒体软件（Wei，Huang，& Zheng，2018；姜玲，2015）。在通信技术日臻成熟，智能手机日益普及，无线互联网广泛覆盖的今天，移动社交媒体的便捷性和连通性使用户能够更快更方便地使用社交媒体进行信息寻求、交流分享和娱乐（Page-Tan，2021；何东风、薛致娟，2021）。用户跨越时空的障碍游走于多个社交平台上，并以各种方式参与社交媒体使用。青少年是与互联网与移动通信时代一起成长起来的一代人，已经发展成为社交媒体用户中的主力军群体（李霄，2018）。中国互联网络信息中心（CNNIC）的数据显示，截至2021年6月，我国19岁以下网民占26.7%，仅次于20岁至29岁网民所占的30.7%。当今社会，青少年群体作为重要的社会后备力量，其网络使用及社交媒体行为都走在中国社会的前端。因此，学界亟须对青少年的社交媒体使用及其带来的社会资本进行研究，从社交媒体使用角度切入，考察青少年的社交资本具有一定的意义和价值。

已有的研究表明社交媒体的使用能带来特殊的社会结果，比如社会资本的形成和积累（Goddard，2003；Gvili & Levy，2018；C. -H. Huang，2021）。社交媒体能够提供渠道使人们进行沟通交流和维系人际关系，并从中获得情感支持和其他利益（Julien，2015）。对媒体使用和社会资本的研究最早开始于西方国家。19世纪，大众媒体报纸开始在西方国家出现和流行。与此同时，不少学者开始考虑大众媒体的诞生与运用将如何影响民众的社会资本。Park和Janowitz是最先开始进行媒体使用和社会资本研究的西方学者。他们经过探讨社区群众对报纸使用的情况，发现报纸的普及极大地提升了公众对社区活动的参与热情，认为社区报纸对人际交往有一定促进作用。报纸可以培养群众的社区归属感，提升个人的社会资本（Kasarda & Janowitz，1974）。尽管研究确认报纸的盛行对民众社会资本有推动的作用，但就研究对象而言，因为该研究的对象仅限于报纸，因而得到的结论具有一定的主观性。之后Stamm等人将研究范围扩大。他们在一个较大的传统媒体使用和使用群体中对比考察社会资本关系。研究结果表明，媒体使用提高了人们之间的互动和沟通，对社会资本的形成和积累具有积极作用（Stamm, Emig, & Hesse，1997）。但Putnam在研究中对大众媒体表示过担忧。他提出截然相反的结论，即用户会因为大众媒体对日常生活的侵入而被动接收信息，忽略了面对面的交往和人际交互关系的形成，从而大大降低了人们对社交生活的参与度，以及社交资本的形成（Putnam，2000）。在之后的近20年里，许多学者在网络新媒体层面展了关于社交媒体使用和社会资本的探讨，并得出更深入的结论。研究人员指出新媒体和传统媒体的使用方法截然不同，新媒体很显然拥有强大的交互功能。相对于传统的大众媒体，新媒体的用户在接收信息的时候不再只处于被动状态，人们开始可以使用社交媒体软件实时与他人进行人际交互，不再受时间和空间的阻碍（O'Keeffe & Clarke-Pearson，2011；薛可、阳长征、余明阳，2015；张美玲，2018）。传统媒体的媒体属性占支配地位，而用户则以媒介的受众身份出现。然而，随着新媒体技术的发展和传播模式的改变，传统媒体逐渐被新兴媒体所取代，受众群体也发生了变化。用户不再是只以媒体受众的身份接受内容，而是作为移动社交媒体中的成员出现。他们既是内容参与者也是内容创造者（张钧涵，2020）。随着移动社交媒体的发展，人们利用互联网和新型社交媒体进行信息寻求、观点分享及互动交流来认识和联系朋友，从而形成新型的人际交互关系（Perkins, Hughey, & Speer，2002；Poortinga，2012；Upadhyay & Khemka，2020）。

与传统媒体相比，新型社交媒体的普及和使用会带来社会资本的新发展。Ellison的一项研究认为脸书支持建立更广泛的社会联系，允许用户创造和维持更复杂的关系网络，从而产生更多的社会资本（N. B. Ellison, C. Steinfield,

& C. Lampe，2007）。Johnston 等在 Social Capital: The benefit of foueebook "friends" 一文中，探索了大学生脸书使用特点与社会资本的联系。结果表明，脸书的使用在创造或维护南非大学生的社会资本方面起到关键的作用（Johnston，et al.，2013）。同时，Ellison 等人也认为移动社交媒体的使用对于人们积累社会资本具有显而易见的积极作用。在新型社交媒体上进行关系维护有利于培育社交资源和积累社会资本（Ellison，et al.，2014）。还有一项研究通过考察社会资本类型与社交媒体使用之间的关系，证实个人在脸书上进行信息分享能够对大学生的社会资本建设产生正向影响（Habes，Alghizzawi，Salloum，& Mhamdi，2021）。

　　国外大多数考察社交媒体的研究是基于脸书、照片墙、色拉布、推特等即时通信平台。因为社交媒体形式具有多样化，而且各国各地区社交媒体的使用习惯也有差别，中国最受欢迎的社交媒体也与国外不同。在中国，青少年更多使用微博、微信等移动社交媒体。许多国内学者对此进行了考察探讨，分析青少年社交媒体使用和社会资本之间的逻辑联系并得到结果。

　　国内学者梁玉麒（2014）发现，以沟通互动和寻求信息为主要目的的用户不但可以加强其个人的社会关系，还可以产生黏结型及桥接型资本（梁玉麒，2014）。付晓燕（2010）在研究社交网络服务和社会资本时，采纳了比特关于社会资本区分的方式，把社会资本分为结构维度、认知维度和关系维度3个层次。指出以社交媒体使用为载体的交往行为会显著影响个体的社会资本。这类行为有助于人与人之间关键社会关系的维系，可以给用户带来情绪上的安抚并减少他们的寂寞感，还能促使用户借助社交软件实现自我表露并树立个人形象以保持内在可用资源。社交媒体让社会资本低度持有人更加易于打破交往的限制，接触和获取到更多潜在资源。社交平台突破了同质化圈层并拓展用户与日常社会交往圈之间的联系，不仅能够帮助人们获取更多的利益，还能促进人与人之间的合作和交往。研究还发现，个人资本获取水平与用户对线上社交好友的信任度、娱乐服务的利用强度、个体线上交往圈的规模、社交媒体使用的技巧和探究行为等因素显著相关（付晓燕，2010）。

　　社交媒体已经是传播媒介中的一种重要方式，并在公众的日常生活中扮演着不可或缺的角色。它不仅改变了公众信息获取和交流的方式，更在一定程度上建构了公众之间的交往习惯和社会参与。所以近些年来，伴随着社交媒体的崛起和流行，研究人员的研究重点由传统媒体逐渐扩展至新媒体层面。其中，学者对于社交媒体在人际交往中所扮演的角色更是众说纷纭。有部分学者认为，社交媒体是一种全新的传播模式，它可以将人带入一个虚拟而真实的世界；另一部分学者认为社交媒体只是一种工具而已。社交媒体具有强大的娱乐功能和信息功能，如果人们花费很多时间沉迷于网络，他们会极易感到担忧和疏远，从而减少他们在人际关系中的互信，并终究导致个体生活满意度下降。

为此，一些研究人员认为，以互联网为根基发展起来的新媒体技术是一种让人们隔离疏远的技术。当新媒体用户沉迷其中，他们可能会减少与真实环境的联系，并最终影响社会连接。而另一些研究者则有不同看法。他们指出，新媒体给人们的平日社会交流活动提供了全新的沟通渠道与工具。这些新型交流方式能够强化人与人之间的面对面交流和互动连接，此外，频繁上网的人们还可能会把本身的兴趣爱好传播到网络，并在线上空间里寻找潜在的兴趣爱好，以及参与线上的某些组织活动，从而能够利用互联网及其他媒介来提升他们的社会资本。还有研究人员持中立态度与观点。他们强调，当互联网及其他媒介被普及到生活的各个方面，部分基于群聚的真实世界中的互动将被网络空间里的虚拟互动所替代，这会降低真实环境中人与人之间的资本生成。此外，虚拟世界里的沟通与参与活动也能够帮助用户生成新型个体资本。不过与现实互动相比，此类基于相同兴趣喜好而产生的虚拟互动世界具有相对零散且关联不密切的特点。但如果不考虑现实世界与网络空间之间的互动关系，就无法发现这些现象背后隐藏着的社会原因。因此，互联网这类新型媒体的运用对社会资本产生了既不增又不减的冲击，更像是"补偿"之道。

根据传播学者拉斯韦尔提出的"5W"经典范式，本研究在对媒介效果进行研究时发现，媒介效果的研究与受众研究是互补且不可分割的。当前，尽管我国在新媒体领域中的媒介技术逻辑发展、新的传播模型、媒介经营方面的成果较丰富，然而对于媒介效果研究和受众方面的研究仍然不足。这可能是因为本土研究者研究问题的探索方式和方向有所不同。目前的本土研究者大多采用批判性与阐释性的方法和角度展开探讨。同样的，学界在受众媒介使用与传播效果的研究中也存在上述问题。因此，我们要想更好地了解受众在网络环境中的信息行为和心理变化，就必须从传播学角度出发来考察受众在网络世界中所发生的种种现象及它们与传播者之间的关系。在许多场合，需要更多地要求研究使用实证性的量化研究方法，以获得有数据支撑的、有说服力的和较为科学的成果。也有一些传播学领域的本土研究者认为，在当今的新媒体研究中，多数仍集中于传播学的基础范式，多学科领域成果较少，故总体综合研究视野有待拓宽。此外，该领域科学的研究方式和方法的缺失，也是研究进展当前所面临的最大障碍之一。

根植于以上反思，本研究试图从跨学科角度入手，以"社会资本"视角探究社交媒体对于青少年群体的行为与认知作用。研究采用实证性调查方式检验社交媒体对于青少年行为与认知维度分别具有何种效果，尝试在探讨内容与研究方法上取得突破性进展。由此可见，在给社会资本下定义时，有一些研究者关注受众所拥有的社会资本多寡问题。部分学者集中探讨了社会资本群体层面的问题。由于这几位研究人员对社会资本关注的水平不一，因而对此概念也存在认识与解释上的差异。尽管目前学界对社会资本尚缺乏统一的观念定义，但是基于大多数研究者的定义，我们不难发现，社会资本这一概念主要强调了以下几个方面：首先，强调这一观念是由社会成员彼此关联建构起来的网络。在此背景下，各成员间的关系应以平等与自由为基础。只有这样，人们具有的社会资本才会发挥更大效果。其次，它注重社会的参与。也就是说共同体中的每个个体成员都是一个独立的个体，他们在横向社会中有着共同的目标和共同利益。在这样一种情况下，如果人们不具备良好的相互依赖与信任关系，那么他们将无法真正开展合作性行为；而当这种交往方式发生改变时，则会对整个组织的效率产生重要影响。因此，社会网络中的成员之间应当建立起相互尊重、相互理解和相互支持的关系，以形成对彼此的信任感，这将有助于实现互惠互利的未来发展目标，并能为未来的合作提供基础。最后，群体规范是最重要的因素之一，即在团体内，这些正式或非正式的规范可以促使个体坚持相同利益并达成更为有效的团结合作。

2.5.4　对整体文献梳理的评价

此章节对于文献梳理和综述的目标主要基于以下原因：首先，用来深入地揭示本土研究人员在这一问题上的研究趋势与动态；其次，针对这一主题的具体内容与研究设计框架，寻找文献资料的基础与理论根基，并对论文进行总结概括，提出自己的看法和建议。参照上述文献对研究成果的回顾，我们可以明显地发现，之前的研究多在以西方社会及多元文化交融的社会环境中展开。然而，作为本研究的核心理论，社会资本理论本身与不同地区的社会经济和文化传承有相当密切的内在关联。那么这些已有结论是否适用于我国这样一个独特的社会和文化场景中的社会呢？对上述问题的解答仍有待内地许多研究者对其进行深入探讨。本研究就这一问题略谈浅见，以期抛砖引玉，引起更多学者对其进行深入而广泛的探讨和研究。

随着社交媒体向国内的快速蔓延，它所具有的巨大传播功能已深深地影响了青少年群体之间的互动、参与与互信构架，这些都是社会资本形成的关键元素。因此，对这一问题的研究具有重要的理论意义与实践价值。需要注意的是，我国本土学者对社交媒体与青少年社会资本关系的研究还未给予足够全面的重视，具体体现为：①总体研究成果数量较少，该领域没有得到足够的关注。从目前能够检索到的文献中可以发现，尽管有一些学者研究了新媒体的使用和网民社会资本的积累之间的某种关系，但是他们仍然是把社会资本作为一个整体去研究，缺乏对于其中的关键要素的具体逻辑联系的考察。并且，一部分学者也仅仅通过历史的脉络对这些概念展开研究，缺乏实证性的研究和结论，这表明，我国学者在这一主题上的研究成果还不够丰富。②对用以解释的理论框架的探索还需要进一步深入和全面。例如一些学者虽然使用了定量的研究方法甚至个案研究，并通过不同学科的视角来分析社区社会资本的生成和积累，但是他们的研究却囿于质化研究分析的层面。这导致研究的结论不能清晰地呈现出社交媒体的使用和社会资本之间的逻辑关系。也有学者得出结论，网络的使用能够提高社会资本水平。他们通过把网络利用形式区别为工具性目的利用与仪式性目的利用，使其在使用动机水平上更能说明媒介使用对于社会资本的作用。在工具性目的利用中，工具性利用形态起到了功能补偿作用，所以媒介使用不会使网民的整体社会资本损失；反之，以仪式性利用为目的的使用者会感觉到时间替代的效果，这对于他们的社会资本有着销蚀作用。

此外，针对于青少年群体的社交媒体的使用行为，很多学者的研究和统计调查大多停留在描述性统计，而未进一步分析变量间的相互关系。本研究试图从多学角度来探讨社交媒体对青少年所带来的改变及其作用机制。此外，课题针对青少年在使用社交媒体时存在的问题进行研究，以弥补现有研究中的不足，避免因过于依赖预设假定而导致的对社交媒体负面效应的认识不足，同时也是为了更好地理解新媒体带来的负面影响。本研究旨在通过引入社会资本这一概念来审视社交媒体这一新型传播科技在青少年社会互动、信任程度等特定层面上可能带来的内在影响，试图对其传播效果进行比较全面而系统的审视；本研究还将各种研究方法与研究视角结合起来，以丰富现有探讨中有关社交媒体在青少年社会互动与人际信任中的应用，扩展新闻传播学科探索的视野与范围。因此，文献综述对于本书研究思路的选择具有启示意义。

总的来说，我国近年来对社交媒体与公民参与之间关系的相关探讨多偏重实证而忽视理论，且大量学者在讨论中存在着重复劳动等问题。这些问题导致了以往的研究结论存在着一定分歧。而造成这些差异的原因主要是研究对象的选取不同及数据来源的不一致等。因此，有必要对相关文献进行梳理和分析，以避免重复性研究，并提高研究的可信度、完整性、客观性和代表性。目前对普通大众而言，这一现象之所以会发生，可能跟研究样本群体的选择有一定关系。由于普通受众样本提取及操作比较简单，这便导致了学界对于青少年这个特殊群体的关注度不够。国内研究缺少对于这类群体的公民参与的特征、状态和行为的考察，并且已有研究还存在轻视理论的问题，一方面是因为国内研究对于公民参与研究的适用理论最初都是借用国外的，而且在深挖过程中往往是针对某一实际问题进行实证分析，所以出现的理论性研究成果不多见；另一方面是社交媒体语境中公民参与问题的探究同样具有跨学科研究的典型性，因而，我们既要认真梳理传媒理论，又要更加翔实求证已有的纷繁芜杂的公民参与与社会资本理论等。

3 研究具体设计

研究路径设计的科学性往往实质性地决定实证探索调查结论的可靠性和有效性。调查问卷的整体构面设计的全面性、合理性及内部结构的统一性，可以说是影响数据统计分析最终结果，尤其是效度和效度的重要因素。本章节将在之前众多学者研究成果的理论基础上，搭建本研究的基本研究模型，从而提出一系列相关的研究假设，并对问卷设计过程进行全面和整体的详细说明。而研究假设（Research Hypothesis, RH）则被学者们视为研究者进行研究前基于个体对于问题的把握和理解并结合以往相关研究和理论解释所给出的暂时性答案。它不具有普遍性意义，只能作为研究者进行后续研究时的参考。这一暂时性的回答既可以看作研究者期望获得的结论，又可以看作其对于问题回答的推理性说明。学者既可以从原来的实践经验中获得，也可以在现场进行尝试性探索，还可以在有关理论的基础上推断出研究假设。如果探讨的问题前人未曾涉及过，或是已有理论无法作出有说服力的说明，新的理论范式与概念也未成型，研究者还可以在自我考察与思辨的基础上提出某种猜测性预想。由于社会科学研究过程自身的特点，研究者一般都是在搜集事实证据后再进行分析，最终确定需要回答的问题。

本课题以青少年群体为主线，以青少年社交媒体使用情况及青少年社会资本与公民参与行为的相互关系作为研究内容。经过探讨青少年群体的社交媒体使用行为类型：使用习惯、使用偏好及使用动机等，结合社会资本理论和社交媒体中所能提供的社会资本，来全面和系统地解析青少年群体的社交媒体的使用行为与社会资本之间的相关性，以及他们的社交媒体使用对于在线公民参与与离线公民参与之间的相互影响等。随着新兴技术的发展及互联网产业对受众各个方面的影响日益加强，青少年群体已经引起社会各界（包括学术界）的高度重视。然而学界对该人群的研究探讨多集中于社会学和心理学等学科，而新闻传播领域针对该人群的研究相对匮乏。因此，本研究对于理解青少年的社会资本积累和该人群的公民参与有一定理论意义，同时也能够丰富新闻传播领域关于该人群与新媒体深入接触的相关研究。本研究将通过对该人群进行调查分析来发现他们所面临的问题，并提出相应对策，同时也希望能够为我国社会主义民主建设提供理论基础。

3.1　研究问题和研究假设

上述几个分析构成了本研究的中心议题。从宏观维度上对社会与人之间的相互关系进行考察发现，中国传统的社会资本是以血缘、亲缘、业缘、地缘等为基础而建立起来的各种社会关系的总和，这些关系构成了一个复杂的网络体系，在不同的文化背景下发挥着各自独特的作用，并随着社会发展而不断变化。当前，以社会网络为代表的社会资本逐渐融入整个社会的文化体系之中。社交媒体这一崭新的社会形态对人与社会关系构建产生了深刻影响。新媒体在促进人与社会关系重新组合的同时，也为人与社会关系的生成和扩展带来更多可能。随着互联网技术的飞速发展和普及，社交媒体开始进入人们的生活并改变着我们的日常生活，它给传统的人际交往模式带来了巨大冲击，其中包括人际传播领域，同时也给传统社交媒体带来了挑战。社交媒体这一新型社交方式的应用同样对网民的社会资本累积有着深远的影响，这是因为社会资本自身嵌入了个体社交网络中，如今的社会关系网络构造模式产生转变，社会资本的积累也呈现出相应变化。此外，本研究还对公民参与从西方到中国的发展进行了历史的梳理。基于此，本研究阐述了传统媒体时代与新媒体时代公民参与问题，并对新媒体时代社交媒体对于公民参与的影响进行深入的研究。研究结合社交媒体本身的特点，并基于已有的研究进行研究模型建构。基于此，本研究意图探讨：

第一，社交媒体是如何改变青少年的生活，以及青少年群体是如何使用社交媒体？

第二，社交媒体使社会网络拓展并得以维系，正因此，社会网络才得以具体作用于人际交往与社会资本（例如提供人情与传递信息）的获取。社交媒体工具如何改变和建构了青少年群体的人际交往和社会网络，又是怎样影响了其社会资本的获取和构成？他们的社交媒体使用和社会资本两者之间究竟有何关联？

第三，本研究关注公民参与的理论基础和新媒体时代公民参与的发展。社交媒体与青少年公民参与之间有哪些关联？尤其是社交媒体的哪些具体使用会如何影响青少年的线上和线下的公民参与?

第四,将社会资本理论作为一种分析视角,可以使人将眼光投向非政治的、非经济的及其他要素的关注,从而便于在更深层次的理论层面上探究错综复杂的关系网络、规则、信任及其他社会资本类型,并使人深切地了解当前我国青少年公民参与的状况。本研究还从社会资本理论的视角出发,试图以此为基础挖掘社会资本与公民参与之间的内在逻辑联系。

第五,研究者林南指出,人们目前正经历着社会资本颠覆性增长与变化的时期,这在网络时代尤为突出。他还强调了,伴随着以网络为首的交流技术成本的下降和其不受时空局限的性能,人们又面临着由社会网络组成的新的地球村。如今林楠的预断已经过了 20 多年。社交媒体时代,当科技与社会整体结构变化时,经济水平、社会背景和教育程度不同的人之间,是否存在着社交媒体使用的差别?这些差别是否影响他们的社会资本积累和公民参与情况?这也将成为本研究探讨的重点之一。

3.1.1　社交媒体的使用与社会资本

由于社交媒体广受欢迎,更多的研究者开始致力于探究社交媒体的使用对个体生活方面的影响。目前社交媒体领域的研究主要分为以下三个方面:一是研究用户之间不同的社交媒体使用习惯,二是从"使用与满足"理论出发研究个体的社交媒体使用动机,三是关注各种类型的使用行为与偏好的不同影响。社交媒体平台集信息分享,即时通信和娱乐消遣为一体,在很大程度上拓展了使用者的社交网络,进一步便利了人们建立和维护与他人的关系。有关互联网使用与社会资本形成的研究一直以来备受研究者的关注。技术本身并不影响个人社会资本的积累,而人们对技术的使用方式能够直接影响他们的社会资本。例如,有研究认为,人们在互联网上浏览新闻的行为对公民参与具有促进作用,而玩网络游戏这种使用方式则会对公民参与产生消极影响(Valenzuela, et al., 2012)。此外,社交媒体较其他网络行为在促进社会资本形成方面更具优势。

社交网站的目的在于维持和扩大个人的社会关系网络,而社会资本是人际网络中深藏的、能获取的利益和资源。因而,社交网站的使用和社会资本之间存在紧密联系。社交媒体使用让人们的交往模式发生了变化,并为个人社会资本的获得、利用和维护提供了一条新的渠道。N. Ellison, et al.(2007)针对脸书使用与社会资本关系的研究表明,脸书与黏结型资本、桥接型资本和维持社会资本之间关系密切，其中关联最强的是桥接型。本土研究者也纷纷着手于社交媒体使用对社会资本现实影响的探讨。社会性网络能够帮助人们建立真实可靠的联络和评价体系，从而便于他们拓展、积累并管理个人社会资本（付晓燕，2010）。孙卫华（2013）认为网络既是一种信息传播媒介，又是一种重要的社会沟通和交往媒介。研究结果表明：社交媒体属性既表现为强连接方式，也表现为弱连接方式的强化与拓展。这有利于促进群体间的沟通与协作，进而在一定范围内拓展社会个体成员间的信任并促进社会资本培育。来向武等（2020）采用元分析方法在既有的众多独立研究中进行随机效应模型分析。其研究发现，中国背景中的互联网使用对社会资本具有中等强度的促进作用。韩金等（2021）在以微信为基础的社交网络用户人格特质对社会资本积累的影响研究中，发现在移动互联网背景下，普及和使用微信对个体建立社会资本有明显的促进作用。作为互联网时代的个体应合理利用微信来获取信息和资源、扩建关系网络，维持情感联系。

青少年本身使用社交网站非常活跃，这个群体的思想观念、行为模式更容易受到外界因素的作用。因此要对青少年群体的社交媒体使用现状进行深入剖析，挖掘社交媒体使用和社会资本的潜在联系。闫景蕾等（2016）在对青少年社交网站利用和线上线下社会资本的关系及其内在作用机制进行研究的基础上，指出青少年社交网站利用与其线上线下社会资本显著正相关。其中，线上黏结型与桥接型的社会资本积累都是社交网站利用中产生的一种关键资源，而社交网站这一具有高度开放性的社会交往服务平台则为青少年获取外部信息和专业知识，以及累积线上桥接型的社会资本提供了条件。

李强（2018）指出青年在社交媒体使用中可以搭建多元丰富和开放兼容的社会资本，以此实现他们和真实、虚拟社会的全面融合。青年人使用社交媒体进行自我呈现，他们拥有的社会资本随之增加。青年人往往喜欢利用社交媒体来管理自我印象，展开人际互动交流，汇集其社会资本，尤其是网络社会资本。社交媒体使用中的在线互动沟通，对于提高在线人际关系和维护线下亲密关系有一定价值。然而，朱剑虹和许愿（2016）在对大学生社交媒体使用习惯的调查研究中发现，大学生在被社交媒体包围时，其线下孤独感也在增加。充分利用课余及假期时间多参与社会实践活动实际上是大学生积累社会资本的最佳方式。此外，社交媒体虽然拓展了大学生的人际交往范围，但并没有很好地推动大学生参与实地实践，因此大学生群体既要合理使用社交媒体，又要避免社交媒体对个人生活的过度入侵。钟智锦（2015）认为社交网络服务帮助学生群体在虚拟场景中累积社会资本，而在真实世界中效果不明显。通过调查发现，大学生群体不同程度地拥有线上社会资本。这种现象是由大学生群体的线下社会资本处于相对弱势地位所造成的。线上线下的社会资本均表现出了各自优势与互补效应。其中浏览网页对于大学生网络世界弱关系、现实生活强关系与弱关系均有显著正向作用。但在线聊天对大学生网络世界与真实世界强关系具有正向影响，而对弱关系没有显著影响，即网络聊天更多发生于双方关系将深入发展下去的行为人之间。

随着对社交媒体领域探索的不断推进，越来越多的学者发现互联网不同服务的使用对社会资本影响程度有着显著区别，因此有必要对社交媒体使用进行更详细划分，以确定对提升社会资本最有益的具体类型，并探讨新型媒介工具的运用会对人类社会资本的构成与累积产生怎样的影响。以往研究者更多地关注传统媒体，近年来学者们的研究焦点则从传统媒体、互联网逐渐扩展到社交媒体。对社交媒体的应用究竟会提升民众社会资本，还是会降低民众社会资本？社交媒体对网络使用者的社会资本有何影响？这些问题一直以来都是学术界关注的热点问题之一。因为现有研究人员所采用的研究方法、研究对象选择等方面存在着差异，因而并未形成统一的研究结论与回答。随着新媒体时代的到来，青少年群体逐渐成为社会资本的重要组成部分之一，这也引发了一系列关于社交媒体影响下的社会资本及个体发展问题的讨论。以往研究者都比较关注个体间人际信任、自我满足及公民参与在社会资本研究和调查上的相关性。本研究通过梳理以往关于社会资本的研究，以及之前所述针对社会资本分类测量的方法，结合被调查样本的特点，构建了以下社会资本测量指标：社会连接、社会信任和生活满意度。研究基于以往对社交媒体和社会资本之间关系的探讨思路，从使用习惯、使用动机、使用行为三个方面展开讨论。

（一）社交媒体使用习惯与社会资本

社会资本能够被划分为社会连接、社会信任和生活满意度这些维度。一些研究者在不同维度开展了一定的学术探讨。关于社交媒体的使用与社会连接的逻辑联系，学者们看法迥异。在1998年，Wellman和其他人曾经在"国家地理网站"上调查了39211位访客，结果发现网络交往就是对人们现实交往的补充。互联网的使用并没有对人们的线下交往有增加或减少的作用。就政治参与而言，互联网上政治参与性较高的人群在现实社会中政策参与的积极性也会较高。他还认为互联网这一技术具有"中性"特征，强化了民众社会资本的部分内容却又削弱了部分内容，比如"互联网降低了群体认同"，互联网虽然帮人们建立了更加广泛的联系，但是这种联系只是一种"弱联系"（weak ties）（Wellman, et al., 2001）。

　　一些研究者也认同 Wellman 互联网是"中性"的观点。学者 Uslane 在1998年对皮尤调查公司的调查资料及1996年美国总统大选调查资料进行解读后发现，互联网的运用与人际信任和社会交往关联性不大。他认为互联网的运用不会影响人的社会资本，即互联网在提升人的生活部分的同时也会弱化生活的其他部分，互联网不能作为天使也不能作为魔鬼（Uslaner, 2000）。学者尼伊（Nie）在2001年总结美国学界有关网络研究时说，网民群体具有年轻化、受教育程度高、经济状况好等主要特点，因而具有更好的社会交际与网络参与能力。而实际上，网民对社会交往缺乏兴趣，不善于与人交往（Nie, 2001）。在此背景下，美国学者 Welman 提出了一个新的概念，即"互联网时代的社交化生活"。这个概念一经提出便引起了国内外学者们的广泛关注。它意味着网络会削弱网民与家人、朋友之间的连接，但同时有助于在虚拟空间建立新的连接。网络打破了地域和阶级限制，通过无形网络将个人与个人、个人与组织结合起来为网民重建新类型的社交网络。

　　也有学者提出社交媒体的使用对社会资本积累具有正面影响的见解。也就是说，社交媒体在维持现有的社会关系上发挥着重要的作用，可以建立个人间强大和更加稳定的关系。这一观点现在是大多数研究人员的共识。大多数学者相信社交媒体会对社交资本和社交圈的建立产生正面影响，社交媒体已经成为人们维持社会关系、获得社会支持的重要平台和社交资源。

　　在社交媒体的使用与社会信任方面，巴伦苏埃拉在美国学生的社会资本积累和社交媒体使用的调查中，选择了社交媒体平台脸书作为调查平台。调查结果表明，美国学生使用脸书的频率与他们的生活满意度程度有正的关联关系，对增加他们参加社会公共事务的意愿和提高对其他社会成员的信赖也有积极的影响。结果证实社交媒体的使用能够增加个体的社会资本。邓建国探讨了新媒体时代互联网的出现、人类社会行为的变化、个人社会关系对资本的影响及互联网与社会进步、互联网的进化的影响。研究发现使用社交媒体的用户比不使用社交媒体的用户更容易获得社交信任（邓建国，2011）。

齐美尔高度肯定了社会信任的重要性和地位，相信健全的社会离不开人们之间的信任。个体间的信赖可以降低成本，维持社会关系，提高获得社会关系资本的效率。在社交媒体中，"自我披露"是促进网民间信赖的主要方法之一。社交媒体有促使用户公开自己的功能。根据调查，人们使用社交媒体的主要原因之一是形成新的关系和维持现有的社会关系。脸书的品牌口号为"联系你我，分享生活"，为了完成这个使命，脸书用户倾向于在社交媒体上公开个人信息、动态、想法、感情等。

弗朗西斯·福山（Francis Fukuyama）在研究欧美各国的经济发展和社会信赖关系时，提出了"信任半径"的概念。信任半径是一个人被他人信赖及可以信赖他人的范围（福山，2001）。信任半径的大小可以测量人所持有的信托资本的量。另外，它也是测量和比较各种社交资本的工具之一。社交媒体的出现在网络上产生了两个信赖的渠道：一个是离线的真实空间的朋友有产生信赖的可能性，另一个是通过社交媒体把拥有同样兴趣的人群聚集到一起，然后在这个特定的群体和领域中建立信任（福山，2001）。在社交媒体对生活满意度的影响方面，范琦在一项新蓝领群体的社交媒体使用及其对社会资本的影响研究中提出，新媒体会给用户更多的主动权。在之前的媒体时期，沟通主要是自上而下的单向交流。在新媒体时期，每个主体都可以在网络虚拟空间中进行自我表达。所谓自我表达，是指个人以特定的形式表达自己的想法、感情、倾向、对事物的态度，并获得他人的反应。表达是所有人的基本要求之一。微信、微博、QQ、人人网等社交媒体的出现，为大众自我表达提供了通道。在新的媒体环境中，社交网络从媒体社会学的角度来看也是一种表演，这种表演化的存在对于新兴蓝领群体的身份变化和城市整合具有积极作用。当新兴蓝领工人进入城市后，他们在生活和工作中逐渐意识到作为流动人口的身份与市民身份之间的差异。为了更好地适应城市的工作环境，他们通过模仿来缩小与市民之间的差距，以更快地融入城市。社交媒体在新媒体中的应用为用户提供了一个"虚拟"的平台，促使人们在心理层面完成角色转变。新兴蓝领工人使用新媒体和社交软件将加速这一变化。而心理转变、获得社会认可及建立社会连接也是"使用与满足"理论的一部分，能够使新兴蓝领群体提高对生活的满意度（范琦，2022）。安珊珊认为，整体上，我国网民和社交媒体网民之间存在高度的契合。社交媒体的使用者能够通过这些平台保持高度的互动黏性，其中微信和QQ作为主流社交媒体呈现出更高水平的使用时长。与此相反，微博、头条、社交短视频、B站、知乎及贴吧等主流社交媒体应用则呈现出分化的趋势，使得新兴网络媒体的发展环境变得更为复杂（安珊珊，2021）。

青少年群体在社交媒体使用习惯上更加表现出明显的分化特点，许多学者对青少年群体的社交媒体使用习惯及其社会资本积累进行了研究。刘静和杨伯溆（2010）采用结构式问卷调查的方式，对在校大学生进行随机概率抽样，考察了校内网使用与网络社会资本的联系。研究发现，校内网使用对网络社会资本能否发挥作用，主要取决于被调查者对校内网的投入程度和使用强度；同时，不同的使用功能偏好对于不同的社会资本维度具有一定影响，例如"建立个人形象"和"了解好友状况"对线下活动的参与程度有显著正向影响，分享公共信息对提升网络交往的信任度具有积极作用。此外，王薇（2012）通过以南京大学学生为样本的调查分析得出，在使用初期用户的线上社会资本并没有随着其社交网络平台使用期的增长而增长，反而有不同程度的下降，但社交网络平台各功能使用强度、每日社交媒体使用时长等变量又对用户线上社会资本具有较强的预测力，即用户如何使用社交网络才是影响用户线上资本变化的关键。

关于社交媒体具体使用情况的研究中，朱剑虹和许愿（2016）以南京地区四所高校的全日制本科生为调查对象，探究了大学生社交媒体的使用习惯及其影响，发现大学生通过社交媒体可以讨论更多的话题，不受时空的限制，且大学生群体更倾向于选择传播速度快、公开性强的社交媒体来了解信息。将近八成的调查对象参与过网络留言、投稿等社交媒体互动；其中，微博的信息开放性和迅速更新性深受大学生群体欢迎，大学生在使用微博了解和评论、转发一些事件的过程中，其自身既是围观者又是参与者；微信、QQ等社交媒体均是以现实生活真实的人际关系为载体的，这样的交流环境更加真实可靠、值得信赖。在此基础上，赵磊在微信使用与大学新生社会适应的关系研究中发现，较多使用微信进行交互联系的大学新生获得的社会资本水平远高于微信使用时间较少的新生。微信使用时间的增加有助于人们建立密切的社会关系，微信的使用有助于大学新生更好地适应陌生环境、建立和维持社会关系，即合理使用微信有助于大学新生积累社会资本。同时，基于微信积累的社会资本有利于提高大学新生对当前生活环境、人际交往和社会适应的满足感（赵磊，2020）。

在关于"知乎"媒体使用的研究中，杨洁（2014）针对大学生知乎社区的使用情况，通过调研问卷与访谈，分析了用户使用强度、使用偏好与在线桥接型、黏结型社会资本的关系。张鹏翼和张璐（2015）在对社会资本与用户问答行为的关系研究中，通过根据用户角色（社区成员、提问者、回答者）对问答进行分类分析，得出用户类型、用户活跃度、问答行为、话题类型等与线上社会资本的关联，资本积累均基于用户参与内容性、互动性活动的数量。由于每个人的个体时间资源有限，在"时间替代"理论框架下，使用社交媒体会减少可支配闲暇时间，显著减少青少年社会公共参与。但不同学者研究结论至今仍然存在差异，部分学者还发现新媒体持续时间对社会资本获取没有有效预测作用。因此，本研究在梳理前人研究成果的基础上，以大学生为调查对象，探讨了社交媒体的使用是否会影响其社会资本的获取。这项研究主张应该由青少年社交媒体使用的"当下性"，也就是目前通常运用的习惯来考虑和解析社交媒体使用者的社会资本的变化。鉴于此，本研究提出社交媒体的使用习惯可能会促进社会资本的积累这一假设。此外，本研究将结合社交媒体的偏好、使用动机两个维度来综合考察这些因素对于社会资本的影响，我们提出假设：

H1：社交媒体的使用习惯对社会连接（a）、社会信任（b）、生活满意（c）有显著的正向效果。

（二）社交媒体使用偏好与社会资本

社交媒体使用能够直接影响人们的信息获取方式和行为表达，进而不同的社交媒体使用偏好对其信息和行动的影响也存在差异。社交媒体使用偏好的区分方式是多种多样的，目前学界主要有五个区分维度：①不同社交媒体平台的使用偏好维度。有部分学者认为可以根据用户对于不同媒体平台的使用偏好进行分类，即用户主要使用了哪些社交媒体平台，在此基础上，深入挖掘用户为什么会使用这些平台来区分不同的使用偏好的支撑。此外，考虑到社交媒体平台存在信息内容良莠不齐的问题，那么对于用户如何对这些信息加以辨别，也可以作为该维度下区分社交媒体使用偏好的一种更为细分维度。②不同社交媒体功能的使用偏好维度。在该维度下，由于现如今的社交媒体软件具备多种使用功能，部分学者则根据社交媒体软件最为核心的使用功能对其进行分类，以相同核心功能的社交媒体使用软件作为同一垂类，对比该垂类下，具体社交媒体软件的使用偏好。③不同社交媒体内容的使用偏好维度。根据 CNNIC 统计报告对社交媒体使用内容的统计，也可以将社交媒体使用偏好分为新闻类咨询类使用偏好与娱乐和情感内容使用偏好等。④

不同场景的社交媒体使用偏好维度。如今移动互联网已经深度融入人们的日常学习和工作中，同时，随着智能手机广受追捧和新型平台经济体的异军突起，基于人们不同的社会角色、使用习惯及使用需求，PC端和移动端社交媒体均具有其特定受众，可以根据不同社交媒体的主要活动场景进行分类，对比PC端和移动端的使用偏好。⑤不同用户的社交媒体使用偏好维度。由于职业角色、经历经验、年龄、地位、受教育程度、心理健康情况等多种原因，不同个体的社交媒体使用偏好必定存在差异，基于这一维度，可以根据同类型社交媒体软件的目标用户画像进行社交媒体使用偏好分类。

对于社交媒体使用偏好的区分，不同学者根据其研究目的展开了不同的实验设计。杨江华等基于"网民社会意识调查"，探讨不同的媒体使用偏好对青年网民政治信任的影响，发现出于不一样背景立场的媒体使用偏好对个人政治信任的作用效果不尽相同，对于具有官方媒体使用偏好的青年群体，其日常使用频率越高，其对于政治体制的信任程度就越高；在该偏好下，在网络平台上发表意见和参与讨论比单一地通过社交媒体获取政治信息更为积极主动，青年表达网络意见的参与度越高，对提升其政府信任程度作用越显著（杨江华、王辰宵，2021）。

在社交媒体使用平台类型偏好区分方面，甘春梅等以208名本科生为被试样本，通过考察他们对社交媒体这一信息源的偏好，利用理由及判断根据（甘春梅、李玥，2016），针对网络百科、在线问答社区、博客、微博、社交网络和微信6种经常使用的社交媒体平台展开问卷调研，探讨了使用不同社交媒体作为信息源时存在的差异。研究结果显示：从使用偏好来看，本科生接受信息使用频率最高的为网络百科、微信，使用原因主要为用其寻求解决问题的方法、搜寻背景信息等，然而对社交网络和微信的信息质量则不太重视。在社交媒体功能的使用偏好维度上，张燕等在研究大学生对QQ和微信的使用偏好情况过程中，总结出QQ和微信的六大功能，即群聊功能、社交功能、文件及动图功能、支付功能、休闲功能、装扮功能，并根据每一功能分类将QQ和微信进行对比。研究发现：在群聊功能方面，由于QQ群的匿名禁言功能、群可以发群公告群文件、群人数上限更高、新成员入群方式等方面的差异，让超过一半的大学生认为QQ群聊功能更好用，能够满足他们的日常需求；在社交功能、支付功能和休闲功能方面，由于微信私密性更强，支付方式更便捷，且具有公众号、小程序等信息获取渠道，大部分大学生使用微信的偏好更强烈；而在文件及动图功能、装扮功能方面，由于 QQ 该方面功能使用条件限制较少，装饰也更为灵活多样，在该方面下大学生对于 QQ 的使用偏好更强（张燕、黄碧、郑皎，2019）。

社交媒体目前演变为人们获得社会资本最方便和不可或缺的方式，社交媒体平台是用户进行内容生产和交换的载体，人们通过社交媒体进行分享、评论、点赞等互动行为，对于积累社会资本具有积极影响。刘传江等认为，社交媒体搭建的社会网络在一定程度上可以作为个体社会资本的证明：一方面，个人社交媒体账号中的好友数量、活跃程度、带动发言的能力等，体现出账号所有者社会资本积累的能力；另一方面，社交媒体平台的交互性有助于强化公民的身份认同感，使其更好地融入城市融合，社交媒体能够从经济、社会、文化等层面对城市融合产生综合性影响（刘传江、覃艳丽、李雪，2018）。

社交媒体使用行为是具有目的性的社会行为（Cheung & Lee，2010）。与传统的互联网使用行为相比，用户在应用社交媒体平台进行信息交流的过程中更容易受到其他用户的影响，因为社交媒体关系网络的建立更多是基于现实人际网络，具备一定的真实性、可信任度。关于社交媒体使用行为的定义与划分，目前学界从多元角度出发，形成了不同的观点。例如钟智锦（2015）以浏览行为与参与行为为重点，通过调查发现浏览网页对于大学生在线环境弱关系、真实生活强关系与弱关系均有显著正向作用。从理论上看，浏览网页能够促进大学生与他人建立良好的人际关系。而上网聊天对他们网络和真实环境强关系具有正向影响，弱关系没有显著影响，即网络聊天更多发生于双方关系将深入发展下去的行为人之间。葛红宁等（2016）将社交网站使用行为具体归纳为社会资本获取的必要行为（即关系维持行为）、有意尝试获取社会资本的行为（即资源动员请求行为），以互惠为意图的社会资本取得的行为转变为关系维持行为，权衡型社会资本取得的行为策略转变为隐私保护行为。还发现，行为是个体获取社会资本以通过在社交网站上进行自我表露，关系维持行为、资源动员请求，以及对于隐私方面的维护等都是人们获得社会资本一系列策略。虽然存在这么多的差异性研究，但这些研究结论大多支持一个统一的观点，那就是社交媒体使用能够显著地促进用户的社会资本积聚。

综上所述，人们使用社交媒体能够直接降低建立和维持人际关系的成本，使用者身份的真实性使虚拟空间的人际信任得到提高，使用者的自主性使交友中的风险得到控制，社交媒体使用带来的人际传播等诸多因素也让使用者建立和维持了一个异质化的关系网络。因此，本研究提出了如下假设：

H2：社交媒体使用偏好对社会连接（a）、社会信任（b）、生活满意（c）有显著的正向效果。

（三）社交媒体使用动机与社会资本

研究假设是研究者在探索前结合个人理解问题，并结合前人的相关考察和理论解析而提出的暂时性回答（温忠麟、谢晋艳、方杰、王一帆，2022）。这种暂时性回答可以看作研究人员期望获得的一类成果，也可以看作对于问题回答的推理性说明，研究者可以从过去的实践经验中获得，也可以从现场进行的尝试性探索中获得，还可以在有关理论的基础上推出。若被考察的问题是前人未曾涉及的，或是旧的理论无法给出有说服力的说明，新理论尚未形成时，研究者还可以在自己考察或反思的基础上提出若干推测性设想，在社会科学考察过程中，一般都是在搜集事实、验证假设、回答待考察问题之后，再进行具体考察（郑素侠，2008）。

卡茨（Katz）与布卢姆勒（Blumler）在20世纪70年代归纳前期关于人为什么要接触媒介的系列研究，在此基础上提炼出"使用和满足"理论（Theory of Uses and Gratifications），指出这一理论的中心，在于构想人主动寻找和选择媒介渠道以达到自己所认识的目标。这一理论认为，在社会与个体内在需要推动下，人积极使用大众媒体等手段以满足内心需求，而受众对媒介的使用过程则体现在需求得到了满足上。此理论重点强调的并不是媒介对于人的所作所为，而是人们借助媒介从事了工作（E. Katz et al., 1973）。"使用与满足"理论认为，人对媒介的利用，建立在不同动机之上；动机的差异，使人在心理或行为方面获得了不同程度的满足。在此过程中，人对媒介内容的态度、价值判断及接受能力都会受到影响，从而产生各种需求。Katz在研读相关文献后，把受众35项媒介使用动机归为五类需要，即认知需要、情绪类需要、个体综合需要、社交融合需要和降低压力需要。

互联网的兴起带来了人类社会传播局势的变化，但也为传播学界带来了各种新问题。网民利用各种网络传播的新形式为"使用和满足"理论的拓展开辟了一个待开创的领域。随着社交网络用户数量的急剧增加，越来越多的研究者采用"使用与满足"框架来研究个体对新媒体的使用行为和态度，并利用这一经典理论来探讨社交媒体使用的动机。"使用与满足"理论主要研究个体利用某种媒介所可能产生的动机，如对自身社会需求或心理需求的满足，以及对积极或消极效果的筛选等。这一理论主张积极的媒介使用者有目的地与媒介接触，认为他们所选择的媒介能满足他们的需要；理论假定参与度会作用于使用者在媒介中所获得的满足感和媒介行为所产生的结果。"使用与满足"理论的目标是解释受众选择某些媒介的原因，以及推动他们采用特定媒介的内在需求。该理论聚焦于个体的潜在心理需求，并试图构建个体选择与使用媒介动机的范式。学者根据这一框架考察了受众在社交媒体使用方面的动机。

Whiting 和 Williams 通过 25 次深度访谈，提出了受众使用社交媒体所能得到的满足：社交、信息获取、打发时间、休闲、沟通、方便、表达意见、信息共享、有关他人知识等（Whiting & Williams, 2013）。Smock 等发现脸书的一般性使用满足和使用该站点特定功能（如状态更新、评论、帖子、隐私信息、聊天和群组）的满足是不同的（Smock, et al., 2011）。Aharony 证实了"使用与满足"理论和个体差异对探索移动信息服务使用动机的重要性，结果显示，专业发展、信息共享与社会交互显著影响用户对移动信息服务的满意度及持续使用（Aharony, 2015）。Oliveira 等人指出，主观规范、群体规范、社会地位的高低、娱乐性价值及维护人际连接影响个体对脸书的满意度，从而影响其某些性能的使用（de Oliveira, et al., 2016）。Jung 等人认为娱乐、自我表达、职业发展、消磨时间、与家人和朋友交流，以及时尚正向影响韩国用户对 Cyworld 的使用（Jung, et al., 2007）。

Pai 和 Arnott 发现个体使用社交网络获得的满足可以被区分为 4 类：归属感、享乐主义、自尊和互惠（Pai & Arnott, 2013）。Valenzuel 团队强调人们注意到了个人在脸书群组中的一些重要需要：社交、娱乐、追求个人地位，以及检索信息（Valenzuela, et al., 2009）。还有学者以社交网络、即时通信、电子邮箱为研究对象进行的经验研究表明：用户在这三类介质上得到了 4 种一般性的满足感，分别是关系维持、内容检索、消遣与潮流。此外，研究发现两类特定的满足：来自即时通信和社交网络的社交满足与来自即时通信的消磨时间的满足（Liang, et al., 2006）。Papacharissi 和 Rubin（2000）将现有人际传统媒体与传统媒体、新媒体动机与满足措施相结合，明确民众为何要上网。研究发现，人们使用互联网是基于人际、消磨时间、获取信息、提供方便、娱乐的需要（Papacharissi & Rubin, 2000）。并且在社交媒介使用及满足研究方面，Joinson 验证了脸书的利用动机主要有社交联系、分享身份和实际调查等（Joinson, 2008）。Haridakis 和 Hansen 利用已有的网络和电视收看来衡量民众在满足方面的措施，以研究人们收看和共享优兔视频的动机，包括便利消遣、人际互动、方便信息寻找、逃避现实、共同参与等（Haridakis & Hanson，2009）。利用社交网络进行信息性利用的思想是由 Zmiga 和其他学者首先提出的，这是一种通过社交媒体获取信息的方法。随着研究的深入，信息性使用逐渐演变成一个新的动机。信息性动机是指在工作、学习和生活中，通过与外界接触和沟通，获取各种知识和信息，并用它们解决所遇到的各种问题（范颖、吴越，2016）。

张咏华和聂晶将社交媒体使用动机划分为 5 个范畴，即认知需要、情感需要、个体合成需要、社会联系合成需要和躲避压力需要，并基于对上海市 5 所高校进行的问卷调查，利用"使用和满足"理论框架探究了大学生专业对社交媒体使用行为和动机的影响机制。结果发现，上海高校大学生会因认知及情感上的需求而使用社交媒体，学习专业对大学生社交网站和微博使用行为及动机具有显著影响，文商科学生较理工科学生在社交网站和微博上使用时间更长且更积极；前者对于在社交网站上"搜索研究内容""保持联系""打发时间"和"寻找娱乐"的内在需求更为强烈（张咏华、聂晶，2013）。

社交媒体使信息传播从内容到形式、从观念到终端形态再到营销模式都发生了重大变革，并推动了媒介的发展进程。随着互联网时代的到来，越来越多的人开始借助社交媒体来获取更丰富的资讯与资源。王重重和张瑞静运用问卷调查法选取在校大学生作为研究样本，分析了大学生社交媒体使用动机及依赖现象，将社交媒体使用动机需要划分为五类，按平均值由高到低依次为获取信息需要、娱乐消遣需要、社会关系保持及拓展需要、个体表露及社会认同需要、情绪释放需要。结论表明获取信息及娱乐消遣成为大学生社交媒体使用的首要动机（王重重、张瑞静，2015）。

李林蔚（2019）在孤独感对年轻人微博的使用动机和行为影响实证研究中将其归纳为社会交往、娱乐放松、个人接触、收取信息、脱离现实和消磨时光六大类。之后，姜自豪将社交媒体使用动机分为 4 个维度 13 项，分别是：获取信息动机，即方便自由地在社交媒体上获得各种信息，看文章扩大知识面，认识朋友及最新动态；人际交往动机，即和亲朋好友保持联系，维持良好的人际关系，结交朋友扩大交际圈；自我表达与社会认同动机，即自由表达想法，表达喜怒哀乐，晒出生活动态，希望别人点赞评论转发分享；娱乐消遣动机，即打发无聊时间，阅读有趣的图文，观看视频玩游戏（姜自豪，2021）。

本研究参考以上研究中对社交媒体使用动机的分类情况，根据青年群体使用社交媒体的实际情况，结合研究的需要加以整合与修正，将社交媒体使用动机划分为信息性、娱乐性、社会性和自我披露型4个维度来衡量。研究结果表明：在社交媒体上，人们的使用动机是有差异的，并且随着时间的推移，人们对社交媒体的依赖程度越来越高；对社交媒体的不同的使用动机，满足了用户不同的需要，他们所获取的信息和所触及的社会关系都会有差异。所以学者们提出，社交媒体使用动机会作用于个体社会资本。

Shah等人研究发现，信息搜集类活动在促进公民社会参与的同时促进了个体生活满意与人际信任程度；人际信任水平、生活满意度与公民参与程度均较低的网民则沉迷于网络娱乐与网络聊天来逃避生活（Shah et al.，2001）。Papacharissi和Mendelson（2008）基于"使用和满足"理论研究脸书的使用动机时，发现放松娱乐动机和信息搜索动机能够显著正向影响用户个人桥接型社会资本，而娱乐动机则能显著正向作用于黏结型社会资本。Min-WooKwon等（2013）将"使用和满足"理论引入对脸书和社会资本关系的研究，他们通过调查152名大学生的使用动机发现：利用脸书拓展社交圈动机越强，越有助于个体桥接型社会资本的积累，而逃避实际动机越强，越不利于个体黏结型社会资本的积累。

郑素侠以"使用和满足"理论为框架考察了内地大学生的网络使用动机（信息检索、人际沟通及娱乐消遣）与社会资本（人际互动、社团参与、人际信任及生活满意）的关系。结果显示，信息检索动机对社会资本中的四个方面都无显著的正向影响；人际互动动机在人际交往、社团参与和生活满意3个社会资本维度上都具有显著积极作用，但在普遍信任上不具有显著作用。娱乐消遣动机仅对"普遍信任"有负向影响（郑素侠，2008）。

黄荣贵、骆天珏和桂勇（2013）在研究互联网对社会资本的影响时发现，拥有人际沟通动机的用户扩大了其社交网络，信息搜寻动机与放松娱乐动机没有显著影响；魏晨（2012）在考察互联网使用对社会资本的效果中，基于Scheufele和其他学者的测量方法将社会资本划分为生活满意度、社会信任和社区参与三个维度，发现信息搜寻动机使部分社会资本上升，情感娱乐动机使社会资本下降。

甘春梅以微信为例，探讨了社交媒介的使用动机与具体的功能应用可能存在的关系。她通过访谈法和焦点小组法来确定微信使用的动机因素及用户对微信功能的使用。微信的使用动机主要有 7 种，分别为娱乐动机、打发时间的动机、社交互动的动机、信息检索的动机、信息共享的动机、自我表达动机、跟随潮流动机（甘春梅，2017）。

许丹红运用中国 2010 年居民家庭动态追踪调查（CFPS）和中国各省份当年年度的统计资料，研究了网络在个人层面上的不同使用动机对个体社会资本的影响。研究结果表明：在线交往、工作学习和娱乐消遣因素皆显著影响个体网络的社会资本。其中，互联网的社交使用更能增加社会资本；而网络邻近性和外部性越强，互联网社交使用提升网络社会资本的作用就越强。在线交往因素对个体网络社会资本影响最明显，且其非标准化回归系数已达0.215（许丹红，2016）。

网络社交类产品的日益丰富带来了网络人际信任关系的复杂化和多样化。通过对 235 名大学生的社交媒体使用动机及网络人际信任程度进行测量，申帅芝和王学军发现，大学生的媒体使用动机与网络人际信任有显著的相关性，其中人际交流及信息搜索动机对网络人际信任有显著正向影响，而娱乐消遣动机对网络人际信任度没有显著影响（申帅芝、王学军，2018）。徐洁以青年作为被试样本，考察社交网络使用的两种主要动机——社交网络信息性使用动机和社交性使用动机。在对个体线上线下参与行为的作用的研究中，发现社交网络使用动机与参与行为存在间接相关，且社会资本具有显著的中介效果。社会媒体的信息性使用动机会经由增进桥接型的社会资本来正向影响线上公民参与，同理，社交性使用动机也会通过增进黏结型的社会资本而正向影响线上线下公民参与（徐洁，2018）。

杨萌萌指出，社交媒体为用户营造出了一个虚拟的沟通渠道，用户通过这一平台独立进行互动、信息生产与共享，与此同时，他们还将在虚拟世界内构建起自身的社会网络并聚积起有需要的社会资源——在线社会资本。微信作为新兴的社交媒体，以其独特的优势吸引着越来越多人的关注。因为，其研究选取以微信为代表的移动端社交媒体来作为研究对象。微信具有强关系的特点，是构建网络桥接型社会转型过程中不可或缺的一部分。这位学者以农民群体为对象，通过对其使用社交媒体的行为特征进行分析，探讨他们在社交媒体上获取信息的方式及影响因素，并进一步将社交媒体中的动机区别为信息寻求、人际交往、消遣享乐 3 种类型。研究结果表明：同时基于信息搜寻动机和放松娱乐动机来使用社交媒体的农民群体较容易获得桥接型社会资本，说明农民群体更易接触到新的社会关系，例如微博提问、评论抖音视频内容等行为都有可能为农民群体扩充新的社会关系。此外，信息搜寻和放松娱乐都能为农民群体提供话题谈资，让他们在结交新朋友时更加顺利。同时，人际交流动机则与农民群体个人桥接型社会资本无明显关系，这说明大部分农民群体仍将社交媒体看作维系既有黏结型社会资本的工具，而不擅长通过社交媒体获取新社会关系（杨萌萌，2020）。

在以往的相关研究中，有部分学者对人们使用网络的行为动机作出了解释。例如，美国学者 C. Lin（1999）总结了三种网络使用动机，即娱乐、监测环境及逃避现实。Papacharissi 与 Rubin（2000）探讨发现，学生群体在网络使用动机上呈现出一种以网络人际交往功能为主的实用化动机倾向，这一功能在各种具体网络应用上成为唯一一致的动机。我国学者也基于中国社交媒体使用，把社交媒体使用的动机概括为获取信息和舆论的动机、参与电子商务的动机、处理问题的动机及非目的性的动机。近年来，社会化共享已经成为社交网络使用者每天进行的一项重要的资讯行为。盛东方（2020）基于对用户的社会化分享行为的理解，分析出用户进行社会化分享的 6 类主要动机：形象管理、娱乐从众、利他主义、录制存储动机、情感表达动机、集体主义动机（盛东方，2020）。

另外，许丹红（2016）通过对社交网络使用动机和网络用户相关社会资本方面的研究，从个体层次探究了网络不同具体使用动机对社会资本的影响。结果显示，使用者对社会交往动机、工作学习动机、娱乐动机都可以正面预测个人的社会资本。其中社交动机的影响最强，同时也验证了地区经济发展和互联网发展能够增强社会媒体社交使用，从而提升网络社会资本的积累。然而，李强等（2020）在大学生社交媒体多任务使用的研究中得出，虽然非学术目的使用动机能够促使大学生积累网络社会资本，扩展虚拟人际关系网络，但出于学习或娱乐目的的社交媒体多任务使用则对大学生的学习成绩存在负面影响，可能导致其学习成绩的下降和对现实世界的忽略，从而不利于其现实社会资本的积累（李强、高彦，2020）。Ng 等人（2018）对 32 名在校大学生对微信朋友圈的使用进行了调查探究。他们从获取行为动机（资讯层面和交往层面）、发布动机和交互行为动机三个角度来探讨社交媒介对大学生这一年轻群体的作用。结果表明，尽管大学生对网络媒介的运用存在着一定的厌倦心态，但由于其多种使用动机，使得其对社会媒介的依赖性呈现出一种自相矛盾的状态。

综合前人的研究，本研究提出如下假设。

H3：社交媒体信息性使用动机对社会连接（a）、社会信任（b）、生活满意（c）有显著的正向作用。

H4：社交媒体娱乐性使用动机对社会连接（a）、社会信任（b）、生活满意（c）有显著的正向作用。

H5：社交媒体社会性使用动机对社会连接（a）、社会信任（b）、生活满意（c）有显著的正向作用。

H6：社交媒体自我披露型使用动机对社会连接（a）、社会信任（b）、生活满意（c）有显著的正向作用。

3.1.2　社交媒体的使用与公民参与

社交媒体和公民参与的关系可划分为影响公民线上参与和影响公民线下参与。美国学者 Katz 等人在 1995 年至 1997 年做了全美首次全国性大规模纵贯研究电话调查，并在 2000 年电话回访受访者。该调查旨在调查互联网使用如何影响社会资本。Katz 等人研究认为互联网的运用激发了民众政治的参与热情，而且频繁运用互联网的人在虚拟环境中的互动和现实世界中一样积极（J. E. Katz，Rice，& Aspden，2001）。赵欣欣通过定量与定性相结合的方法研究了大学生在社交媒体上的线上公民参与，通过分析得出大学生在微信使用强度与线上公民参与呈正相关。也就是说，微信使用越频繁，线上公民参与可能性越高（赵欣欣，2017）。

随着蓬勃的移动交互时代的出现，很多网民的网上行为已经被打上了"公民参与"的烙印，他们对社会问题和国家治理问题的关注、表达、讨论、动员和行动的参与，对公众生活及国家与社会之间的关系都具有深刻的意义（徐洁，2018）。公民参与类型也存在线上线下之分（Oser，et al.，2013）。Sloam 的研究表明，互联网提供了许多线下公民参与的在线渠道，包括参与意见表达及网上请愿，进一步把内容制作权交给用户使用的社交媒体，使这一效应得到进一步拓展。社交媒体可成为一种信息渠道，向个体提供所需要的知识（Sloam，2014），也可作为一个互动平台，给公民间对话交流带来一种新方式。此外，社交媒体还衍生出了点赞和转发等新的观点表达手段，为个体在日常生活中参与到公共事务提供了极大的便利（Thorson，2014）。

使用社交媒体技术可以扩大市民参与政治问题的机会。由于技术民主化，公民可以通过邮件交换链接，在社交网站上参加问题，向微博投稿信息和意见，或者在论坛上参加有关问题的讨论。政府还可以通过在线投票、电子邮件咨询、在线特别论坛、官方特邀嘉宾网站和网民的对话来扩大参与能力，提高市民参与的可能性。另外使用社交媒体可以提高公民的参与欲望，在社交媒体上的表现是匿名平等的，支持和反对的声音在虚拟空间中相互竞争，最终凸显了主流的价值取向。不管是地位高的人还是普通人，在网络世界里所有人都有同样的分量。不能把自己的意见强加给别人。另外，也没有必要接受别人的意见并服从（马小娟，2011）。

近年来，随着信息技术的不断发展和网络社会的崛起，中国已经进入社交媒体时代，社交媒体发展和普及使人与人之间的沟通发生变化。社交媒体同时具有内容生产、信息获取与意见表达等功能，传统媒介中信息发布方和获取方之间的不平等地位被打破（张慧敏，2020）。它还对公民参与进行线上赋权，提高了公民参与的深度和广度。Martin 等学者对大学生社交网络行为进行研究，归纳出大学生网络政治热情越高，其政治参与概率就越大（Martin，2008）。Eugene Brusilovskiy 等人的实证研究说明研究对象使用社会媒体的频度、力度与时间越大，其公共参与程度越高，由此推断社会媒体加大使用量与公民参与度之间存在正相关（Brusilovskiy, et al.，2016）。本研究的主题是探讨社交媒体的使用与青少年公民参与的关系，以期能够有针对性地提出一些建议，并通过社交媒体的使用促进青少年公民参与。

受社交媒体冲击，公共参与方式便捷快速，民众可以随时随地通过网络媒体表达意见并与每个人实时沟通。通过社交媒体，公民可以花费更低的成本，更加方便快捷地获取时事资讯与社会热点，这降低了人们获取公共信息的成本。Valenzuela、Park 和 Kee 的研究表明，公民对脸书的使用行为可以预测传统的政治参与，但不能预测网络参与。社交媒体能够减少公民参与的限制，例如效率和成本，这是动员背后的重要机制。使用新媒体与公民参与动员效能之间具有中介因素，即一般互惠关系、一般信任与投入（Valenzuela, et al.，2009）。社交媒体上对于某个政治议题的讨论主要是从水平和垂直传播的角度进行。社交媒体为公民有效参与政治提供了信息条件，使公民可以更加便捷地获取信息（马小娟，2011）。公民可以在社交媒体上自主撰写和分享信息，并实时进行评论，自愿提供信息和意见并传播。何煜雪在对中国国内青年公民的网络政治参与的研究中提出青年对现实的满意度低、青年的经济基础薄弱和媒介环境的泛娱乐化导致青年身份认同感的缺失是青年网络公民参与程度不高的原因，从而提出要通过对青年进行经济赋权等方式提高青年的网络政治参与度（何煜雪，2018）。同时，社交媒体也降低了信息生产的门槛，拓宽了公众与政府的沟通渠道，公民不需要为了表达某种愿望而专程去会见某个部门的某个工作人员。社交媒体使人们可以突破时间和空间的限制进行交流，极大改善了沟通的效果。

社交媒体改变了以往政治传播的单一路径，拓宽了公民参与的渠道，其技术的普及推广了中国的公共话语，为公民提供了宣传政治观点的新机会（杨宗原、蔡玉婷、吴江秋，2019）。在互联网信息时代，公民的意见在网上形成了一个横向的交互，通过在网络上发声，公民的参与力量也越来越完整。这将对现实的政治生活造成巨大的冲击，并逐步增强中国人在互联网上的积极参与。社交媒体在动员公民参与方面起着重要作用。社交媒体的发展，一方面改变了公民的社会联系和交往形态，另一方面也影响了公民参与的方式与程度。Mansell认为新媒体对普通公民赋权，这提升了公民的认知能力和媒介素养，提高了公民公开讨论和共享信息的积极性。线上的公民参与，在一定程度上会影响线下的公民参与，并为集体行为提供工具和舞台（Mansell，2002）。

在信息通信技术水平较低的时期，政策信息以垂直传播的下行链条传播给群众，往往缓慢而又有限。公民参与的途径也很受限，他们主要是以代议制的形式自下而上地表达意见，然后通过自上而下的逐级指示得到回应（马小娟，2011）。社交媒体为公民参与提供了更多的政治空间。Skoric等学者指出，社交媒体在公共参与中呈现高度去中心化的特点，公共话语不受严格的管制。社交媒体加强了对青年群体的塑造运动，使其更充分地照顾到青年的需求和文化（Skoric, et al.，2013）。公民自愿主义理论是在《声音和平等：美国政治中的公民自由意志》一书提出的，它解释了1995年美国公民参与度较低的原因：一是时间、公民技能和其他资源匮乏，也就是"无法参与"；二是政治效能感和其他干预心理欠缺，也就是"不愿参与"；三是动员网络不健全，也就是"无人使其参与"（Verba, et al.，1995）。

高蕾以中国大学生为研究对象，引入Verba"公民自愿主义"模型。她在研究中发现，社交媒体时代，在利用微博、微信朋友圈等社交媒体的网络公民参与中，公民自愿主义模式仍具有适用性，资源、介入心理和动员网络都与网络公民参与有正相关关系（高蕾，2015）。Kim等人对社交媒体怎样影响个人在线政治参与展开了研究。他们的研究表明，社交媒体是表达个体政治诉求的媒介。社交媒体具有传播民主信息、传递民意和监督政府等功能，在构建现代公共治理体系中发挥着重要作用。即便是社交媒体的飞速发展也是有瑕疵的，比如地点、年龄等方面存在限制性（Y. Kim & Chen，2016）。与传统媒体相比较，社交媒体更注重交流及参与者之间的互动与沟通，信息传播更为积极。社交网络的井喷式发展造成了全球性的交际与互动现象。随着社交媒体数量的增加、参与用户数的扩充，社交媒体日益从结识知己的平台转化为公民参与的工具（Rania，2017）。

社交媒体平台的政治传播功能日益突出，社交媒体成为大多数公民关注社会或获取政治信息的重要途径。社交媒体平台信息的多样性和及时性极大地方便了公众对政治信息的获取，使公众能够更好地了解最新的政治事件，掌握事态发展。从媒介的启动效应来看，人在使用媒介时会自主产生与之相对应的思想与行为，从而甚至在被动无目的地接触媒介时也可能出现相关效应。诚如格拉柏所言："尽管兴趣不足，在浩如烟海的资料中，人仍然可以记住许多故事。"只要有了接触，就会激发学习的能力，这与政治宣传中的资讯沟通—政治介入程度这一维度相似（冯强，2011）。韦路、赵璐（2014）探索了微博平台的知识生产与公共参与之间的关系，研究表明，相较于知识获取，知识生产能更好地预测公共参与，而且直接知识生产的作用更为显著。在知识生产方面，生产事实和观念知识在公共参与中的作用要大于纯事实知识或观念知识。同时，生产积极中立观念知识的作用要大于非事实知识，这也与公共参与行为呈正相关（韦路、赵璐，2014）。

从行为参与维度来看，学术界已经通过大量实证研究验证了在社交媒体中进行新闻获取行为对公众参与社会事务具有正向作用（Boulianne，2016）。香港中文大学的传播学者陈志敏（Chen，Chan，& Lee，2016）及其研究团队通过比较中国大陆、香港和台湾大学生群体社交媒体利用与其政治参与状况，并得出结论：社交媒体新闻获得行为可以正向预测公民政治表达。王润通过对中国社会状况综合调查（CSS）数据的实证分析得出网络信息搜寻与互联网社交活动和线上公民参与都呈正相关，网络信息搜寻还对线下公民参与有积极影响，而网络娱乐消遣活动不会对线上和线下公民参与有影响，从而验证了互联网的使用促进公民参与的观点（王润，2017）。徐竺蕾在第四次国际学生公民教育的调查中分析了国家学生公民教育的趋势，她通过对ICCS2016的数据分析得出"通过互动手段（如通过聊天软件或留言板）等社交媒体传达关于政治和社会问题的信息比传统媒体的单向交流更有可能促进公民参与"的结论（徐竺蕾，2018）。曹钺和陈彦蓉在对 2014 年中国台湾社会运动的研究中说道，前人对社交媒体和社会运动的探讨具有典型的"技术赋权"特征。社交媒体似乎获得了神奇的力量，让被动群众变成了自主公民、愚昧民众变成了资讯个体、政治冷漠者变成了主动政治行动力量（曹钺、陈彦蓉，2020）。"

社交媒体在网络空间搭建了一个充分沟通的渠道，以社交媒体为基础的文本开放性，使得公民可以自主提出观点、评论，并通过陈述自己的理由来让他人接受自己的观点。不同观点意见在社交媒体平台交融，公民可以接收到不同的声音，从而更加全面客观地认识某一事件，这使得公民参与朝着更加理性和公平的方向发展。要成为积极参与国家治理进程的公民，年轻人需要具备"政治素养"，至少包括对政府作用和决策过程的基本理解，以及对自己作为公民的权利和义务的认识，熟悉当前的政治问题（Sloam，2014）。Mohammed Nasser Al-Suqri 等人在对阿曼苏丹国使用社交媒体提高青年政治素养的一项研究中提出社交媒体是年轻人交流的新方式，为政府在促进年轻人的政治素养和参与方面提供了巨大的潜力（Al-Suqri，AlKindi，& Al-Kindi，2017）。Yudha Pradana 以印度尼西亚社交媒体对培养学生政治素养的影响为背景进行研究时指出采用定量和描述的方法，使用 Rank Spearman Order 分析数据后得出"学生政治素养的发展 54.79% 受到社交媒体的影响"的结论（Pradana，2017）。李嫛提出，新媒体语境下大学生有较高的政治认知度，较强的政治信息获取能力和分辨能力，也有较强的政治参与意识，同时新媒体语境下大学生的政治信念也较为坚定（李嫛，2017）。章玢玥在一项对新媒体背景下大学生网络参与现状的研究中提出互联网的使用促进了大学生的政治社会化，通过网络大学生可以进行政治实践，获得政治知识，履行大学生作为公民的权利和义务，同时还能通过对一些政治社会现象的分析和网络互动讨论提升自己的政治参与技能，这些都提高了大学生网络政治参与的意识和素养（章玢玥，2019）。

胡小媛和张子振在对移动互联网时代"00 后"大学生政治素养培育路径考察中指出移动互联网拓宽了青年大学生的政治认知度，移动智能媒体在拓展政治认知渠道、增强政治意识的同时，还可以塑造其政治个性，激发其政治表现（胡小媛、张子振，2021）。李明德和李萌在探讨网络民主参与的伦理价值时提出网络民主参与能够有效地提升网民的政治涵养和道德觉悟，有观点和建议的网民会通过网络平台进行信息沟通，同时他们也将收到相应反馈。在这样一个互动过程中，他们能够加强对现实政治的理解，提高网民的政治理论水平和政治参与素养。公众通过社交媒体平台获取大量相关政治信息，能增加民众对政治的认知，促进民众和政府间的政治沟通，提高公众的政治素养和公民参与意识，增强公民参与的政治效能（李明德、李萌，2021）。

社会媒介的隐私性和公平性，在某种程度上可以降低人们在实际生活中的参与感，从而增强民众的民主意识和参与积极性。潘忠党（2012）在全国31省区市抽样调查数据，通过分析发现，网民的公民参与程度（知识水平、意见表达频率和社会参与程度）比非网民更高。曹钺和陈彦蓉在对2014年中国台湾社会运动青年学生群体的行为研究中发现，无论是线上还是线下青年学生的社交媒体接触，都对他们的社会运动参与有着显著的、不可被抵消的动员效应（曹钺、陈彦蓉，2020）。郭瑾收集了全国12所高校大学生的问卷数据，把社交媒体使用频率和社交媒体使用规模作为两个自变量进行考察，发现大学生使用微博的频次越高，他们参与搜索、转发、撰写公共事务评论的可能性就越大，而微博使用规模的大小也会影响大学生的线上公共参与活动，但基本不影响他们线下公共活动的参与，如示威游行（郭瑾，2015）。

赵欣欣在对微信上大学生公民参与的现状的研究中，运用问卷数据分析所建立的结构方程式模型，并结合深度访谈的方法研究得出，大学生微信使用强度与线上公民参与呈正相关，且微信使用越频繁，大学生线上公民参与的可能性越高（赵欣欣，2017）。卢家银（2018）对中国9所高校1471份问卷数据进行分析后发现：中国大学生社交媒体的使用频度和政治参与水平均较高。社会智能交互平台的出现，让公民与政府的沟通变得尤为顺畅，公民能够对政府进行监督，从而建立了公民与政府的双向互动桥梁，提高了公民对政府的信任水平，使得公民觉得自身对公共事务更加具有参与感和发言权，激发了公民身份的认同感和成就感，公民参与意识和社会责任感也随之提升。Valenzuela等人在对美国大学生在脸书上的使用行为进行研究时发现，脸书用户的使用频率与其生活满意度、社会信任、公众参与程度呈显著的正相关（Valenzuela, Park, & Kee, 2009）。Gil等学者验证了利用社交媒体获取信息的动机对公民参与和政治参与具有正向影响（Gil, Jung&Valenzuela, 2012）。Cheng等（2014）通过对移动终端社会媒介的使用和公民参与的分析发现，手机终端社会媒介的使用能促进公民参与。基于移动端的信息传播对于参与社会事务具有重要意义（Cheng, Liang, & Leung, 2015）。Michaer Xenos等通

我国青少年的社交媒体使用和公民参与研究

过对美国、英国和澳大利亚 3 个国家青年抽样问卷调查数据的分析发现，社交媒体的使用对青年政治参与水平具有显著正向影响。它在促进弱势青年政治参与的同时，也具有均衡不同社会经济地位青年群体参与不平等的潜力（Michael Xenos，Ariadne Vromen，& Brian D Loader，2014）。

基于以上分析提出下列假设。

H7：社交媒体使用习惯对于线上公民参与（a）和线下公民参与（b）具有显著的正向影响。

H8：社交媒体使用偏好对于线上公民参与（a）和线下公民参与（b）具有显著的正向影响。

H9：社交媒体信息性使用动机对于线上公民参与（a）和线下公民参与（b）具有显著的正向影响。

H10：社交媒体娱乐性使用动机对于线上公民参与（a）和线下公民参与（b）具有显著的正向影响。

H11：社交媒体社会性使用动机对于线上公民参与（a）和线下公民参与（b）具有显著的正向影响。

H12：社交媒体自我披露性使用动机对于线上公民参与（a）和线下公民参与（b）具有显著的正向影响。

3.1.3 社会资本与公民参与

Goss（2010）将公民参与定义为"通过政治或非政治过程的工作方式，通过提高社区生活质量来改变社区"（Goss，2010）。换句话说，它是个人或集体努力解决社会问题的行为。在互联网络广泛使用、社交媒体不断涌现的背景下，中国公民参与的现状发生了很大改变。互联网技术为我国公民社会组织的发展提供了广阔空间，但也给传统政治文化带来冲击。随着互联网络的广泛应用和社交媒体的出现，我国公民参与状况发生了巨大变化。在新媒体环境下，青少年群体成为社交媒体使用的主力军，他们以前所未有的速度参与社会治理，例如在线参与政治观点表达（许芳，2016），通过网络参与全国的政治和社会事务（王玉梅，2018），以及在线参与政府意见征集（王瑾，2019）等，均取得了很多令人满意的结果。

社会资本和公民政治参与的关系历来是学术界关注的焦点，许多学者都认为，社会资本的累积将极大地促进公民的政治参与，促进基层民主的发展与进步。同时，在提高公民参与的积极性同时社会资本的存量也会增加。公民参与水平越高，参与绩效越高（涂晓芳、汪双凤，2008）。在早些年，国外也有很多相关研究考察了组织或社会环境中的社会资本对公民参与行为的促进作用（Dekker & Uslaner，2003；Fukuyama，2001；Hyman，2002），但由于当时互联网技术尚未成熟，且普及率相对较低，学界并未深入探究在社交媒体背景下的相关关系，例如在脸书、抖音国际版等社交网络社区中，社交资本对公民参与的重要贡献。社交媒体环境与组织社区环境明显不同，因为在社交媒体的背景下，成员之间的互动是通过在线交流进行的（Macnamara & Zerfass，2012）。一些学者认为通信技术和互联网会加强人与人之间的联系，这种可以跨越时间地点的交互有助于产生和加强社会资本和公共参与（M.-h. Huang, et al., 2017；Landstedt, et al., 2016）。近期，在一项新的研究中，Kim 等基于先前发表的研究评论文章进行研究，得出社会资本和公民参与之间存在着很强的关联（Y.Kim & Kim, 2022）。这种强烈的关联关系往往被解释为一种因果关系，即因为社会资本以各种形式和方式存在并且积累，从而导致了社会公民参与这个结果（王学锋，2016）。根据社会资本理论和以往的研究，社会互动关系、信任、共同语言和愿景等因素似乎对公民参与行为有重大影响（Chiu, et al., 2006）。因此本研究认为，作为一种理论，社会资本可以影响公民参与，从而影响社会问题的解决。以下，我们将从结构、关系、认知三个维度对当前的社会资本与公民的关系进行分类和研究。

（一）社会资本的结构维度——社会联系对于公民参与的关系

社会资本的第一个因素是结构因素，即社会互动联系。Best 和 Krueger 认为社会互动关系是信息和资源流动的前提（Best & Krueger, 2006），同时在新媒体时代，互动关系也越来越成为促进和提高公共关系质量的关注焦点（强安妮、陶鑫，2021）。社交媒体中的成员之间的社交互动关系，允许个人以一种更经济高效的方式接触和获得更广泛的资源（Kaplan & Haenlein, 2010）。因此，有学者指出，网络联系通过影响双方的交流结合来影响社交资本，社会互动越多，交流的信息等资源的强度、频率、广度或数量就越大，这加强了社交资本（Zhang, et al., 2017）。另外，社会互动联系提供了整合和交换信息的机会，使个人有机会参与一些事务性活动（Warren, et al., 2015）。关于信息传播的研究为社会互动关系对在线公民参与行为的影响提供了实证支持，特别是对内容贡献的影响（Warren, et al., 2015）。同样，社交媒体中大量的公民参与研究也暗示了社会互动关系在线上和线下公民参与中的重要性（Ferrucci, et al., 2020; Gibson & McAllister, 2013）。Gil de Zúñiga 和 Valenzuela 对社区参与与社交媒体使用进行研究，验证了社会互动关系对公民在线参与具有促进作用的可能性（Gil de Zúñiga & Valenzuela, 2011）。社会互动关系加强了人际组织关系，促进线下公民参与（de Zúñiga, et al., 2017）或个人在社交媒体上进行社会治理参与（Cheng, et al., 2015）。

在国内关于社交互动和公民参与的研究中，王绍光指出我国自古以来人民的政治参与都受到了一定程度的社会组织的影响。在古代的传统风气和社会文化的背景下，当时的封建社会结构使得百姓没有政治参与的机会；民国时期，随着社会结构的不断发展，群众的参与意识也随之增强，社会资本结构中形成人际关系的趋势、强度和整个社会的人际互动关系网络都得到了进一步发展（王绍光，2008）。个人层面上，这种社会资本的结构主要是社会联系方面，描述了一种人际关系互动的网络（梁波，2002）。交往和互动是人们在与他人（配偶、父母或伙伴）的互动中获得社交体验和参加社会活动的一种社会特性（胡玉鸿，2008）。张必春、何凡等人的调查显示，社交活动对社区居民的政治参与有一定的影响，并且会提高居民政治参与率，研究认为社会资本结构的这种社会互动关系对线下公民参与的影响主要表现在偏好互动和期望互动上（张必春、何凡，2017）。李涛认为偏好互动和期望互动这两种内生式的和情景式的互动都可能影响居民公众的线下政治参与（李涛，2006）。对于线上的网络公民参与而言，社会资本间的社会联系也在很多方面影响着网络公民参与。张慧琴认为，"公民参与网络"里的社会资本对于整个社会关系网络中的成员间合作共享具有很重要的作用（张慧琴，2013），普特南相信，社交网络是由个体与个体之间的关系网构成，这种关系网络是社会资本的存在载体。在这个关系网络当中，每个社会关系个体都拥有着各自独特的丰富社会资源，他们在社会中互相合作和沟通，进行资源共享和竞争合作，共同构成了公民参与网络当中的社会资本。同时，社会交往不但可以通过对公民的政治参与认识来推动其政治参与，还可以通过对其政治偏好的影响来提升其政治参与度（张必春、何凡，2017）。对于青少年群体，在青少年参与社区治理活动这个场景下，社会互动这种人与人之间的相互依赖关系有效地促进和营造了和谐共享的社区氛围，也为后续的青少年公民参与活动打下了坚实的基础（万志彬，2021）。

（二）社会资本的关系层面——社会信任与公民参与的联系

公民参与通常需要一系列不同的资源，特别是来自陌生人的资源。由于这种公民参与通常需要个人与他们不认识的人互动，因此这种公民努力可能是由信任推动的（Uslaner, 2004）。Francis Fukuyama 提出"信任半径"的定义，它是社会资本的关键构成元素。Francis Fukuyama 相信，信任半径愈大，范围愈广，愈能产生正面、正面的外在影响，愈有利于社群间的团结；当信任半径变得更小，并且只限于一个组织的成员，那么它的负面的外部影响就会更大。社会团体之间就会容易产生矛盾冲突（Fukuyama, 2001），社会资本当中以信任为基础建立的互惠规范就是解决公地悲剧这类问题的方法，基于信任的对等准则能够有效地遏制私人自私，保障社会共同利益的最大化（吕永红、马丽，2021）。随着网络的普及和新时代互联网的发展，互联网科技的不断渗透使得公民参与的内在核心和外在形式都正在发生着不同程度的变化。Putnam、Ostrom 等人相信，社会资本中存在的信任水平是促进群众志愿参与活动的关键要素，而正规化的网络社会对建立社会间的互信水平具有正面影响，而且这样的准则认识和行动有利于提升公民的主动参与意识。人们通过社会网络建立社会化和互惠的关系与人际信任，并使公民能够在追求共同目标的过程中进行线上和线下的参与（Wollebæk, et al., 2012）。Warren 等人认为，社会资本的个体层面，如人际信任可能会导致公民参与（Warren, et al., 2015）。此外，在 Van Ingen 和 Bekkers 的研究模型中，信任是一个显著的结构，它试图解释使用脸书积累社交资本与在线公民参与的联系（Van Ingen & Bekkers, 2015）。同样的，人们相互信任能够减少参与的不确定性并影响在线参与行为（Warren, et al., 2014）。

在社会信任方面，国内大量研究和实证证明，信任社会资本对于线上和线下的公民参与都有不同程度的影响（黄少华、郝强，2016）。线下公民参与方面，胡荣（2006）在对厦门乡镇和福建寿宁两地的实地线下问卷调查考察后发现，在不同的社会资本因素中，社区信任度对当地村民的政治参与作用不明显。然而，他又在对厦门城镇居民的问卷考察中得出结论：社会资本的信任因子包括特殊性因子、普遍性因子和一般性因子，它们可以促进城市居民的政治参与（胡荣，2008）。农村基层的政治参与也是一样。孙昕等对全国具有代表性的大样本调查的数据进行分析，其研究结果显示，这种信任的形式对基层村民的参与具有显著的积极作用（孙昕、徐志刚、陶然、苏福兵，2007）。何怡（2018）通过实证调研发现，社会资本影响居民的政治参与水平，社会资本中的信任程度、互惠规范和社会网络对于公民参与的意识和行为都存在着一定程度的影响。单晓蓉（2016）通过研究发现，社会信任资本对于线下公民的政治参与、经济参与、社会参与、文体参与都存在不同程度的正相关关系。陈丽霞、颜婷（2008）提出，社区社会资本的建构和个体公民的参与性有关。潘柄涛（2009）等人的研究发现，社会资本会正向影响居民参与。郑锋等人将社区社会资本聚焦于特定社区，进一步验证了社区社会资本在居民参与过程中的积极作用（梁明珠，2014；郑锋，2012）。在公民参与中，社会资本中的信任更像是一种黏合助推器，使原本联系相对不太紧密的个体建立起合作共赢的关系，在加强了社会凝聚力和向心力的同时，将人们从缺乏群体责任感的个人利己主义者转变为资源共享、富有社会责任感和担当的社会个体（蔡新燕，2008）。

（三）社会资本的认知维度——生活满意对于公民参与的关系

社会资本的第三个重要因素是认知因素，即生活满意程度。单纯从生活满意概念来看，生活满意程度和其他有关生活质量的指标反映了对周围环境的一般性评估，这种评估存在积极和消极的可能（Scheufele & Shah，2000）。总体上来讲，学者把生活满意等同于个人的主观感知幸福和个人满意度，而主观感知幸福则是对自己的生命品质的认知维度的总体评价。从这个角度来看，真正的快乐与真实发生的情况无关，而在于人们对所发生的事的感知情感和对其认知的处理（E. Diener，et al.，1985）。现有的研究强调，个人的生活满意度部分取决于他们的社会关系（Kahneman & Krueger，2013）。亲朋好友对于幸福指数的评级（Leary & Kowalski，1990），擅长于社交和外向开朗的人格（Francis，1999），频繁的具有积极影响的人际交流（Diener，et al.，1991）和家庭成员的幸福感（Clore，et al.，2001）都与高生活满意度和幸福感有关。

随着研究的逐渐深入，研究学者越来越觉得生活满意这种以往偏向于个人情感感官的体验与社会资本之间可能存在积极的影响和关联关系。甚至生活满意可以被视作一种社会资本的认知维度，以构建社会资本这个完整的框架体系。邹彤等学者通过研究发现，社会资本对于生活满意程度具有显著的积极影响；这种影响是一种类似双向的正向和负向影响介导的，即社会资本通过其积极促进的一面来提升生活满意程度，同时通过抑制消极负面的影响来增强生活满意程度（Zou，et al.，2018）。这种显著的社会资本与生活满意的影响还体现在公民日常生活环境当中，Maass 等学者在社区社会资本中发现，社区社会资本与生活满意度在多种维度和多个情况下联系在一起，增强社区当中的社会资本可能是促进生活满意度的有益策略（Maass, et al., 2016）。Buijs 等学者则发现，社会资本的认知成分与生活满意度呈正相关；此外，他们还发现了一种显著的相互作用。当学生反馈高水平地感知社区社会资本时，他们生活满意度的社会梯度会趋于平缓（Buijs, et al., 2016）。

同样，社交媒体中大量的公民参与研究也暗示了社会生活满意维度在线上和线下公民参与中的重要性。对于老年人群体参与居多的线下公民参与类型，María、Soledad 等学者基于智利国家统计局数据中的家庭概率样本，通过量化研究，得出了社会资本可以影响老年人的社会参与的结论。他们的公民参与程度与自身主观幸福感和高层次水平的个体感知相关，这种幸福感体现了公民对于生活的满意程度（María, et al., 2014）。在张红霞的考察中，社区认同感能够促进社区的参与，对社区的认同感和满意度越高，人们进行社区参与程度也会愈高（张红霞，2004）。黎熙元、陈福平等人的实证分析从反面证明了社会资本在社区中的积极作用。随着人口流动和城市化程度的加深，居民对于社区内的认同认知逐渐转移到社区之外，这种生活满意的认知维度降低使得居民的社区认同和社区参与减弱（黎熙元、陈福平，2008）。对于线上的网络公民参与，如果通过在线公民参与增加积极的心理资本和生活满意度，公民就会不断地进行参与活动，公民参与文化可以由此传播到整个社会（H. K. Lee & Kwon, 2019）。刘晨光学者在考察中国香港年轻人的网络政治参与状况时发现，生活满意程度影响了网络政治参与中人们对于时政类信息的交流互动，它们之间的回归分析具有极强的显著性（刘晨光，2018）。

不管是线上还是线下的参与行为，都是主观幸福感和社会资本认知的一部分。生活满意度是人们的一种主观判断，这种主观判断是人们依据一定标准对其整个生活质量的评判，反映出了现实和美好愿景的差距（Ed Diener, et al., 1985）。高水平的生活满意程度能够显著提升民众对于周遭环境的适应力，帮助民众建立成熟稳重的人格特征（Specht, et al., 2013）。宋丽娜等学者通过在政治学范畴内，对中国城市地区的生活满意度的研究发现，生活满意度与政治参与行为之间可能存在显著相关关系（宋丽娜、西蒙·阿普尔顿、肖辉，2014）。Lorenzini 等学者通过分析主观幸福感在失业和就业青年政治参与中的作用发现，随着生活满意程度的增加，青年对于政治投票这类政治活动的参与有所提升；而随着生活的长期不满，就业青年更多地参与基于声援和发声的参与活动；失业青年则更多地因为生活满意度参与抗议活动（Lorenzini & Jasmine，2015）。同样，对于线上线下公民参与，单晓蓉认为，较为强烈的情感认同会对社会公民参与社区组织内部等事务起到一个正向的促进作用，提升他们的参与意愿和参与程度。这种正向的情感认知对于公民参与的意义不言而喻，也会对社区组织的发展产生潜移默化的正向影响（单晓蓉，2016）。

由此，基于以上的相关理论和实证研究，本研究在社会资本的认知维度、结构维度和关系维度与公民参与的关系方面提出以下研究假设。

H13：社会资本的结构维度——社会连接对于线上公民参与（a）和线下公民参与（b）具有显著的正向影响。

H14：社会资本的关系维度——社会信任对于线上公民参与（a）和线下公民参与（b）具有显著的正向影响。

H15：社会资本的认知维度——生活满意度对于线上公民参与（a）和线下公民参与（b）具有显著的正向影响。

3.1.4　研究理论模型构建

本研究基于社会资本理论、公民参与理论、"使用和满足"理论等，探讨了青少年社交媒体使用在社会资本、公民行为中的作用机理。"使用与满足"理论首先在无线电通信研究中得到发展，已广泛应用于大众通信研究领域，也用来研究社交媒体背景下的用户行为。该理论旨在确定推动个体使用特定媒体的社会和心理动机，重点关注个体为什么选择一种媒体而不是其他媒体来满足各种需求。"使用与满足"理论认为，个体积极选择媒体是为了满足内在的要求。这一理论已经在传统的媒介研究中得到了广泛的运用，包括报纸、移动电话、电视、电子邮件、即时通信和社会媒介等。

社会资本理论指出，交际创造是最好的社会资本，其中涵盖了人际交往和组织网络。社会资本最初用于与社区关系有关的研究，现已被证明是在个人和家庭之间的日常关系和互动中收集和创造的资源的最佳集合。此外，社会资本是一种可以创造价值的综合来源。社会资本不仅可以在个人之间达成共识，而且可以迫使人们实现共同目标。媒介技术的发展和社会媒介的发展给大众带来了新的机遇。社交媒体平台为公民参与公民生活提供了一个互动环境。通过使用社交媒体，人们不仅可以通过任何其他在线或传统媒体平台更轻松地与他人分享社交和政治信息，还可以自由表达对社交和政治的看法。互动交流的社会环境将鼓励公民的参与行为。随着互联网技术的发展和普及，公民参与也越来越受到学者们的关注。很多探索都在挖掘社交媒体在公民参与过程中所扮演的角色，并且都尝试着通过研究社交媒体如何促进社会资本来揭示社交媒体使用与公民参与之间的关系，从而促进公民参与。也就是说，社交网络通过社会资本的建立能够使公民合作实现共同目标，从而可能导致更多的公民参与。

在本研究中，社交媒体使用是自变量，社会资本是中介变量，而公民参与是因变量。研究探讨了社交媒体使用如何与社会资本互动，以影响人们与公民生活相关的参与性行为。更具体地说，利用具有代表性的调查数据，研究调查社会资本的不同维度，如社会连接、社会信任和生活满意度在社交媒体使用中对公民参与影响中的中介作用。在过去的十年中，社交媒体的日益普及已经彻底改变了个人的人际交往和生活。移动智能媒体提供了一个供个人免费使用的在线平台，用户可以基于此更方便地与他人互动，与亲密朋友或家人实时沟通，并传输各种实时消息。同时作为技术介导的通信环境，移动社交媒体为个人提供各种娱乐机会，如观看奇妙的电影、享受在线音乐、玩网络游戏，以及浏览最新的热门新闻等。由于社交媒体具备允许个人与朋友沟通和相互互动、满足信息需求及交换用户创建的内容等独特多样的功能，这些新兴的移动技术近年来在年轻一代中得到了极大普及。在青少年使用社交媒体的过程中，这些媒介使用习惯、使用偏好和使用动机的产生促进了青少年的社会资本的积累。社会资本的积累推进了它们的线上和线下的公民参与活动。基于上述理论框架，本研究对社交媒体的使用和社交媒体、公民参与的理论关系提出假设，并进一步探究了作为社会资本的三个维度在前述理论关系中的中介效应。根据已有的研究结论，本研究提出了以下的概念研究模式，如图3.1所示。

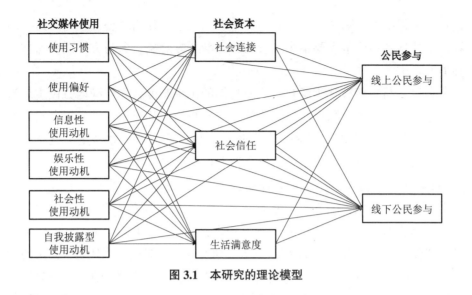

图 3.1 本研究的理论模型

3.2 概念界定

对于有关概念的澄清与界定是学术研究的重要依据，而公民参与、社会资本等基础理论则是该研究开展科学探索的重要保证，青少年群体公民参与研究离不开相关概念的确定与有关理论的透彻分析。为此，研究重点对公民参与、社会资本的相关概念进行了辨析，并对其理论基础进行必要的说明。同时，对以往研究的经验进行总结，为后续变量的数据分析提供必要的科学依据。这种辨析和理论基础的说明有助于确立研究的框架和方法，以更深入地理解社交媒体对公民参与的影响机制。

3.2.1 公民参与：线上参与和线下参与

公民参与在社会的民主政治发展进程中占据十分重要的地位，是现代民主发展的核心要素。而在国内，由于我国国情、制度等特殊原因，有关公民参与的研究起步较晚，但也已经取得了一定的研究成果。然而，由于不同的文化背景和不同的经济条件，各国的社会、政治环境各异，他们的公民参与状况也不尽相同。各国公民参与无论是在参与研究的范围、实践内容、参与特点上，还是在参与方式与路径上都有自己的特色，所以中西方研究者对公民参与界定各有偏重。不同版本的工具书对公民参与概念的界定不尽相同，这在一定程度上影响了对公民参与的理解。关于"什么是公民参与"这一问题，中外学者的论争主要集中在参与方、参与方对象、参与方性质和参与方种类上。

公民参与一般被认为源自古希腊初期的民主制度，并伴随西方民主政治的演进而不断进步。源自西方国家的公民参与历经几个世纪的发展，已经取得了一定的丰富成果。"公民参与"这一术语在西方有一些特定的概念和名词，包括政治参与、政治融入、公众卷入和公民参与等。政治参与（political participation）就是比较传统的直译用法之一。但随着时代发展，它逐渐向另一个方向——公民参与转变。在现代社会里，公民参与有广义、狭义之分。广义上指所有的政治行为，狭义则仅包含其中之一。Public involvement 可直译为"公民或公众的参与或涉入"，表示所有的决策必须正当地包含公民的作用。Public or citizen engagement 译作"公众的奉献或公民的贡献"，相对于以往把公民参与定义为一种被动地利用公民身份进行参与的行为——参与投票、选举代表而言，后者更多地表现了一种"积极公民资格"（active citizenship）。可见，关于公民参与存在着"政治参与""公众参与""公民卷入"等诸多译法。这些观念在不同时期、不同层次上存在差异，但它们涉及的行为和含义却各自有别。然而，它们所涉及的行为和意义大致相似，都表达了公民对政治和公共事务的参与。

国外的研究大多采用公民参与、政治参与、公众参与等概念。正如布斯等定义的：①对公共利益分配产生影响或企图影响公共利益的分配；②为影响某些地区和国家的行为或有组织的大众采取的一些行动；③一切由个体和组织共同或单独反对、支持和维护特定政府或组织的某些行为；④所有个人的自发行为，其目的是对政治制度各阶层的决定都产生直接或间接的影响。但在国外，学者们对于公民的参与这一概念的研究却没有进行深入的探讨，他们主要集中于研究的角度和内容，认为公民参与既是民主的本质，也是宪政和个体权利的不可或缺的部分。而且，很多外国学者都把公民的参与和政府的政策紧密结合起来，例如，基于公民参与的阶梯理论，公民参与度被分为 8 个等级。公民参与是一个动态概念，它随着社会和公众生活的变化而不断发展着，并在一定程度上影响了西方民主制度的进程。而在中国，随着社会主义市场经济体制的逐步建立与完善，公民参与也逐渐走向主流，成为当代社会发展不可或缺的组成部分。但是，公民参与还存在着许多不足，需要进一步改进。其中最重要的一点就是真实性问题。无论当前公民参与停留在何种水平上，我们有理由相信需要更进一步实现"真正的参与"。

我国对公民参与的定义大体如下：①公民参与是指公民以多种法律手段自觉参加政治活动的一种活动；②公民参与强调个体通过投票、组党、参加政治的某些利益组织，在规制公共政策的过程中，通过直接或间接的形式享受自我限制的行为；③公民参与是在制定、采用或实施公共政策时使用的一种策略。这一广泛的概念适用于所有参与这类活动的个人，而无论其身份是通过选举产生的政治专家还是政府部门官员，但凡他在政治体系内以任何方式参加政策实施的进程，都可被视为公民参与；④"公众参与"，强调了公民对公共策略和公众生活造成的各种影响。以上所述的公民参与虽然有不同的定义，但都强调了将公民参与看作一种政治现象。从参与渠道的角度来看，无论是通过投票、组党，还是参与政治的利益集团等途径，公民都有机会通过这些渠道对公共政策和公共生活产生影响。这强调了公民参与的范式与方式。显然，国内学者普遍将公民参与和政治参与画等号。

本书倾向于用"公民参与"来加以考察，并将公民参与界定为"一切企图影响公共政策与公众生活的活动"。国内有学者认为，在当代国家中，由于公共领域与公共领域之间的分割，公共秩序被区分为国家与社会两大层面。因此，公民参与也可以在社会和国家两大层面上进行区分。一是国家层次的公民参与，它与国家政权和政府有着紧密的联系。具体而言，公民在参与政治时，利用其政治权利，可以挑选利益代表者作为公共权力代理使者，或者通过自行竞逐公共职位，以执行公务的方式影响公共权力运行。此外，以知情权为依据，公民还可以就有关利益的法律、体制、政策发表意见，提出质询，追究责任，从而直接对国家权力进行约束。二是社会维度中所进行的公民参与，这种参与一般与政权无关，但关系社会公共事务的管理。这种参与常常在某一区域或领域中建立适合于某一区域或领域的秩序架构，并在此框架中为成员的利益需要提供解决办法。

当今的公民参与不仅应涉及国家政府的政策服务和政策制定，还应该涉及大众的文化、经济和社会层面。俞可平等学者认为，随着公民社会的持续进步，公民参与的范围相应拓展，从正式的国家领域扩大到非正式的社会领域。尤其是在新的通信技术快速发展的"数字化"时代，新媒体的普及率极大提升。网络、智能手机等技术的突飞猛进使其成为人与人之间进行沟通的重要方式，并逐步成为公民参与国家政治和社会公共事务的重要手段。在此情况下，无论是涉及主体，还是涉及领域、涉及渠道等方面，与以往相比，均有一定程度的变化。因此，与传统意义相比，我国对公民参与这一概念应当进行适度的拓展。

本研究着重强调了"公民参与"这一上位概念，这概念不仅不同于普通意义的政治参与、公众参与和公共参与，而且还指那些由具体参与场域、渠道抽象出的涉及国家政治、社会公共事务的公民权利表达系统。同时，作为一种民主形式，公民参与也不是仅仅局限于某一特定的时间和空间范围内进行的活动，而是贯穿于整个现代政治实践之中的一项重要内容。因此，它具有广泛性和开放性。在认识到公民参与具有丰富性和层次性的基础上，研究突出地展现了新媒体时代下，公民以参与行为为载体而展现出来的参与主体、参与模式，以及对公民参与意义的追求。因此，使用"公民参与"更契合作者想要表达的含义。简单地说，公民参与就是通过干预政治或社会生活来对其施加影响，从而促进公共利益的实现（Zukin et al.，2006），它不仅包括政治参与和社会参与两个行动维度，也包括信息获取和观念态度两个认知维度（Molyneux，2019）。公民参与亦称公共参与，是指公众通过一定的参与通道对政府部门公共政策与实践进行参与或施加影响（党秀云，2003）。就公民参与的途径而言，一些地方政府网站提供了多样化的选择，其中包括公众监督、百姓议论、民意征集、网上调查、实时交互分享等。从公民参与的内容来看，孙彩红学者认为，公民参与的基本类型可以分为三种：第一种是公民对政府的监督和监管，即对政府治理政治事务的监督或提出建议和诉求；第二类是向政府提出建议，关注特定区域内的政府政策或行政法规制定；第三类是对政府进行评估，通过网络投票、网络问卷等方式对政策执行情况进行评估（孙彩红，2018）。

对于一个国家的政治体制来说，公民参与的重要性不言而喻，公民参与作为中国国家治理现代化和民主行政的应有之义与必然举措，是"参与式管理"得以实现的核心要素（王建国、刘小萌，2019）。高蕾在《社交媒体网络公民参与现状及相关因素研究——以大学生使用微博、微信朋友圈为例》一文中认为公民参与侧重于参与主体，也就是说，公民参与重点体现在公民和公民之间进行表达参与，以解决问题和帮助他人（高蕾，2015）。

在全球化、网络化及理性化增强的局势下，随着公民参与要求的不断增长，现代社会公民更加倾向于选择社交媒体平台参与政治；伴随着生活节奏的不断加快，越来越多的民众选择使用方便快捷的媒体技术开展线上互动；随着公众政治参与意识的觉醒与增强，线上参与的受众人数不断增加。线上参与日益引起关注。网络参与不同于传统参与，它依托于互联网和社交媒体，具有平等性、快捷性、高效性等特点，是新兴媒介发展到一定阶段的产物，也是政府及相关政治组织进行有效管理的重要手段之一。然而，对于什么是网络参与，它与传统公众参与之间有哪些区别，以及如何开展好在线参与活动等问题都需要进一步研究。因此，对这些方面展开深入研究具有重要意义。不同学者分别从网络参与主体、客体和合法性三个视角出发，分别解释了对于网络参与这一概念的认识。

从广义上讲，公民参与对象包括政府、政党和政治团体的决策，以及国家政治权力体系中的各种活动和国家公共生活，涉及面更广，更利于针对参与问题进行研究。由于公民参与是国家公民、国家团体等群体的一种社会性行为，他们的参与会给政府的政策制定带来一定的压力，从而使公民参与到政府的决策中来。在现代民主社会的政治体系中，公民参与是公民参政议政和实现自身利益的一种重要方式。公民参与能够影响国家的公共政治生活。从某种意义上讲，它体现了公民在社会生活中所处的位置及其所扮演的重要角色，同时也反映了国家与社会之间发展关系所固有的本质属性。因此，本研究借用赵欣欣关于参与问题的阐述，认为公民参与问题主要是指在社会公共事务探讨中的参与行为，并不涉及选举等政治行为，即公民对关乎到个人生活的公共政策等作出的积极参与行为（赵欣欣，2017）。

在此基础上，本研究将公民参与分为线上和线下两部分，并将线上参与定义为公民通过计算机和网络信息通信技术，从事用于改善社区和公共集体的利益，以及与政治和社会等方面相关的讨论和行为。它不仅仅是指网络空间和公民参与的简单重构，更多考虑到如今的青少年对于社交媒体的依赖，使他们可能成为线上的参与者。线上参与包括关注与社会公共事务有关的信息；发布或转发与某项社会公共事务有关的文字、博客、微博、朋友圈等内容；发布或转发与某项社会公共事务有关的视频；发布或转发与某项社会公共事务有关的图片；对新闻网站或门户网站的新闻进行评论；就社会公共事务参与网络讨论；参与在线捐赠或筹款活动；加入某个与社会公共事务有关的团体或组织；向政府机关或校方负责人发送电子邮件，以反映社会问题。线下公民参与包括加入学生社团或民间社团（如非政府组织）；在现实生活中与朋友讨论社会问题；在现实生活中与家人讨论社会问题；参与筹款或捐赠活动；参加志愿者活动（如支教、运动会志愿者等）；就某公共事务与电台报纸或电视台联系；就某项公共事务与政府部门联系；参加与社会问题有关的专业组织或协会等公民参与行为。

3.2.2 社交媒体的使用

在人类社会传播进程中，任何新技术的出现与发展都具有重大的影响。新媒体技术的出现，不仅使我们的沟通和沟通的各个方面发生了根本性的变化，而且也改变着我们生活的其他领域。随着网络技术的发展，各种新的媒介不断出现，从边缘走向主流。这些技术变革对于受众与社会都具有十分重要的隐含意义，使人们能够以技术为手段进行超越时空的交流，很多新技术正在为人类互动开辟新的途径。新媒体不仅仅是专指某一种特定的媒介，而是一个持续更新的相对概念。这种观念在人类社会发展的过程中早已存在，与古代的岩画、甲骨、钟鼎、竹简相比，印刷媒体一度成为新兴媒体。

传播学界也曾发出过"新的媒介时代已经到来"的呼声。国内学界和业界对此也有不同看法。联合国教科文组织认为：新媒体是在互联网基础上发展起来的。网络是新媒体与旧媒体的分水岭。施拉姆认为，在第三世界国家中，新媒介是最重要的传播技术之一，它推动了传播技术的跳跃前进。新媒介不仅改变了传统的传播方式，而且还影响了人们的思维方式、生活方式及政治参与方式。在全球化浪潮席卷全球的今天，各国之间的文化交流也日益增多，国际合作日趋频繁。互联网就是这样一种新型的全球性交流平台。随着互联网和手机等传播媒介形式的快速发展，各种新媒介层出不穷。新媒介主要包括社交媒体、Web2.0技术及基于意识形态的互联网应用等，每一类在网络世界中都有其独特的功能，并通过影响人与人之间的关系来改变人们的人际关系，尤其是在虚拟网络社会中，这种交互性更强（刘济群，2016）。社交网络是线下社会互动的线上延伸，是人们生活无法取代的数字媒体工具，微信朋友圈等社交网络平台成为青少年最常用的社交媒体工具（姜永志、王超群，2021）。在本研究中关注社会化媒体这一新技术传递信息的传播媒介，其重点在于利用以数字化为基础的社交媒体，注重受众对交流与沟通的广泛传播。

社交媒体作为以Web2.0技术为基础、以意识形态为导向而开发出来的互联网应用之一，它帮助用户在虚拟网络世界中发布信息与接受信息，建立人际关系，塑造虚拟网络社会，具有交互性等特点（刘济群，2016）。

类似于社交网络使用的概念还包括社交媒体选择、社交媒体接触等，反映出个体在社交媒体使用过程中的这一行为。有学者从"使用与满足"理论出发，针对用户在社交网络利用过程中所表现出的各种行为及其所得做了大量研究工作（谢艳红，2021）。以往传统的研究对于社交网络使用的测量首先是基于使用频率和时间长度的，随后发展到使用动机和使用功能的层面。但伴随着媒介形式和内容的变革，研究者意识到，使用社交网络不意味着就接触到了特定的信息，尤其是对于功能多样、信息繁杂的社交网络来说，使用者接收到的信息千差万别，因此后续的研究又进一步细化了对特定信息社交网络使用的测量（姜启航，2021）。根据"使用与满足"理论，媒体使用行为是指在互联网社会环境中，受众通过使用某种社交媒体或社交网站满足某种需要的行为。杜虹将媒体使用行为通过使用强度、使用动机、使用偏好等指标来表示（杜虹，2010）。傅梦婷将社交媒体使用行为分为使用习惯、使用频率、使用动机、使用偏好等（傅梦婷，2021）。然而，通过文献梳理发现：国内外对于社交媒体使用的研究通常聚焦于特定的平台、领域及特定的媒介功能，并在此基础上提出不同的社交网络使用的测量指标体系，但总体上尚没有一个相对完整的框架、范式及测量评估方法。因而，各类探索很难被整合到完整的体系中。本研究期待根据大量研究对于社交媒体使用测量指标的划分，提出一个较为整合的测量框架。通过梳理，我们发现，无论是哪种社交网站或社交媒体软件的使用，其测量指标都包括：使用习惯、使用强度、使用偏好、使用动机、使用行为等。因此本研究的社交媒体使用涵括以上方面。

3.2.3 社会资本

社会资本概念的提出早期是得益于以 Loury 为代表的劳动经济学家和以 Bourdieu 等为代表的社会学家所进行的概念性研究。在早期的探讨中，更强调与人力资本、物质资本的对比，分析和研究的对象也多为个人、家庭和社区（A. Portes，2000）。同时，这些研究具有很强的功能作用性，偏重强调社会资本作为一个使用工具能够为其使用者创造一定的价值（张文宏，2003），被称作"功能主义"的社会资本。"功能主义"的社会资本，用科尔曼的定义可以理解为"社会资本可以根据其功能来定义"，其特征是由社会的各要素构成和具有生产性。法国社会学家皮埃尔是"功能主义"这一社会资本的另外一个创立者。布尔迪厄认为"资本"是具有对自己或他人进行一定程度上的控制或支配的能力，因此资本并非必须以有形资产状态存在，如若能够调节个人或社会关系，无形状态的资本也应是资本的一种。布尔迪厄把资本分成三种基本模式，即经济模式、文化和社会模式。进而，布尔迪厄将社会资本的概念引入社会学领域，并认为社会资本是用来确定群体共享财产的工具，它具有高度的自我增值作用，运用得当的情况下会提高群体生产性。布尔迪厄将社会资本界定为"与某些社会关系紧密相连的现实或潜在的资源"，而这个社会关系是每个人都熟悉的、制度化的关系。在该视角下，个体的联系网络规模和成员彼此间的资源控制量决定了个人社会资本的度量。除此之外，普特南还指出，社会组织的特性，如信任、规范和合作关系等可以提高社会效率和政府系统的运行效率。

　　随着社会网络分析视角的提出，社会资本研究逐步形成结构化思路，这一思路强调社会资本普遍存在于网络关系结构中，被称为"结构主义"社会资本。这一概念不仅能够清晰地反映出社会关系的基本特点和规律，而且对于揭示社会关系发展变化的内在机制也具有重要意义。社会资本网络结构分析在社会资本理论前沿性研究领域逐渐凸显出来，国内学者朱旭峰从结构主义角度对社会资本进行分析，认为社会资本应以网络结构界定而非以网络结构作用界定（朱旭峰，2006）。N. Lin（1999）提出社会资本与社会关系的相互渗透作用，也就是说，只有充分利用社交网络中的资源，才能获得社会资本。社会资本被认为是"一些被镶嵌在某些社会结构中，可以通过有动机性的行为取得的资源"。一时间功能主义和关系结构主义这两种对于社会资本的概念界定曾有过优劣的争论（张文宏，2003）。结构主义派学者认为功能主义网络导致在探讨网络过程中出现同义重复，即在学习社会资本在此类功能中所扮演的角色过程中出现逻辑同义重复现象。这种现象是由社会资本自身所具有的特性及它与其他类型的社会资源之间存在着不同程度的差异所致。因此，要想从本质上解决这个问题，就要把功能主义引入社会学领域。另外，从功能主义角度来看，很多网络理论对社会资本的测量不能做到口径一致，这导致社会资本理论似是而非。要对社会资本进行研究，应彻底分离社会资本结构、用途与功能三个关联概念。朱旭峰提出，社会网络的"结构"可以被人类利用，即社会资本，即便这样的网络结构具有一定的作用，但它们并不属于其自身，而是其利用之后的结果。结构主义社会资本有两个解析维度：一个层面针对网络整体结构进行分析，另一层面对于网络阶层结构进行分析（朱旭峰，2006）。

　　但是也有较多的学者尝试将这两种思维方式融合在一起，比如普特南提出社会资本以有价值关系网络为中心，以有关互惠规范为基础。与此相对应，Nahapiet 与 Ghoshal 将社会资本定义为嵌入在个人的关系网之中、可供使用的实际而又可能存在的部分资源，并且将之进一步加以分割（Nahapiet & Ghoshal，1998）。在此过程中，关系层面重视个体间的交流及社会关系自身的性质，比如尊重、互信及友谊；认知层面重视以个体间分享为基础的解释与意义系统生成的资源；结构维度重视非个体关系总体结构体制框架与配置方式，重视非个体化社会网络结构特征。在融合视角下，学者们也展开了一系列的理论与实证研究。像 Burt 的研究一样，社会资本研究也不应止步于观念的表层，而应聚焦于观念与隐喻背后的社会网络关系机制和其所产生的影响（Burt，2017）。研究人员从结构维度对社会资本进行了重新定义：社会资本是指个人或组织为满足自身需要而积累起来的各种形式资本，它包括个人与他人之间的关系、与他人交往时的态度，以及与他人互动过程中表现出来的行为方式等方面，这些都会对个人或组织的发展产生重要作用（J. Y. R. Kim, et al.，2020；Tsai & Ghoshal，1998）。根据这一思想，组织管理领域的大部分研究都建立在个人、团队和组织的社会网络基础之上。

学界认为社会资本有多种分类方法，根据个人间关系连接是否密切可将社会资本划分为"强"和"弱"社会资本，或者"原始"和"新型"社会资本；根据行为者的社交网络的封闭与开放特性来描述，社会资本可以被分为"整合型"和"跨越型"社会资本；按照社会资本的作用，它又可以被区别为"工具型""情感型"和"信息型"等。按照社交媒体的使用特点，可以划分出"整合型"和"跨越型"的社会网络，由此获得的社会资本可以分为"整合型"和"跨越型"社会资本。其中，"整合型"社会网络是指由传统亲缘、地缘、人缘等带来的闭合型社会网络，网络内流动的信息和资源趋同，该种社会网络催生出的"整合型"社会资本具有很强的闭合性、同质性，可能兼具"原始型"和"新型"双重特点。"跨越型"社会网络是指由于不同社会群体成员的流动，将原有的社会网络进行扩展，融入了异质性网络，打破了信息不对称壁垒，该种社会网络催生出的"跨越型"社会资本具有很强的开放性，能够帮助公民更快融入城市。

国内外学者在社会资本内涵、测量等方面提出了不一样的看法，所以学术界目前对社会资本尚未形成统一的概念定义。但是基本上一致认可的看法是：在线社会资本是依靠社交媒体而发展的资源，社交媒体是在线社会资本的载体。就个人来说，其社会资本的累积可以帮助个人从社交网络中获得更多的资源，比如有价值的信息、扩大个人的关系，以及组织团体的召唤。所以当个体社会资本降低的时候，社区中的社会问题就会增大，人们参与公民活动的积极性和主动性会下降，人们之间信任的桥梁也容易受到破坏。因此，关系网络、规范准则、社会参与及社会信任都被认为是社会资本的体现形式。Williams 在文中提出了"在线社会资本"的概念，他认为，随着互联网的发展和社交媒体的普及传播，应该区别在线社会资本和线下社会资本（Williams，2006）。赵雅楠认为在线社会资本并非单维构念，而是在信息的广泛传播过程中和人们在社交网络之间建立联系时形成的社会资本（赵雅楠，2020）。在此文章中研究的社会资本所指的线上社会资本，是由在线移动网络使用而形成和发展的新的社会资本。

3.3 调查问卷设计

我们用来收集数据的问卷由三个部分组成。第一部分目的是搜集被调查者的年龄、性别、教育程度、政治面貌、人均月支出等。第二部分对青少年群体社交媒体使用概况进行收集，题目涉及使用类别、好友数量、使用程度、使用场景、使用状态等。第三部分包括六个结构，包括社交媒体使用习惯、社交媒体使用偏好、社交媒体使用动机、社交资本构成、关系与认知维度及线上线下公民参与。本研究参考先前文献中经过验证的模型量表，并进行了一些小的修改以更好地适应本研究背景。

（1）问卷作答者的人口统计特征。

我们在问卷的第一部分收集受访者的基本信息，如年龄、性别、教育程度、政治面貌、人均月支出等。第二部分收集了青少年群体社交媒体使用概况，包括使用类别、好友数量、使用程度、使用场景、使用状态等。

在过去的研究中，有学者认为年龄、性别、教育程度等人口统计特征变量会影响社交媒体使用者的社会资本和公民参与情况。Ahmad、Mustafa 和 Ullah 的研究发现使用社交网络的强度、使用社交网络的持续时间和使用社交网络的动机与黏结型和桥接型社会资本的形成呈正相关（Ahmad，et al.，2016）。Choi 等人发现网络使用场景和公民线上参与呈正相关关系，即出于政治目的使用社交网络会促进公民参与的个性化和非正式形式，例如在线志愿服务、离线政治参与、参与非正式的公民组织，以及参与传统的政治组织（Choi & Kwon，2019）。一些学者认为人口统计学变量会影响公民参与，例如 Egerton 的研究发现，公民的教育程度会影响公民参与，接受高等教育的年轻人在青少年后期的社会和公民参与度高于未接受高等教育的同龄人（Egerton，2002）。

综合上述，此次研究在人口统计特征方面的问卷题目为：

1. 您的性别是？

A. 男   B. 女

2. 您的年龄是？

A. 14 至 17 岁   B. 18 至 21 岁

C. 22 至 24 岁   D. 25 至 28 岁

3. 您的最高学历（含在读）是？

A. 初中及以下   B. 高中（含中专）

C. 大专   D. 本科

E. 硕士   F. 博士及以上

4. 您的政治面貌是？

A. 中共党员（含预备党员）   B. 共青团员

C. 群众   D. 其他

5. 您的家庭月收入是？

A. 3000 元以下   B. 3000~6000 元

C. 6001~9000 元   D. 9001~12000 元

E. 12000~15000 元   F. 15000 元以上

6. 您最常访问哪 3 种社交媒体？

A. 通信类（微信、QQ、钉钉等）

B. 交友类（微博、陌陌等）

C. 生活类（美团、大众点评等）

D. 带有社交评论功能的新闻类（搜狐新闻、今日头条等）

E. 带有社交评论功能的电商类（小红书、淘宝、拼多多等）

F. 带有社交评论功能的视频或网络平台（抖音、快手、B 站等）

G. 社交游戏（QQ 游戏、王者荣耀、英雄联盟等）

7. 您最常使用的社交媒体账号中，好友的数量约为？

A. 100 人以下   B. 100~300 人

C. 301~500 人   D. 501~700 人

E. 701~1000 人   F. 1000 人以上

8. 您使用社交媒体大概多少年了？

A. 从来没用过 　　　　　　　　B. 1 年以内

C. 1~3 年 　　　　　　　　　　D. 4~6 年

E. 7~9 年 　　　　　　　　　　F. 10 年以上

9. 您每天大概花费多少时间在社交媒体上？

A. 少于 1 小时 　　　　　　　　B. 1~2 小时

C. 2~4 小时 　　　　　　　　　D. 4~6 小时

E. 6~8 小时 　　　　　　　　　F. 8 小时以上

10. 您一般通过什么设备使用社交媒体？

A. 手机 　　　　　　　　　　　B. 笔记本电脑

C. 台式电脑 　　　　　　　　　D. 平板电脑

E. 掌上游戏机 　　　　　　　　F. 电子阅读器

G. 其他

11. 你通常会在哪个时间节点使用社交媒体？

A. 刚起床 　　　　　　　　　　B. 上课 / 上班时

C. 课间休息 / 工作间隙休息 　　D. 吃饭时

E. 睡觉前 　　　　　　　　　　F. 无聊时

G. 其他

12. 您一般在什么场合使用社交媒体？

A. 家里 / 宿舍 　　　　　　　　B. 教室 / 图书馆 / 办公场所

C. 上下学 / 上下班途中 　　　　D. 餐饮场所

E. 网吧 　　　　　　　　　　　F. 其他

13. 您使用社交媒体的时候多数是在以下哪个状态呢？

A. 沉默者，只会浏览资料而不会表达自己的观点

B. 创造者，自愿发表各类资料 / 个人意见，或者上传录像 / 文件

C. 回应者，往往会积极地对别人的资料进行点评并参加互动交流

D. 分享者，主动转发而未发布原创内容

（2）社交媒体使用的具体划分。本研究将社交媒体的使用分为使用习惯、使用偏好和使用动机三个维度，其中社交媒体的使用动机被进一步划分为信息性使用动机、娱乐性使用动机、社会性使用动机和自我披露型使用动机四个维度来进行研究。在本研究中社交媒体使用习惯问卷项目参考了 Yang, Wang, & Lu（2016） 在 Exploring the dual outcomes of mobile social networking service enjoyment: The roles of social self-efficacy and habit 一文中的测量项目。社交媒体使用偏好的评估题项则改编自许璇（2014）在《移动社会化媒体使用对用户社会资本的影响研究》一文中的测量量表。社交媒体的使用动机则在闵晨（2016）的《社交媒体使用对大学生政治信任的影响》一文和 Pang（2021） 的 Identifying associations between mobile social media users' perceived values, attitude, satisfaction, and eWOM engagement: The moderating role of affective factors 的研究基础上改编而来。综合上述，此次研究在社交媒体使用方面的问卷题目为（五级量表）：

14. 关于社交媒体使用习惯的说法，您是否同意？

对我来说，使用社交媒体已经成为一种习惯。

使用社交媒体对我来说是很自然的。

当我想与朋友和亲戚互动时，使用社交媒体对我来说是一个显而易见的选择。

15. 您平常使用以下社交媒体功能的频率如何？（从不、很少、偶尔、有时、经常）

关注社会热点新闻。

利用聊天功能，与朋友进行交谈。

结识了有着共同爱好的新朋友。

寻找周边的优惠和团购信息。

在工作、生活和学习中查找有用的资料。

分享您的个人状态、视频、照片、音乐。

争取意见、关心、帮助。

打发时间、放松心情。

浏览名人八卦或好友的新鲜事和动态。

16. 关于信息性使用动机的说法，您是否同意？

我利用社交媒体来获得自己感兴趣的信息。

我利用社交媒体来获得公共事务的信息。

我利用社交媒体来了解目前时事信息。

利用社交媒体，对所关心的信息与内容进行关注、共享和转发。

17. 关于娱乐性使用动机的说法，您是否同意？

使用社交媒体对我来说很有趣。

使用社交媒体给我带来了快乐。

我喜欢使用社交媒体。

18.社会性使用动机的说法,您是否同意?

社交媒体对我和朋友们保持联系很有帮助。

周围很多朋友使用社交媒体,方便朋友沟通。

社交媒体可以增进亲朋好友的感情。

社交媒体可以帮助我寻找陌生的新朋友。

19.关于自我披露型使用动机的说法,您是否同意?

使用社交媒体,我更易展示自己的口才和能力。

社交媒体可以提高我在交际圈中的重要性。

使用社交媒体,我更易说出真实想法和感受。

使用社交媒体是追求潮流、时尚的体现。

（3）社会资本。如上文所说,本研究根据以往学者的研究将社会资本分为结构、关系和认知三个维度,分别为社会连接、社会信任和生活满意度。本研究的社会连接测量项目借鉴了 Jun, J., Kim, J., & Tang, L.（2017）部分研究量表。社会信任的测量项目借鉴了 Warren, A. M., Sulaiman, A., & Jaafar, N. I.（2015）研究中的部分量表项目。生活满意的评估题项则参考了 Valenzuela, S., Park, N., & Kee, K. F.（2009）研究中的部分量表项目。综合上述,此次研究在社会资本方面的问卷题目为（五级量表）:

20.关于社会连接的说法,您是否同意?

我与社交媒体中的其他成员保持着密切关系。

我花了很多时间与社交媒体好友互动。

我在社交媒体上认识了一些私人好友。

我经常在社交媒体上与私人好友进行交流。

21.关于社会信任的说法,您是否同意?

即使有机会,我也不会利用他人。

我会始终遵守对其他社交媒体用户的承诺。

我不会故意打断其他社交媒体用户的对话。

我的行为保持一致性。

我和其他社交媒体用户的交往是诚实的。

22.关于生活满意度的说法,您是否同意?

大多数情况下,我的生活接近理想状态。

我的生活条件非常好。

我对我的生活很满意。

目前生活中，我已经得到了想要的重要东西。

我几乎不会改变今后的生活。

（4）公民参与。本研究在前人研究的基础上将公民参与分为线上参与和线下参与两个方面。同时本研究借鉴了 Valenzuela，S.，Park，N.，& Kee，K. F.（2009）的 Is there social capital in a social network site?：脸书 use and college students' life satisfaction，trust，and participation 一文中测量公民参与的量表项目。值得注意的是：线上参与指的是公民通过计算机和网络信息通信技术，从事用于改善社区和公共集体的利益，以及与政治和社会等方面相关的讨论和行为。它不仅仅是指网络空间和公民参与的简单重构，更多考虑到如今的青少年对于社交媒体的依赖，使他们可能成为线上的参与者。

综合上述，此次研究在公民参与方面的问卷题目为（五级量表）：

23. 您在社交媒体上参与以下活动的频率？（从不、很少、偶尔、有时、经常）

关注与社会公共事务有关的信息。

发布或转发与某项社会公共事务有关的文字、博客、微博、朋友圈等内容。

发布或转发与某项社会公共事务有关的视频。

发布或转发与某项社会公共事务有关的图片。

对新闻网站或门户网站的新闻进行评论。

就社会公共事务参与网络讨论。

参与在线捐赠／筹款活动。

加入某个与社会公共事务有关的团体或组织。

给政府部门或学校领导发电子邮件反映社会问题。

24. 您线下参与以下活动的频率？（从不、很少、偶尔、有时、经常）

加入学生社团加入民间社团（如非政府组织）。

在现实生活中与朋友讨论社会问题。

在现实生活中与家人讨论社会问题。

参与筹款或捐赠活动。

参加志愿者活动（如支教、运动会志愿者等）。

就某公共事务与电台报纸或电视台联系。

就某项公共事务与政府部门联系。

参加与社会问题有关的专业组织或协会。

4 研究数据分析

数据分析通常是指使用合适的统计策略，对所获得到的海量数据展开详尽的研究和归纳，实现数据的时效价值，并将它们加以整体理解和消化，从而进一步提取到有价值和意义的信息，使开发数据的功能和作用最大化，并得出结论的过程。简言之，数据分析被认为是一种具有组织性、目标性地收集数据、解读数据并将其转变为信息的过程。其中，数据在科学意义上也称为观测值，是指用实验、测量、观察和进行调查等方法得到一定的结果。数据分析的主要目标是收集和提炼隐藏在大量数据中的关键信息，从中发现被研究对象的基本规则。在实践中，数据分析有助于人们作出正确的决策。在社会科学领域，数据分析越来越多地用于在大量数据中提取信息。这些数据是使用了现代实验和观察方法而大量获得的，这也是市场上一些分析机构经常使用的。所以，数据分析是一种从海量的数据中提取隐藏的、未知的、潜在的、有用的信息的非传统的方法。

数据分析广泛地被分成定性数据和定量数据。只能归入某一类但是不能用数值进行测量的数据被称为定性数据。在定性数据中表现为类别，但是无法区分确定顺序的被称为定类数据。相反的，定性数据中表现为类别又能够区分顺序的被称为定序数据。定性分析法，也就是依照人的主观判断和分析力，对事物的特性和发展趋势展开预测的一种研究方法。而定量研究则强调对社会现象数量特点、数量关系和数量变化的探讨。定量分析法是以统计资料为基础，通过数学模型求出被测物体的各项指标和数值的一种方法。定性的分析，侧重于凭分析家的直觉、经验，根据分析对象的历史、现状和最近的信息，来判断分析对象的性质、特征、发展规律。与之相比，定量的分析方法更具科学性，但对数学知识的要求也更高。定性的分析方法虽然简单，但在数据不足或缺乏数学基础的情况下，更适合于一般性的分析。有一点很重要，尽管两种分析方法所需的统计知识不尽相同，但这并不能使定性和定量完全地区分开。事实上，现有的定性分析也需要借助某些统计手段，而量化的前提是要有质的预测，两者相辅相成。质是量化的基础，量是质的具体体现，两者相结合，才能达到最好的结果。

因此，本研究使用了定性和定量分析相互结合、互相补充的方式。本研究以定性分析为前提，以定量分析为根基，因为忽视定性的量化研究就是盲目的和缺乏价值的量化；定量研究可以让定性更加具有科学性和准确性，能够促进定性的分析，从而获得更广泛和更深刻的研究结果。

4.1　样本的描述性统计分析

本研究所采用的常见的在线调查问卷，具有以下四个优点：第一，线上调查问卷能够节约时间、体力和人力物力；第二，问卷调查的结果更加易于量化，调查的提问顺序和展现形式，以及被调查者给出的回答答案形式都是固定不变的，是一种结构化的、很少主观化的调查方式，这样就有利于收集样本的量化数据；第三，在线调查问卷所得到的结果更易于分析和统计处理，受访者填写完在线调查问卷后，系统或软件会对样本进行回收数据，数据的统计处理会更加快捷有效；第四，在线调查问卷可以进行大规模、大范围的调查，无论被调查者是否真正地对问卷内容仔细回答，研究都可以从问卷收集到的数据中了解到一些大众的真实感受和想法态度。综合来看，网络调查具有以下特性：及时性，问卷信息经过统计学软件初步处理后，可以实时查看到阶段性的研究调查结果；低费用性，实施在线调查问卷可以有效降低成本；交互性，网络互联网本身的最大特点之一就是交互性，这种问卷调查的交互体验可以使得问卷设计者根据受访者的问卷反馈来及时调整信息交互，避免因问卷本身设计不合理而导致的结果偏差；客观性层面上，网上调查参加者具有较强的自愿原则，调查的目的性更强，问卷可靠性也更大；突破时空性，在线调查问卷不受时空和空间的限制；可控制性，在线网络软件控制的问卷可以实现对于信息的质量检测和控制。

本研究以问卷调查为基础，通过专业性的问卷调查网站（www.wenjuan.com）获取样本资料。这一平台具有编辑简单方便、传播快捷且低成本的优点，可以设置题目之间的跳转逻辑，提前筛去不符合要求的样本，并且支持使用二维码、链接等多种形式分享调查问卷到不同的社交媒体平台来收集数据。在收集过程中设置了每道题都需要回答才可提交答案，保证不会出现缺省值。此外，对回答次数也进行了限制，相同 IP 地址的用户只能回答一次，可以避免出现重复回答的情况影响问卷的有效性。被调查者在填写完成问卷后还可以获得一定数额的金钱奖励，以此激励更多社交媒体用户参与调查。问卷的收集时间为 2021.12.22 至 2022.1.26，通过线上滚雪球的方式收集数据。经过数据清洗、剔除回答时间过短及从没有使用过社交媒体的问卷后，共获得了 1246 份有效答复。

描述性统计分析通常是把一些复杂的数据缩减到少数可以用于描述性效果的关键数字，是对获得数据集的整体概括说明，包含数据集合的离散程度和集中态势、数据频数描绘、数据的整体分布和一些基础的统计图形等。常见的描述性统计的应用范畴适用于能够收集到定量数据的任何领域，描述性统计可以提供相关研究产品、质量管理、过程体系的信息。

描述统计分析包含频数分析和交叉分析。频数分析是用频数、均值、标准差、方差等指数来描述和分析样本，而交叉分析能够对两个及以上变量开展统计描述和卡方检验。因此，本研究使用频数分析法对问卷中的人口统计学相关信息进行统计，对研究样本进行分类整理，深入了解参与者的背景情况和基本特征。同时采用交叉分析法对参与研究的青少年的社交媒体使用现状进行描述分析。

由表 4.1 可以看到，参与调查的男女人数为 682 和 564，性别比例是 54.74：45.26，研究的男女性别比例适中。2021 年 11 月国家统计局官网发布的《中国统计年鉴 2021》显示，2020 年末男性占比 51.24%。本研究收集的有效问卷男女比例大致与我国现阶段男女比例相当，符合现实情况。而年龄分布情况，14 至 17 岁占比最小，为 3.61%；而 18 至 21 岁占比最多，为 51.52%，是社交媒体使用的主力军，这也大致符合本研究的调查研究对象主要集中在青少年群体。此外，22 至 24 岁占比 32.91%，25 至 28 岁占比 11.96%。在学历层次方面，初中及以下的样本比重为 1.20%，高中（含中专）比重为 12.20%，大专占比 17.90%，本科占比 54.74%，硕士占比 11.80%，博士及以上占比 2.17%。本科教育背景占比最大，初中及以下教育背景占比最小，说明大部分被调查者的教育背景良好，能够很好地理解问卷的题项并作出回答。在政治面貌方面，参与人数的 25.76% 为党员（包括预备党员）、52.17% 为共青团员、20.71% 为群众，以及 1.36% 为其他成员。在家庭月收入方面，3000 元以下占比 7.78%，3000~6000 元占比 28.89%，6001~9000 元占比 29.13%，9001~12000 元占比 20.30%，12000~15000 元占比 6.10%，15000 元以上占比 7.78%。总的来说，研究样本达到了问卷发放预期，并且满足了抽样调查的基本要求。

表 4.1　样本的描述性统计分析（N=1246）

题项	类型	频数（个）	频率
性别	男	682	54.74%
	女	564	45.26%
年龄	14–17 岁	45	3.61%
	18–21 岁	642	51.52%
	22–24 岁	410	32.91%
	25–28 岁	149	11.96%
教育背景	初中及以下	15	1.20%
	高中（含中专）	152	12.20%
	大专	223	17.90%
	本科	682	54.74%
	硕士	147	11.80%
	博士及以上	27	2.17%
政治面貌	中共党员（含预备党员）	321	25.76%
	共青团员	650	52.17%
	群众	258	20.71%
	其他	17	1.36%
家庭月收入	3000 元以下	97	7.78%
	3000~6000 元	360	28.89%
	6001~9000 元	363	29.13%
	9001~12000 元	253	20.30%
	12000~15000 元	76	6.10%
	15000 元以上	97	7.78%
合计		1246	100%

4.2　社交媒体使用情况

　　本章节将对研究当中涉及的除人口统计、年龄、教育背景、政治面貌和家庭月收入之外的 8 个控制变量进行描述性统计分析，分别包括常访问的社交媒体、常使用社交媒体的好友数量、社交媒体使用年数、使用时长、使用设备、使用时间点、使用场合、使用状态 8 个方面。

　　由图 4.1 可知，在使用内容偏好方面，研究通过调查用户常访问的社交媒体，发现通信类社交媒体（微信、QQ、钉钉等）依旧是青少年群体最常使用的社交媒体类型，其使用人群占比达到了 78.73%。这些应用由于聚合了聊天、定位、信息订阅等多种实用功能，极大程度增加了用户的黏性，提升了使用率。其次是生活类社交媒体（美团、大众点评等）、交友类社交媒体（微博、陌陌等）、带有社交评论功能的电商类（小红书、淘宝、拼多多等）、带有社交评论功能的视频或网络平台（抖音、快手、B 站等），当前青少年群体对于带有社交评论功能的新闻类社交媒体（搜狐新闻、今日头条等）和社交游戏（QQ 游戏、王者荣耀、英雄联盟等）的使用访问率并不高，分别为 30.34% 和 12.28%。这表明社会媒介已深入人类的各个领域，各种社会媒介都积累了一批忠诚的人群。目前，我国的社交媒体呈现出一种百花齐放的状态，前些年创业者大多将精力集中在综合性社交网站上，而现在重心则转移到了垂直型社交网站上，例如兴趣交友、电子商务、婚恋、招聘求职等内容的社交内容方面。社交媒体服务的方向已经延展到了人们日常生活中的方方面面。从社交媒体的使用内容发展趋势来看，社交网站的内容将会越来越丰富，功能也会逐渐增加以满足用户的需要。

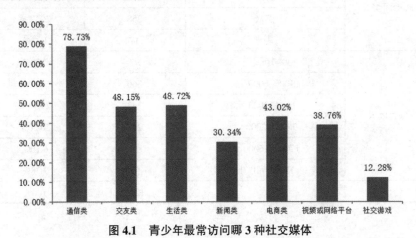

图 4.1　青少年最常访问哪 3 种社交媒体

由图 4.2 可知，在常使用社交媒体的好友数量方面，100~300 人的好友数量占比最大，达到 38.60%；其次是 301~500 人（占比 25.92%）、100 人以下（占比 14.77%）、501~700 人（占比 11.16%）。701~1000 人和 1000 人以上好友数量占比较小，分别为 4.33% 和 5.22%。一般来讲，青少年社交媒体使用者会与现实生活中的朋友互相关注加好友，因此相互关注加好友的数量可以从某种程度上反映出一定的网络社交程度，这说明大部分被调查者的线上人际关系网络发展良好，已经积累了一定的社会资本。由图 4.3 可以看到，在社交媒体使用年数方面，4~6 年占比最大，达到 30.82%；其次是 1~3 年（占比 26.32%）、7~9 年（占比 17.34%）、10 年以上（15.17%）；1 年以内占比最小，为 10.35%。在这一阶段，以网络媒体为代表的新兴媒体日益兴起，这使传统媒介在一定程度上遭受到冲击，给自身的发展造成更加严峻的威胁与限制。在这种情况下，传统媒体也开始逐渐向青年群体倾斜，青少年积极利用新媒介传播信息。特别是近年来，微博和微信得到了快速发展，已经成为民众获取重要新闻资讯的首要途径。当今社交媒体与互联网飞速发展的大环境之下，不仅是社交媒体用户的增加，社交媒体的使用年数也在不断增加。由

图 4.4 发现，在每天使用时长方面，时间占比的分布类似于正态分布，2~4 小时占比最大，达到 38.92%；其次是 1~2 小时（占比 27.05%）、4~6 小时（占比 20.47%）、6~8 小时（6.74%）；少于 1 小时和 8 小时以上的社交媒体使用占比较小，分别为 3.69% 和 3.13%。总体来看，调查对象的社交媒体使用年限和日均使用时长较长，对社交媒体的熟悉程度较高，符合本次调查的基本要求。

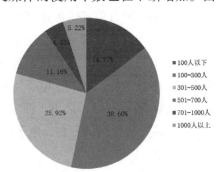

图 4.2 青少年最常使用的社交媒体账号中的好友数量

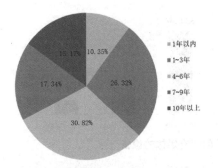

图 4.3 青少年使用社交媒体年数

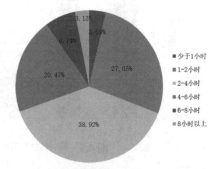

图 4.4 青少年每天花费在社交媒体上的时间

　　由图 4.5 可知，在使用设备方面，利用手机和笔记本电脑使用社交媒体的青少年占比最高，分别达到 70.63% 和 48.23%，表明这两种设备仍是当今互联网的主要沟通设备工具。手机及目前一些先进的便携式笔记本电脑以其易携带、移动性强的特点备受青少年使用群体的青睐，当今的笔记本电脑正

根据用途和市场需要逐渐分化出不同的类型，例如上网本趋于日常的学习生活、办公、休闲、看剧和电影等；家用本的特点是性价比高，同时兼顾不错的电脑配置性能和较为划算的价格；商务本则是追求更低的功耗和更持久的续航时间，以满足上班族的工作需要；游戏本是专门迎合和适应有大型电子游戏游玩需求的用户，具有较高的配置和硬件软件性能。对于大学生、研究生等学生群体来说，手机和电脑更是逐渐发展成为学习生活的必需品，在社交媒体发展当中成为不可或缺的因素。相对于这两种设备来说，掌上游戏机、电子阅读器等相关的设备因为其需求的特殊性，在社交媒体的设备使用方面不具有普遍代表性，占比分别为 10.51% 和 5.62%。掌上游戏机，又叫便携式游戏机，是一种方便携带的小型专门游戏机，它可以随时随地运行一些电子游戏，但因为现今大部分的智能手机都加入了娱乐游戏元素，以至于手机与掌上游戏机的界线越来越模糊，且在某种程度上手机的功能也已包含了掌上游戏机的多数功能。此外，电子阅读器是一种低能耗、便携式和高分辨率的装置，专为展示报纸、杂志、图书等印刷品及书面材料的数字版本。同样，由于手机或平板电脑的存在，电子阅读器的竞争力在近年逐渐下降。

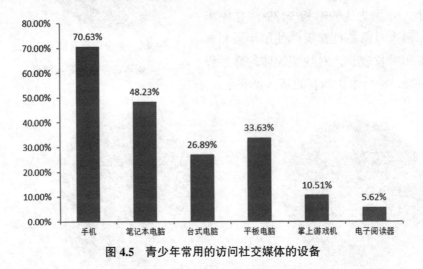

图 4.5　青少年常用的访问社交媒体的设备

由图 4.6 可知，在使用时间点选择方面，青少年群体对于每个时间点都具有较高的使用频率，时间点占比最多的是课间休息或工作间隙休息，占比达到 60.83%；其次是睡觉前 51.61%、无聊时 48.96%、吃饭时 43.58%、刚起床 40.53%；即使是时间点占比最小的上课或上班时，也有 30.74% 的占比。无论是在家中起床时，或者是在学校或工作场所，社交媒体的使用率都很高，从侧面也体现出了手机等便携式通信设备对于社交媒体使用的影响。

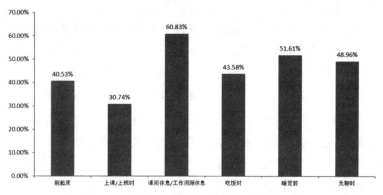

图 4.6 青少年经常访问社交媒体的时间点

由图 4.7 可知，在社交媒体的使用场合方面，近七成的青少年群体被调查者表示他们主要在宿舍或家中使用社交媒体，而在教室或图书馆或办公室、上下学或上下班途中、餐馆的使用占比也都分别达到了 53.61%、51.85% 和 44.86%。另外，在网吧中使用社交媒体的人数在总调查人数中占比最低，只有 12.04%。这与前文使用时间点的占比选择具有一定的关联效应，表明社交媒体的使用场景呈现出多样化、碎片化及常态化的趋势。2018 年的《国民手机用眼行为大数据报告》显示，社交媒体用户平均每天看电子屏幕时长近 6 个小时，占全天时间的 24%；每天使用手机的次数达 108 次，即一天 24 小时中，他们每 13 分钟就会使用一次手机，这表明日间使用手机的时间越长，对手机的依赖程度越高，因此可以认为，我们一整天的时间被社交媒体

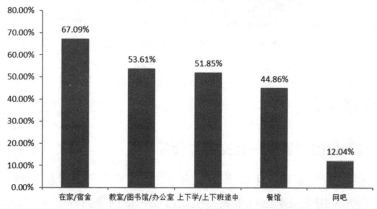

图 4.7 青少年经常访问社交媒体的场合

使用设备占据，切割成无数的碎片化的时间，青少年的娱乐、社交和信息获取等日常生活的方方面面都离不开社交媒体。

由图 4.8 可知，在使用状态这个方面，青少年群体则更多地在使用的过程中表现为沉默者、创造者或回应者（占比 94.46%），同时这三者的占比相当，沉默者稍高一部分，而分享者占比最小，仅为 5.54%。青少年群体在使用社交媒体时，更多的是只浏览信息不发表意见，而作为分享者积极转发社交媒体信息的能动性则较弱。在社交媒体环境中，青少年群体的这种沉默和不愿分享的状态，也影响了受众表达意见的意愿，例如微博社交环境下，一般热搜事件发生都伴随利益与谣言的扩散，人们对新事件状况充满不确定时，并不想发表意见，而与此同时，青少年群体中有一部分大学生比较理性且文化素养比较高，不愿参与网络讨论交流意见，害怕意见可能遭受网络暴力或引发矛盾，从而造成多数青少年群体只是在社交媒体上浏览信息，更多地充当沉默者角色。因此，在社交媒体环境之下，如何有效利用社交媒体平台进行舆论引导成了一个重要的问题。当然，有必要承认社交媒体平台环境复杂，受众需要增强个人判断能力，理性合法地表达自己的意见。

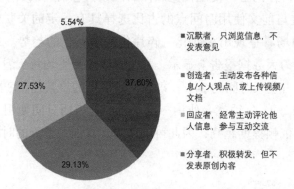

图 4.8　青少年使用社交媒体的状态

4.3　变量测量

4.3.1　自变量的测量——社交媒体使用

按照李克特量表的 5 个等级，"1 至 5" 是从 "非常不同意" 到 "非常同意"。本研究采用 5 点李克特量表，使用习惯包括的条目如表 4.2 所示，具体如下："对我来说，使用社交媒体已经成为一种习惯" "使用社交媒体对我来说是很自然的""当我想与朋友和亲戚互动时，使用社交媒体对我来说是一个显而易见的选择"。使用偏好包括的条目如表 4.3 所示，具体如下："关注社会热点新闻""使用聊天功能和好友聊天""认识有共同兴趣爱好的新朋友""寻找周边的优惠和团购信息""寻找对工作、生活、学习有用的信息""分享个人状态、视频、图片、音乐""寻求建议、关怀、协助""打发时间、放松心情""浏览名人八卦或好友的新鲜事和动态"。如表 4.4 所示，使用动机包括信息性使用动机、娱乐性使用动机、社会性使用动机、自我披露型使用动机4 个维度。信息性使用动机包括 4 个测量条目，如下所示："我使用社交媒体来获得感兴趣的信息""我使用社交媒体来获得公共事务的信息""我使用社交媒体获取当前的时事信息"和"利用社交媒体，对所关心的信息和内容进行关注、共享和转发"。娱乐性使用动机包括 3 个测量条目，如下所示："使用社交媒体对我来说很有趣""使用社交媒体给我带来了快乐""我喜欢使用社交媒体"。社会性使用动机包括 4 个测量条目，如下所示："社交媒体对我和朋友们保持联系很有帮助""周围很多朋友使用社交媒体，方便沟通""社交媒体可以增进我与亲朋好友的感情""社交媒体可以帮助我寻找陌生的新朋友"。自我披露型使用动机由以下 3 个测量条目的内容构成："使用社交媒体，我更易展示自己的口才和能力""社交媒体可以提高我在交际圈中的重要性""使用社交媒体，我更易说出真实想法和感受""使用社交媒体是追求潮流、时尚的体现"。

表 4.2　使用习惯描述性统计

条目	均值	标准差	非常不同意（%）	不同意（%）	中立（%）	同意（%）	非常同意（%）
使用习惯	4.225						
对我来说，使用社交媒体已经成为一种习惯	4.286	0.848	0.80	2.17	14.37	32.99	49.68
使用社交媒体对我来说是很自然的	4.231	0.817	0.32	2.17	16.05	37.00	44.46
当我想与朋友和亲戚互动时，使用社交媒体对我来说是一个显而易见的选择	4.158	0.899	0.72	3.53	18.78	33.15	43.82

表 4.3　使用偏好描述性统计

条目	均值	标准差	从不（%）	很少（%）	偶尔（%）	有时（%）	经常（%）
使用偏好	3.955						
关注社会热点新闻	3.991	0.916	0.72	5.22	22.39	37.56	34.11
使用聊天功能和好友聊天	4.234	0.855	0.48	2.57	16.93	33.07	46.95
认识有共同兴趣爱好的新朋友	3.748	1.151	4.17	11.64	21.99	29.61	32.58
寻找周边的优惠和团购信息	3.746	1.134	4.82	9.47	22.79	32.10	30.82
寻找对工作、生活、学习有用的信息	4.169	0.822	0.24	2.97	16.37	40.53	39.89
分享个人状态、视频、图片、音乐	3.870	1.070	2.73	9.15	20.71	33.23	34.19
寻求建议、关怀、协助	3.689	1.151	5.54	9.87	23.68	31.94	28.97
打发时间、放松心情	4.193	0.843	0.40	3.05	16.13	37.72	42.70
浏览名人八卦或好友的新鲜事和动态	3.951	1.020	2.09	6.74	21.83	32.66	36.68

表 4.4　信息性使用动机描述性统计

条目	均值	标准差	非常不同意（%）	不同意（%）	中立（%）	同意（%）	非常同意（%）
信息性使用动机	4.128						
我使用社交媒体获取感兴趣的信息	4.193	0.821	0.32	1.93	18.14	37.32	42.30
我使用社交媒体获取公共事务信息	4.107	0.878	0.56	2.49	22.87	33.87	40.21
我使用社交媒体获取当前的时事信息	4.117	0.857	0.56	2.73	19.98	37.88	38.84
利用社交媒体，对所关心的信息和内容进行关注、共享和转发	4.096	0.912	0.96	4.01	19.42	35.71	39.89

条目	均值	标准差	非常不同意（%）	不同意（%）	中立（%）	同意（%）	非常同意（%）
娱乐性使用动机	4.132						
使用社交媒体对我来说很有趣	4.157	0.859	0.40	2.81	19.42	35.39	41.97
使用社交媒体给我带来了快乐	4.125	0.869	0.56	2.89	20.22	36.12	40.21
我喜欢使用社交媒体	4.112	0.892	0.24	4.49	19.82	34.67	40.77
社会性使用动机	4.098						
社交媒体对我和朋友们保持联系很有帮助	4.192	0.829	0.32	2.57	16.93	37.96	42.22
周围很多朋友使用社交媒体，方便沟通	4.205	0.839	0.16	2.33	19.02	33.79	44.70
社交媒体可以增进我与亲朋好友的感情	4.141	0.879	0.56	3.05	19.98	34.51	41.89
社交媒体可以帮助我寻找陌生的新朋友	3.852	1.061	2.81	8.27	23.11	32.50	33.31
自我披露型使用动机	3.803						
使用社交媒体，我更易展示自己的口才和能力	3.815	1.060	3.05	8.19	24.32	33.15	31.30
社交媒体可以提高我在交际圈中的重要性	3.791	1.088	3.37	9.23	23.92	31.94	31.54
使用社交媒体，我更易说出真实想法和感受	3.879	1.040	2.97	6.82	22.55	34.67	32.99
使用社交媒体是追求潮流、时尚的体现	3.728	1.136	4.41	10.11	24.96	29.29	31.22

研究分别对社交媒体使用习惯、使用偏好、使用动机（包括信息性动机、娱乐性动机、社会性动机、自我披露型动机）6个维度进行 KMO（Kaiser Meyer Olkin）检验。KMO 的数值一般范围是 0~1，其数值越接近 1，则更便于

进行因素分析；相反，越趋近于 0，越不适宜做因子分析。以 KMO 值为 0.7 的临界值作为检测标准。在使用习惯 KMO 为 0.719 的情况下，Bartlett 的球形度检验近似卡方接近于 1891，其自由度为 3，达到了 0.000 的显著性。使用偏好 KMO 值是 0.913，Bartlett 的球形度检验近似卡方是 5167.896，自由度为 36，已经达到了 0.000 的显著水平。信息性使用动机 KMO 值为 0.828，Bartlett 的球形度检验近似卡方是 8263，自由度是 6，达到了 0.000 的显著水平。娱乐性使用动机 KMO 值为 0.742，Bartlett 的球形度检验近似卡方是 1889，自由度为 3，达到了 0.000 的显著水平。社会性使用动机 KMO 值是 0.789，Bartlett 的球形度检验近似卡方是 2192，自由度为 6，被认为达到了 0.000 的显著水平。自我披露型使用动机 KMO 值为 0.853，Bartlett 的球形度检验近似卡方是 3204，自由度为 6，达到了 0.000 的显著水平。

接着，利用 SPSS 22.0 对多个不同维度的社会媒体进行了信度测试。使用习惯量表的 Cronbach's alpha 为 0.865，使用偏好量表的 Cronbach's alpha 为 0.889，信息性使用动机量表的 Cronbach's alpha 等于 0.882，娱乐性使用动机量表的 Cronbach's alpha 为 0.874，社会性使用动机量表的 Cronbach's alpha 为 0.831，自我披露型使用动机量表的 Cronbach's alpha 为 0.907。各量表的各项指标均高于 0.8，验证了 6 种量表具有较好的可信性和可靠性。

通过比较青少年的 4 种不同的使用动机——信息性使用动机（M=4.128）、娱乐性使用动机（M=4.132）、社会性使用动机（M=4.098）和自我披露型使用动机（M=3.803）的均值可以发现：娱乐性使用动机更强烈，而自我披露型使用动机最低。这表明青少年更倾向于使用社交媒体进行娱乐放松，而自我信息和情绪的展示则会因为形象管理的需要及顾虑长辈的审视而有所抑制。

4.3.2　中介变量的测量——社会资本

与自变量的测量方法相一致，5 点李克特量表的"1 至 5"是从"非常不同意"到"非常同意"。如表 4.5 所示，社会资本的测量共分成 3 个维度，分别是社会连接、社会信任及生活满意度。社会连接用于评估社会资本的结构层面，主要包括 4 个条目。社会信任用于测评社会资本的关系维度，主要包括 5 个条目："即使有机会，我也不会利用他人""我会始终遵守对其他社交媒体用户的承诺""我不会故意打断其他社交媒体用户的对话""我的行为保持一致性""我和其他社交媒体用户的交往是诚实的"。生活满意度用于测量社会资本的认知维度，共包括 5 个测量条目："大多数情况下，我的生活接近理想状态""我的生活条件非常好""我对自己的生活很满意""目前生活中，我已经得到了想要的重要东西"，以及"我几乎不会改变今后的生活"。

表 4.5　社会资本描述性统计

条目	均值	标准差	非常不同意（%）	不同意（%）	中立（%）	同意（%）	非常同意（%）
社会连接	3.816						
我与社交媒体中的其他成员保持着密切关系	3.998	0.985	1.69	5.38	22.31	32.66	37.96
我花了很多时间与社交媒体好友互动	3.808	1.047	2.97	7.62	25.52	33.39	30.50
我在社交媒体上认识了一些私人好友	3.676	1.183	6.50	9.63	23.43	30.66	29.78
我经常在社交媒体上与私人好友进行交流	3.783	1.138	5.70	6.98	22.79	32.34	32.18
社会信任	4.148						
即使有机会，我也不会利用他人	4.144	0.891	0.72	3.29	19.26	34.35	42.38
我会始终遵守对其他社交媒体用户的承诺	4.146	0.856	0.56	2.41	19.74	36.44	40.85
我不会故意打断其他社交媒体用户的对话	4.161	0.877	1.04	2.41	18.22	36.04	42.30
我的行为保持一致性	4.151	0.848	0.40	2.33	20.14	36.04	41.09
我和其他社交媒体用户的交往是诚实的	4.138	0.880	0.88	2.57	19.74	35.47	41.33
生活满意度	3.813						
大多数情况下，我的生活接近理想状态	3.957	0.927	1.04	4.09	26.65	34.59	33.63
我的生活条件非常好	3.814	0.989	1.61	6.90	29.61	32.26	29.61
我对我的生活很满意	3.930	0.947	1.36	5.38	24.24	36.92	32.10
目前生活中，我已经得到了想要的重要东西	3.800	1.024	2.57	7.30	27.05	33.71	29.37
我几乎不会改变今后的生活	3.566	1.223	7.46	12.12	24.72	27.77	27.93

本研究分别对社会资本的三个维度：社会连接、社会信任和生活满意度进行 KMO 检验。社会连接的 KMO 值为 0.843，Bartlett 的球形度检验近似卡方是 2983，自由度为 6，很明显达到 0.000 的显著水平。社会信任的 KMO 值为 0.891，Bartlett 的球形度检验近似卡方是 3496，自由度为 10，也获得 0.000 的显著水平。生活满意度的 KMO 值为 0.883，Bartlett 的球形度检验近似卡方是 3824，自由度为 10，达到了 0.000 的显著水平。这说明了这些变量的结构效度良好。

在此基础上，采用 SPSS 22.0 对不同维度的问卷进行了信度测试。社会连接量表的 Cronbach's alpha 为 0.896，社会信任量表的 Cronbach's alpha 为 0.898，生活满意度量表的信度 Cronbach's alpha 为 0.901。各项指标均大于 0.8，说明这三种测量表具有良好的信度和可靠性。

通过比较社会资本的三个不同维度——社会连接（M=3.816）、社会信任（M=4.148）和生活满意度（M=3.813）的均值可以发现，青少年的社会信任水平比社会连接和生活满足感更高。

4.3.3 因变量的测量——公民参与

本研究使用 5 点李克特量表进行评估，"1 至 5"是从"从不"到"经常"。如表 4.6 所示，公民参与既有线上的参与，也有线下的参与。线下公民参与是指公众通过各种途径进行的信息收集、观点表达及行为引导等活动；线上公民参与主要表现为网络论坛中网民与政府官员的互动交流，如转发微博等，包括关注网络上社会公共事务相关信息，发布或转发某社会公共事务相关文章，博客、微博、朋友圈传播或转发某社会公共事务相关视频、图片等问题。

表 4.6　公民参与描述性统计

条目	均值	标准差	从不（%）	很少（%）	偶尔（%）	有时（%）	经常（%）
线上公民参与	3.661						
关注与社会公共事务有关的信息	3.956	0.964	1.61	5.30	23.19	35.71	34.19
发布和转发涉及一定社会公共事务的文章、博客、微博、朋友圈等	3.754	1.117	4.17	9.87	23.03	32.26	30.66

条目	均值	标准差	从不（%）	很少（%）	偶尔（%）	有时（%）	经常（%）
发布或转发与某项社会公共事务有关的视频	3.674	1.177	5.94	10.35	24.08	29.61	30.02
发布或转发与某项社会公共事务有关的图片	3.667	1.163	5.70	10.35	24.56	30.34	29.05
对新闻网站或门户网站的新闻进行评论	3.586	1.226	7.46	12.28	22.79	29.13	28.33
就社会公共事务参与网络讨论	3.597	1.185	6.34	12.04	24.24	30.34	27.05
参与在线捐赠／筹款活动	3.708	1.072	2.89	10.19	28.41	30.26	28.25
加入某个与社会公共事务有关的团体或组织	3.559	1.227	8.27	11.40	23.27	30.34	26.73
给政府部门或学校领导发电子邮件反映社会问题	3.450	1.332	12.36	12.20	20.55	27.85	27.05
线下公民参与	3.647						
加入学生社团／民间社团（如非政府组织）	3.755	1.105	4.49	8.35	24.24	32.99	29.94
在现实生活中与朋友讨论社会问题	3.945	0.949	1.04	5.54	24.96	34.75	33.71
在现实生活中与家人讨论社会问题	3.861	0.976	1.36	6.82	26.81	34.35	30.66
参与筹款或捐赠活动	3.709	1.096	3.45	9.87	28.41	28.81	29.45
参加志愿者活动（如支教、运动会志愿者等）	3.387	1.371	3.45	8.03	26.00	33.15	29.37
就某公共事务与电台报纸或电视台联系	3.770	1.065	15.49	9.95	20.63	28.25	25.68
就某项公共事务与政府部门联系	3.345	1.361	15.49	10.91	21.11	28.57	23.92
参加与社会问题有关的专业组织或协会	3.407	1.345	14.37	10.43	20.14	30.26	24.80

公民参与行为分别从线上和线下两个维度来衡量，本研究分别对公民参与的两个维度——线上公民参与和线下公民参与展开 KMO 检验。线上公民参

与的 KMO 值为 0.946，Bartlett 的球形度检验近似卡方是 10686，自由度为 36，达到了 0.000 的显著水平。线下公民参与的 KMO 值为 0.915，Bartlett 的球形度检验近似卡方得到的数值为 7949，自由度为 28，很明显达到了 0.000 的显著水平。这说明了这些变量的结构效度良好。之后，本研究使用 SPSS 22.0 对线上公民参与和线下公民参与的量表进行信度检验，线上公民参与量表的 Cronbach's alpha 为 0.953，线下公民参与量表的 Cronbach's alpha 为 0.927。各项指标均高于 0.8，说明这些量表的信度较好及可靠性较高。

通过比较线上公民参与（M=3.661）和线下公民参与（M=3.647）的均值可以发现，被调查者的线上公民参与倾向更高，表明社交媒体为青少年提供的丰富渠道在一定程度上提高了他们的公民参与水平。

5 公民参与影响因素分析

前文研究已经从样本组成、公民参与、社会资本、青少年社交媒体使用等方面进行了细致阐述。本研究采用问卷调查的方式来了解我国内地地区青少年在使用社交媒体过程中所存在的问题。基于研究目的与研究设计，本研究进一步探究了社交媒体使用状况、社会资本与公民参与三者间的相互关系，以及其他变量与公民参与的相互关系。研究采用结构方程模型（Structural Equation Modeling，SEM）来验证本研究的研究假设。结构方程模型是一种在社会科学探索中经常被使用的搭建、评价和检验因果逻辑联系模型的多元统计方法，它整合了因素分析和路径分析，能够处理可观测的显在变量，也包含不能直接观测的潜在变量之间的联系。结构方程模型可以替代诸如多重回归、路径分析和因子分析等方法，能清楚地探索单项指标对总体的作用和单项指标间的相互联系。在梳理前人文献的基础上发现，过去学者们或多或少地研究了各变量间的相互关系，为了避免重复，本研究确定了各变量的直接相关分析及路径分析方法。

路径分析被广泛用于实证研究，能够有效反映重要变量受到其他变量影响程度的大小及变动趋势，从而使得研究假设或预测更有科学依据。简言之，与传统的多元回归分析相比，结构方程法可以同时处理多种因素，并且可以对各种理论模式进行对比和评估。它和传统的探索性因素分析方法的区别在于，在结构方程模型中，我们能够提出一些特定的因素结构，并对它们进行验证。利用结构方程多组分析，能够发现各因素间的关联性是否维持不变，且各因素间的平均差异有无统计学意义。本章是研究实证部分的核心部分。在本章中，笔者希望讨论的问题是：在青少年使用了社交媒体后，对于已经通过社交媒体积累了社会资本的个体来说，究竟有哪些因素会影响其公民参与（线上参与和线下参与）的行为？基于本研究之前的章节中所提出的研究假设与研究问题，本课题将依次探讨社交媒体的使用（包括社交媒体的使用习惯、使用偏好和使用动机）对社会资本的影响（包括社会连接、社会信任和生活满意度）；社交媒体的使用对于公民参与的影响（包括线上参与和线下参与）；社会资本对于公民参与的影响。借助数据分析，本研究提出的初期假设可以得到有力的检验。

5.1 信效度检验

共同方法偏差（Common Method Variance，CMV）是指由于同样的数据来源、测量环境、评价对象或研究题目语境，以及题目自身特点所造成的标准变量和预测变量之间的人为共变，是一种人为协变量。它本身就是一种系统性的误差，会使研究结果产生很大的混乱，甚至可能误导研究结果。为了降低这种误导存在的可能，研究者在设计调查问卷之初，就要保证参与研究调查的对象有很好的保密性和匿名性，并且让他们知晓答案无对错之分。考虑到被调查者的社会期望和评价时的焦虑，可将共同方法偏差控制在可以接受的程度之内。同时，本研究的所有调查样本都存在微信使用经历，这就保证了被调查者能够充分地了解题目的表述内容，因此，共同方法偏差的概率被进一步减少。另外，本研究利用 Harman 单因子检验，以确定是否存在普遍的偏差，这种方法的优势在于它的应用范围很广，而且易于实施。研究使用 SPSS 22.0 软件进行 Harman 单因子检验，结果通过探索性因素分析（EFA）发现了 5 个可明确解释的因素，并且没有一个因素的因素负荷超过 50%，表明共同方法偏差几乎不影响研究结果的有效性。

验证性因子分析（Confirmatory factor analysis，CFA）作为特殊的结构方程分析方式，它从属于结构方程模型的一类评价模式，用拟合指标来考察该模型是否符合可接受的标准。本书验证性因子分析结果见表 5.1。信度（Reliability）是衡量量表结果是否符合或可靠程度的标准。在进行后续数据分析之前，要确保问卷的信度达到标准，以保证研究结果的准确性。信度越高，则表示同一量表内部由不同题项测量误差越小，测量题项之间的内在一致性就更高，量表的测量结果就更准确。本书以 Cronbach's alpha 为评价指标，考察了不同量表的可信性。在测量模式的信度上，Cronbach's alpha 和 CR 能够较好地测评内部的一致性。经过测量发现，所有的 Cronbach's alpha 和 CR 值都超过了 0.7 和 0.6 的临界值，显示出良好的可靠性。其中，使用习惯的组合信度系数为 0.871，使用偏好的组合信度系数为 0.891，信息性使用动机的组合信度系数为 0.883，娱乐性使用动机的组合信度系数为 0.874，社会性使用动机的组合信度系数为 0.851，自我披露型使用动机的组合信度系数 0.907，社会连接的组合信度系数 0.898，社会信任的组合信度系数 0.898，生活满意度的组合信度系数 0.906，线上公民参与的组合信度系数 0.954，线下公民参与的组合信度系数 0.923。上述结果说明，所使用的量表的可靠性较高，且模型的品质也比较理想。

表 5.1 验证性因子分析结果

变量和题项	因子载荷（>0.5）	Cronbach's alpha（>0.7）	CR（>0.6）	AVE（>0.4）
使用习惯（UH）		0.865	0.871	0.694
UH1	0.876			
UH2	0.860			
UH3	0.758			
使用偏好（UP）		0.889	0.891	0.477
UP1	0.690			
UP2	0.596			
UP3	0.736			
UP4	0.691			
UP5	0.655			
UP6	0.736			
UP7	0.735			
UP8	0.656			
UP9	0.710			
信息性使用动机（IM）		0.882	0.883	0.654
IM1	0.823			
IM2	0.815			
IM3	0.816			
IM4	0.781			
娱乐性使用动机（EM）		0.874	0.874	0.698
EM1	0.835			
EM2	0.838			
EM3	0.833			
社会性使用动机（SM）		0.831	0.851	0.591
SM1	0.819			

变量和题项	因子载荷（>0.5）	Cronbach's alpha（>0.7）	CR（>0.6）	AVE（>0.4）
SM2	0.801			
SM3	0.816			
SM4	0.621			
自我披露型使用动机（DM）		0.907	0.907	0.710
DM1	0.844			
DM2	0.864			
DM3	0.826			
DM4	0.836			
社会连接（SC）		0.896	0.898	0.688
SC1	0.795			
SC2	0.855			
SC3	0.839			
SC4	0.828			
社会信任（ST）		0.898	0.898	0.638
ST1	0.794			
ST2	0.820			
ST3	0.771			
ST4	0.803			
ST5	0.806			
生活满意度（LS）		0.901	0.906	0.659
LS1	0.808			
LS2	0.833			
LS3	0.812			
LS4	0.836			
LS5	0.767			
线上公民参与（NC）		0.953	0.954	0.697
NC1	0.629			
NC2	0.834			

变量和题项	因子载荷 （>0.5）	Cronbach's alpha（>0.7）	CR （>0.6）	AVE （>0.4）
NC3	0.877			
NC4	0.879			
NC5	0.884			
NC6	0.882			
NC7	0.766			
NC8	0.874			
NC9	0.857			
线下公民参与（FC）		0.927	0.923	0.606
FC1	0.723			
FC2	0.589			
FC3	0.640			
FC4	0.762			
FC5	0.704			
FC6	0.910			
FC7	0.916			
FC8	0.907			

Notes：CR，construct reliability；AVE，average variance extracted.

　　效度（Validity）一般是用来检测量表的准确性和呈现调查的真实性。效度越高，则显示数据越正确地反映了调查对象的真实情况和特征。本研究采用收敛效度和区分效度的方法对其进行验证，并采用标准化因子负载、平均方差抽取（AVE）对其进行评价。在表 5.1 中，标准化负荷估计值在 0.5 以上，这表明所有因素都集中在测量结构上。AVE 是指从被装入的工程中抽取的平均变化，AVE 超过 0.5 就是合格的标准。AVE 的值越大，表明变量的变异量所占比例越高，就可以更有效地反映其共同因素维度的潜在特质，相对测量误差值越小。当平均方差提取（AVE）高于 0.4 小于 0.5 且复合信度高于0.6 时，该结构的收敛效度仍然认为达到了标准。其中，使用习惯的 AVE 值为 0.694，信息性使用动机的 AVE 值为 0.654，娱乐性使用动机的 AVE 值为0.698，自我披露型使用动机的 AVE 值为 0.710，社会连接的 AVE 值为 0.688，社会信任的 AVE 值为 0.638，生活满意度的 AVE 值为 0.659，线上公民参与的 AVE 值为 0.697，线下公民参与的 AVE 值为 0.606，以上充分说明了各个维度下的测量题项均很好地测量了所要测量的概念，量表具有很好的收敛效度。

5.2 相关性分析

当收集处理完研究数据，需要对其进行统计学分析时，为了描述众多变量的线性关系紧密程度，通常会采取定量分析法。当使用定量研究时，常采取相关性分析法进行研究。对于多变量的相关程度分析，或是利用函数模型对众多变量之间关系进行描述时，也同样会采取相关性分析法。如果各变量之间有相关性，则可以说明它们之间存在着一定的联系，需要注意的是这种联系目前还无法确定是否是因果间的关系，这种联系表现在方向或大小程度上。在表示各个变量之间相关程度时，常采用相关系数进行表示，若直线相关系数越接近于 ±1，说明两变量之间相关关系越紧密；直线相关系数越接近于 0，说明两变量之间相关关系越不密切。本课题将系列人口统计学变量（性别、年龄、受教育程度、政治面貌、个人月收入）及社交媒体使用强度作为变量进行研究，将使用习惯、使用偏好、信息性使用动机、娱乐性使用动机、社会性使用动机，以及自我披露型使用动机作为社交媒体使用的关键要素，社会连接、社会信任和生活满意度是影响社会资本的重要因素。最后，通过线上和线下两个维度对公民参与进行分析。

研究将数据放入 SPSS 22.0 中，对上述因素进行皮尔逊相关分析，得出相关结果，发现在 0.001 的水平上，说明了各个变量间存在着显著的相关性。表 5.2 显示了特定的相关分析。结果表明，社交媒体使用习惯、使用偏好和不同类型的使用动机（包括信息性使用动机、娱乐性使用动机、社会性使用动机和自我披露型使用动机）存在彼此相关性；社会连接、社会信任和生活满意度存在彼此相关性；线上公民参与和线下公民参与存在相关性。另外，使用习惯、使用偏好、不同类型的使用动机（包括信息性使用动机、娱乐性使用动机、社会性使用动机和自我披露型使用动机）分别与三个维度的社会资本（社会连接、社会信任和生活满意度）存在彼此相关性；使用习惯、使用偏好、不同类型的使用动机（包括信息性使用动机、娱乐性使用动机、社会性使用动机和自我披露型使用动机）分别与线上和线下两种公民参与存在彼此相关性。三个维度的社会资本（社会连接、社会信任和生活满意度）分别与线上和线下两种公民参与存在彼此相关性。

表 5.2　相关性检验结果

各项	UH	UP	IM	EM	SM	DM	SC	ST	LS	NC	FC
UH	1										
UP	0.723	1									
IM	0.784	0.848	1								
EM	0.813	0.821	0.867	1							
SM	0.862	0.847	0.893	0.941	1						
DM	0.539	0.887	0.624	0.676	0.697	1					
SC	0.551	0.872	0.641	0.657	0.698	0.860	1				
ST	0.666	0.705	0.769	0.767	0.790	0.537	0.578	1			
LS	0.508	0.782	0.639	0.604	0.654	0.769	0.775	0.659	1		
NC	0.376	0.754	0.513	0.486	0.500	0.797	0.768	0.447	0.793	1	
FC	0.296	0.707	0.431	0.404	0.416	0.762	0.740	0.398	0.764	0.907	1

注：*P < 0.05，**P<0.01，***P < 0.001（都是 *** 未标注）。

5.3　研究模型路径分析

结构方程模型（Structural Equation Model，SEM）的功能与用意是对多种变量间因果关系进行检验。这个检验的优点在于，它可以对某些无法直接观察到的潜在变量进行研究和测试。这种研究方法日益成熟，已经被社会学、经济学、管理学等诸多学科普遍应用。其中，最为常见的是协方差结构分析方法（CB-SEM）和偏最小二乘方差分析方法（PLS-SEM）。本研究采用的是CB-SEM，该方法使得研究人员可以通过分析数据结果对模型进行修正。本研究基于前人研究构建了社交媒体使用、社会资本与公民参与的结构方程模型。本研究应用 AMOS 26 软件对数据进行分析，在确认模型的拟合优度都符合标准的基础上得到了最终的检验结果，如图 5.1 所示。

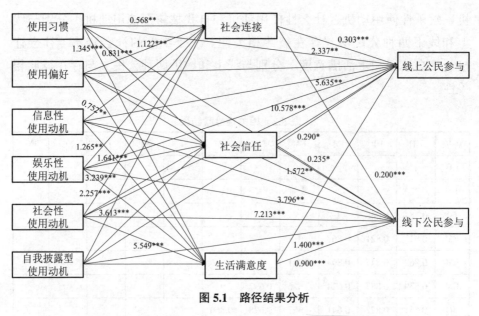

图 5.1　路径结果分析

注：*P<0.05,**P<0.01,***P<0.001。

5.3.1　社交媒体的使用和社会资本的关系

本研究将社交媒体使用划分为使用习惯、使用偏好和不同类型的使用动机（包括信息性使用动机、娱乐性使用动机、社会性使用动机和自我披露型使用动机），分别检验其与三个维度的社会资本（社会连接、社会信任和生活满意度）的关系。由表 5.3 可知：

1.使用习惯与社会连接（β = 0.568，在 0.01 水平上显著）、社会信任（β = 0.831，在 0.001 水平上显著）和生活满意度（β = 1.345，在 0.001 水平上显著）都呈现出显著正相关，从而 H1a、H1b 和 H1c 被接受。这说明青少年社交媒体使用习惯越强烈，他们就会建立起越多的社会连接与信任，并提高其对生活的满意度。

2.使用偏好与社会连接（β = 1.122，在 0.001 水平上显著）显著正相关，而与社会信任、生活满意度的相关关系并不显著，从而接受 H2a，拒绝 H2b、H2c。这说明青少年的使用偏好有利于社会关系的建立。

3.信息性使用动机与社会连接（β = 0.752，在 0.01 水平上显著）显著正相关，而与社会信任、生活满意度的相关关系并不显著，从而接受 H3a，拒绝 H3b、H3c。这说明以获取信息为动机的社交媒体使用对社会资本产生了正向作用，值得学者们注意。

4. 娱乐性使用动机与社会连接（β = 1.265，在 0.01 水平上显著）、社会信任（β = 1.641，在 0.001 水平上显著）和生活满意度（β = 3.239，在 0.001 水平上显著）都显著正相关，因此 H4a、H4b 和 H4c 被证实。这与我们的预期相适应，表明青少年利用社交媒体进行娱乐活动能够加强其与他人的社会连接，增加彼此的信任程度，并提高他们对自身生活的满意程度。

5. 社会性使用动机与社会连接（β =2.257，在 0.001 水平上显著）、社会信任（β =3.613，在 0.001 水平上显著）和生活满意度（β =5.549，在 0.001 水平上显著）都呈现出显著正面联系，从而接受 H5a、H5b、H5c。这说明社交媒体上进行的社会性活动确实促进了青少年社会资本的积累。

6. 自我披露型使用动机与社会连接、社会信任、生活满意度的相关关系并不显著，从而拒绝 H6a、H6b、H6c。

表 5.3　假设检验结果

假设	检验路径	路径系数	P 值	验证结果
H1a	使用习惯 社会连接	0.568	0.002**	支持
H1b	使用习惯 社会信任	0.831	0.000***	支持
H1c	使用习惯 生活满意度	1.345	0.000***	支持
H2a	使用偏好 社会连接	1.122	0.000***	支持
H2b	使用偏好 社会信任	0.410	0.325	不支持
H2c	使用偏好 生活满意度	0.797	0.236	不支持
H3a	信息性使用动机 社会连接	0.752	0.005**	支持
H3b	信息性使用动机 社会信任	−0.444	0.229	不支持
H3c	信息性使用动机 生活满意度	−0.949	0.113	不支持
H4a	娱乐性使用动机 社会连接	1.265	0.001**	支持
H4b	娱乐性使用动机 社会信任	1.641	0.000***	支持
H4c	娱乐性使用动机 生活满意度	3.239	0.000***	支持
H5a	社会性使用动机 社会连接	2.257	0.000***	支持
H5b	社会性使用动机 社会信任	3.613	0.000***	支持
H5c	社会性使用动机 生活满意度	5.549	0.000***	支持

假设	检验路径	路径系数	P值	验证结果
H6a	自我披露型使用动机 社会连接	0.058	0.773	不支持
H6b	自我披露型使用动机 社会信任	−0.512	0.073	不支持
H6c	自我披露型使用动机 生活满意度	−0.307	0.504	不支持
H7a	使用习惯 线上公民参与	2.337	0.004**	支持
H7b	使用习惯 线下公民参与	1.572	0.005**	支持
H8a	使用偏好 线上公民参与	−0.835	0.513	不支持
H8b	使用偏好 线下公民参与	−0.500	0.547	不支持
H9a	信息性使用动机 线上公民参与	1.883	0.102	不支持
H9b	信息性使用动机 线下公民参与	1.173	0.117	不支持
H10a	娱乐性使用动机 线上公民参与	5.635	0.002**	支持
H10b	娱乐性使用动机 线下公民参与	3.796	0.004**	支持
H11a	社会性使用动机 线上公民参与	10.578	0.000***	支持
H11b	社会性使用动机 线下公民参与	7.213	0.000***	支持
H12a	自我披露型使用动机 线上公民参与	1.224	0.154	不支持
H12b	自我披露型使用动机 线下公民参与	0.781	0.164	不支持
H13a	社会连接 线上公民参与	0.303	0.000***	支持
H13b	社会连接 线下公民参与	0.200	0.000***	支持
H14a	社会信任 线上公民参与	0.290	0.036*	支持
H14b	社会信任 线下公民参与	0.235	0.011*	支持
H15a	生活满意度 线上公民参与	1.400	0.000***	支持
H15b	生活满意度 线下公民参与	0.900	0.000***	支持

注：*P < 0.05，**P<0.01，***P < 0.001。

5.3.2 社交媒体的使用和公民参与的关系

本研究中将公民参与分为线上与线下两个维度，对社交媒体使用产生的不同影响进行了深入探究，用于分析社交媒体在虚拟和现实生活中起到的不同作用。从表 5.3 的假设检验结果可以看到：

1. 使用习惯与线上公民参与（β =2.337，在 0.01 水平上显著）、线下公民参与（β =1.572，在 0.01 水平上显著）都显著正相关，从而接受 H7a、H7b。这说明青少年在社交媒体中形成的使用习惯能够促进他们利用线上和线下渠道很好地开展公民参与活动。

2. 使用偏好与线上公民参与和线下公民参与的相关关系并不显著，从而拒绝 H8a、H8b。

3. 信息性使用动机与线上公民参与和线下公民参与的相关关系并不显著，从而拒绝 H9a、H9b。

4. 娱乐性使用动机与线上公民参与（β =5.635，在 0.01 水平上显著）、线下公民参与（β =3.796，在 0.01 水平上显著）都显著正相关，从而接受 H10a、H10b。这表明在当前泛娱乐时代，青少年的公民参与行为能够得到一定程度的促进。

5. 社会性使用动机与线上公民参与（β = 10.578，在 0.001 水平上显著）、线下公民参与（β = 7.213，在 0.001 水平上显著）都显著正相关，从而接受 H11a、H11b。这说明通过社交媒体进行社会性互动和信息共享的个体更有可能参与线上和线下公民活动。

6. 自我披露型使用动机与线上公民参与和线下公民参与的相关关系并不显著，从而拒绝 H12a、H12b。

5.3.3　社会资本和公民参与的关系

本研究还探讨了不同维度的社会资本对线上和线下公民参与的影响，以期完善社会资本理论在解释青少年公民参与领域的研究。从表 5.3 的研究结果可以看到：

1. 社会连接与线上公民参与（β =0.303，在 0.001 水平上显著）、线下公民参与（β =0.200，在 0.001 水平上显著）都显著正相关，从而接受 H13a、H13b。

2. 社会信任与线上公民参与（β =0.290，在 0.05 水平上显著）、线下公民参与（β =0.235，在 0.05 水平上显著）都显著正相关，从而接受 H14a、H14b。

3. 生活满意度与线上公民参与（β =1.400，在 0.001 水平上显著）、线下公民参与（β =0.900，在 0.001 水平上显著）都显著正相关，从而接受 H15a、

H15b。

4.通过比较社会连接、社会信任和生活满意度的路径系数可以看到，对线上公民参与影响最大的变量是生活满意度（β=1.400），对线下公民参与影响最大的变量同样是生活满意度（β=0.900）。

这些研究结论表明青少年的社会资本越多，他们就越会积极地投身线上和线下公民参与活动，以期奉献自己的一份力量。并且在这一过程中，社会连接、社会信任是促进线上公民参与的重要指标。青少年关系网络越复杂、紧密，对社会的信任程度越高，公民参与的倾向和程度就越强。而对线上、线下公民参与而言，生活满意度起到更为重要的作用。青少年的共情能力较强，对自身生活的满意程度越高，就越有动力去推动改善现有社会的不足。

6 整体结论

6.1 研究结果分析

6.1.1 青少年社交媒体的使用对于公民参与的影响

随着移动网络技术的进步和社交媒体的普及，各类社交媒体的渗透率不断提高，青少年群体已经成为使用社交媒体的主力军。但现有研究以大学生与白领为主要调查对象，较少关注青少年群体。因此，有必要结合当前社会发展特点及青少年自身情况进行分析。社交媒体是一种新型传播工具，具有很强的交互性与实时性。它可以让受众主动参与其中。"狂飙期"青少年由于生理和心理上的特殊性，在社交媒体上较其他人群更易受不良信息冲击，他们的社交媒体使用行为也备受关注。

本研究立足于社会资本理论的研究框架，采用了"使用与满足"理论、新媒体理论，以及公民参与理论等经典理论范式。研究系统地使用了文献研究法、对比研究法、问卷调查等多种研究方法，将量化与质化研究相结合，从青少年社交媒体使用现状、呈现方式、影响关键要素与行为模式方面进行深入探究。本研究采用问卷调查的方法，在全国范围内选取了 14 至 28 岁的青少年作为样本进行数据收集与分析，共获得有效问卷 1246 份；在对全国青少年进行问卷调查基础上，研究勾勒出当前青少年社交媒体使用和公共参与行为状况。通过青少年微博、微信等典型社交媒体使用情况、社会资本，以及公民参与行为的系统分析，挖掘了青少年的社交媒体使用和线上、线下公民参与行为的逻辑联系。同时，在社交媒体的影响下，青少年的公民参与的环境、方式等都发生了巨大的改变。研究回顾和梳理了过去关于社交媒体对他们公民参与影响的研究成果，并对其进行检视、分类、总结，以期为今后相关方面的研究提供参考。

首先，本课题实证性地检验了社交媒体的具体使用对青少年公民参与的影响。本研究通过全国性的实证数据验证了中国社会社交媒体使用与青少年线上线下公民参与行为总体呈现正向相关，该结论符合以往部分学者的结论，即社交媒体有助于促进公民参与的判断。本研究的一大贡献在于进一步利用数据验证社交媒体在青少年公民参与中的作用，驳斥了诸如帕特南等学者的媒介"抑制说"。因此，有理由相信"社交媒体的使用对公民参与带来积极影响"这一基本判断在中国社会依然成立。

具体来讲，青少年的社交媒体的使用习惯对其线上公民参与和线下公民参与产生正向影响。青少年在日常生活中越是拥有社交媒体的接触和使用习惯，他们在进行线上和线下公民参与的频率就越高。近年来，随着传播技术自身的跨越进步，青少年群体公民意识的觉醒，特别是社交媒体等新媒介不断开发与推广，它们已经给公民参与实践性带来了实质上的重大冲击，这种新型的社会互动形式正在改变着人们传统的政治行为方式。当今，社交媒体已激发起受众对于公共生活积极、主动的反应与参与，这也意味着在新媒体语境中，受众公民性问题日益凸显。这项研究还证实了学者马克·波斯特的观点，即全球化的到来和网络媒介已为人类重绘新一代的公民形象布置好了新的画册（马克·波斯特、陈定家，2008）。可以看出，公民性作为一种公民应有的根本性规定与可能，不能脱离社交媒体这一公民在社会公共生活中重要的参与资源。可以说，公民身份就是在参与公共生活过程中逐步建构起来的，而这个过程需要借助于社交媒体，所以媒体的使用者就同时具有了受众和公民的双重身份。

研究结果验证了在新媒体的背景下，媒介公民具有与之相对应的双重身份。作为传播主体，媒介公民与大众传媒有着千丝万缕的联系；而作为传播客体，媒介公民又影响着大众传播媒介的发展方向。因此，媒介公民具有独特的理论价值和现实意义。媒介公民的引入，从学术层面上对传播学受众研究引入公民概念进行了尝试，同时，它又是学科交叉的结果，更是新的传播技术发展和民主政治完善的必然产物。研究结果指出把公民的定义嵌入社交媒介受众观，其实就是把受众当作公民以维护个体权利为媒介责任和经营的基本原则，是我国民主政治进步和市场经济整体运行在社交媒介观上的良好呈现。

此外，本研究发现，大学生社交媒体的社会性的使用动机越强，他们进行线上和线下公民参与的程度也就越高。这就意味着公民参与行为同时受社交媒体使用习惯和使用动机的影响。这可能是因为微信、微博等社交媒体在一定程度上培养了大学生的主流价值观，调动了大学生参与公共事件的积极性和主动性；这些社交媒体的使用和不断扩大的好友数量在一定程度上提升了他们在线上和线下进行公共事件传播的范围，为青年群体在浏览、获取、关注和传播公共事件有关内容和信息提供了更大可能。在过去的传统媒介环境中，普通公众更多地以受众的身份被动地接收媒介传递的信息内容，虽然他们极有可能通过传统的大众媒介进行宣传，参与社会生活，处理公共事务，但此类参与是极其有限的。依照公民参与阶梯理论模式，在传统媒介时代，公民参与表现为被告知、被建议、被安慰，这都是象征意义上的参与。而随着互联网技术的发展和普及，网络成为一种重要的公众表达平台，并以其独特优势吸引着越来越多网民的关注，它不仅改变了信息传播的途径、形式及主体，还对公民社会产生巨大影响。新媒介时代的来临，给普通公民（含青少年群体）提供了一条真正意义上的参与通道，以及多样且更直接、更高效的参与途径。

托夫勒（Toffler）曾经断言道：工业社会之后，社会的非群体化开始增长，煽动多数人的行动会渐渐艰难起来，民主也会因此难以实现。为了解决这个问题，一种新的技术被提出并迅速发展起来——社交媒体。它使人们可以通过各种途径与其他个体或组织建立起联系。同时也改变着人类的生活方式。随着社交媒体和虚拟等信息技术的发展，人们的人际交往更加便捷。有了这一全新信息技术，不用真的去现场，只需借助于虚拟空间中的渠道，端坐在笔记本前，或手持智能手机，便能获知不可亲知的信息，实现社交活动的最大化，这无疑缩短了观众在时间和空间上的距离。社交不再需要采取以往的直接面对面的方式，社交媒体的使用使得时空得到压缩，即时性也取代了延迟。在网络这一虚拟世界里，它以网状发散性和极速传播性具备了其他传统媒介所不具备的特征，使受众个体主观上的认知和在网络空间达成的共识，经由这种沟通与互动而互相作用，互相影响，彼此撞击，并最终趋于融合。网络公共领域就是这样一个不断生成、发展与变化着的社会公共信息平台，它是一种以互联网为依托的新形式的社会交往模式。这一进程还因社交媒体更快捷，青少年群体线上线下公民参与变得更直接化、更快捷化、更便利化。社交媒体让社会公众更平等，让人可以自由表达个人意愿，扩宽市民参与深度与广度，助力民主沿着良性轨道运行。

本研究还发现娱乐性使用动机也促进了线上和线下的公民参与行为。这个结果和之前学者的研究不一致，一些学者通过实证研究表明，为了搜索信息，这部分用户会拥有更高的社会资本和公民参与水平。相反，娱乐性和匿名性的社交媒介的使用不能促进公民的收益，反而带来了参与水平的下降（Shah, et al., 2005）。他们一致认为，通过社交媒体进行信息获取可以提高使用者的政治知识水平，但是私人个性化以社会娱乐为目的的媒体使用和其他虚拟空间环境中的匿名互动无法提供面对面与他人进行互动所具有的公民利益特性，仅仅是塑造出一种虚幻的归属感。然而最近越来越多的研究却表明：在线游戏等娱乐性行为能够促进青少年的公民参与水平（Gastil & Broghammer, 2021; Themistokleous & Avraamidou, 2016）。也有研究人员发现，通过手机寻求娱乐的目的能够促进政治参与。这些研究认为各种形式的游戏和娱乐活动是青少年群体日常生活的一部分。游戏和娱乐包含不同领域，比如军队、政治、建筑、教育和营销等。这些不同游戏和娱乐渗透的共同因素是它们可以向用户提供一些学习潜力。人们可以通过在数字环境进行网络游戏来提升这些潜力，这些游戏可能直接或间接促进健康的活动的动机技能和知识的发展。尤其是那些与公民教育相关的游戏允许用户探索迄今为止无法达到的情况，并使他们从模拟经验中学习，增强关键能力以反思社会和政治环境，培养集体行动技能（Kahne, et al., 2013）。因此游戏和其他的娱乐性活动本身就是基于互动、协作、主动和动态的学习，以及非正式的有价值的学习和受教育的过程，它们还包括了参与民事纠纷。正如 Amory（2007）所指出的，游戏的主要功能包括"可视化、实验和创造力"，它在多个层面影响着游戏玩家的学习过程，并在对其进行批判性思维相关的技能赋权方面具有特殊影响（Amory, 2007）。

微信、微博等开放的网络环境给青少年公众参与带来了阳光与土壤。它不仅改变了传统的单向传播模式，而且打破了传统媒体"一言堂"的格局；同时也使青少年与外界的沟通渠道更加多元化。网络时代的公共领域，对青少年来说是一片净土，其自由空间更大。而网络空间互动交流平等性为每一个公民都能平等地参与到行政中来提供了基本前提，不管是通过普通电脑或是智能手机访问无线网络都非常便宜，这对于每一个人进行公共性生活来说都节省了相当大的费用。网络空间意见表达的直接性决定了所涉及的信息在传输过程中不会存在偏差和损失。在参与游戏等娱乐活动时，虚拟环境中的玩家们还能够创造和发展公民技能。此外，这些年轻人正在被引导遵守集体和自治行动的基本民主原则，以及追求共同利益。以娱乐为目的的游戏有如下主要特征：能够对公民教育、公民学习过程及公民参与程度产生积极影响，包括协作决策、过程与实验、批判性思维和解决问题。另外，以娱乐为目的的媒介使用使得个体获取了一些附加意义和语境化行为。通过进行游戏等娱乐性的活动，青少年可能可以获得关于外部世界的技能、特征和概念，这可能会提高公民教育水平，并在一定程度上实现最大化，从而提高他们在公共领域的参与效率和直接性。

然而，本研究没有发现信息性的使用动机能够正向预测线上和线下的公民参与行为。换句话说，以获取信息为目的社交媒体的使用并不能提高青少年群体的线上和线下的公民参与的水平，这与以往的研究关于分析新媒体和公民参与的研究不一致。很多学者研究表明：信息交流（认知需求）和社会互动（认知需求）能够显著预测公民参与。他们的研究结果还表明，公民态度和移动设备上的社交网络服务使用与公民参与呈正相关（Cheng et al.，2015；Y. Kim & Kim，2022）。这些研究往往认为新媒体上的信息也可以通过触发新闻事件的心理推理和阐述，促进公民导向的行为，随后推动个人参与公共事务。公民之间也能够在社交媒体上就态度和观点进行信息交流，详细阐述社区面临的问题，了解解决问题的机会和参加公民活动。与此同时，更大、多样化的网络往往会为人们带来更多的信息参与者。因此，人们更容易接触到教育程度更高的人。这些受过教育的个人能够提供专业知识，使公民可能以他们过往不会使用的方式进行公民参与。

尽管社交媒体允许用户创建个人档案，与其他用户进行联系，同时也允许用户了解关于他们联系人的详细信息，包括个人背景、兴趣、音乐爱好等。用户还可以通过同一平台内的各种工具相互交流，包括聊天、发送私人消息、在用户档案中留下公开评论、链接到外部内容，分享照片和视频等。然而，已经有研究发现，在最受欢迎的社交网站上进行的大多数信息交流都不与公共事务相关，就像电视中的大部分内容是娱乐而不是新闻一样。正如最近的证据所表明的那样，随着社交媒体融入青少年的日常生活，他们所获得的内容其实是多样化的。换句话说，他们可能会使用社交媒体来构建个人身份，建立社交网络人际关系或进行娱乐；然而这并不意味着以寻求信息为目的的他们会主动关注公共事务，他们也可能不会使用社交媒体来贡献和分享本质上是公众参与的相关信息（Gil de Zúñiga, et al., 2012）。

本研究也没有发现自我披露型动机与线上和线下公民参与之间的关系。青少年在社交媒体上更多地进行自我披露，并不意味他们的线上和线下的公民参与水平能够得到提高，这和之前的研究得到的结果不一致。已有研究发现新媒体的使用为信息交流提供了个人信息，鼓励了个体间的相互的自我披露，增加了人际信任，这可能会增强支持性和积极性（Xie, et al., 2018; Zhong, 2014）。此外，个体进行自我披露能够获得更多的关注者，他们的网络社交资本也会越强；用户的参与者拥有更多的在线社会资本，因此能更多更积极地进行公民参与活动。然而在今天，由于社交网络化社会和社交媒体应用的全面兴起，很多因素需要加以全面考虑。例如，对自我披露的研究需要把重点转移到人们利用社交网站共享个人信息的方式上来。本研究讨论了在这一领域的最新研究进展及未来需要进一步探索的几个重要问题。这些研究主要集中于社交网络中的隐私悖论方面，发现青少年深知使用社交媒体可能会导致隐私风险，但是他们仍然在社交媒体中进行自我披露。然而，这些自我披露实际上是通过包装和掩饰的，可能不能真实地表达自我看法和观点。在社交媒体的使用中，公众选择在社交媒体进行自我披露主要基于两个原因：一方面，社交媒体用户的自我披露可归结为在线交流所提供的匿名性与社交互动便捷性。另一方面，由于社交网络是一个开放且复杂的系统，社交网络用户也会因为其身份而对外界信息产生感知。匿名是用户进行自我披露最重要的方式之一，也是影响用户进行自我披露的主要因素。在社交媒体上的社交互动中，用户会通过自我披露建立感情、增进社会互动、激发自身吸引力等方式，通过社交网站中个人信息的积极表露以引起别人的注意，获得别人的好感。

　　虽然现有研究发现，社交媒体使用者通过自我披露的方式，能获取其需要的信息资源，而接收他人个人信息的人会觉得有责任共享其个人信息以换取报酬，从而使使用者彼此之间互惠互助，而且这种社交媒体上的自我披露也能便于人们获取更多的信息，而人们也能通过个人信息的互相披露缓解使用者对事件的不确定性。但当前最新研究显示，社交媒体用户对现存隐私风险有某种程度的模糊（Photiadis & Papa, 2022）。例如，用户通过社交媒体透露自己的真实名字，他们仅关注自我披露所产生的好处，而并没有认识到这种行为所涉及的危险。目前关于社交媒体用户进行自我披露行为的研究主要集中于两个方面：一方面是关于用户如何作出自我披露；另一方面则是针对用户在社交媒体中发布信息后所产生的后果展开分析。这两种方法各有侧重，且效果不一致。基于此，有研究者仅针对自我披露对象的内容展开了讨论。结果发现，用户在社交媒体中自我披露的内容涵盖了自我表达意愿，保持关系发展，获得社会认可，获取社会资源与信息，通过共享信息为他人谋福利，管理个人身份等方面，且不同话题的内容还会造成社交媒体中用户自我披露的方式的差异（Manago & Melton，2020）。

根据以往研究发现，多数研究关注影响个体在社交媒体上自我披露的具体原因，鲜有研究考察自我表露行为对于公民参与的实际影响。但此前研究人员还发现，隐私态度对自我披露发展有重要影响，如果登录社交媒体的用户容易对个人隐私安全感到担心，他们在社交网站使用过程中对个人隐私信息的披露便会降低。用户之所以会作出上述披露，实际上是因为当前社交媒体技术的特性使得维持原有人际关系流程简单化。在自我披露的影响因素方面，先前的研究还发现了网络基本服务属性及计算网络环境对社交网站成员自我披露产生了影响（Chen，2013）。通过研究社交网站的数据发现，用户人口统计学特征、对社交网站本身的体验、个体社交网络大小、博客生产率及信息敏感度都会影响个体的自我披露行为。因此，考虑到本研究中的结论缺乏对个体因素、信息的属性、社交网站的个体体验，以及个体本身对于隐私的看法等综合因素的整体考察，没有得出自我披露会影响青少年的线上和线下的公民参与的结论也是可以理解的。

正如本研究中的假设所提出的那样，社交媒体的使用在青少年的生活中发挥了重要作用，并对个人从事公民和公共性活动的意愿产生积极影响。因此结果表明，更好地了解青少年是如何使用社交媒体，可能会对解析新媒体时代刺激社会和公民行动的新型因素有所帮助。此外，这项研究发现，社交媒体的使用偏好与青少年的线上和线下的公民参与之间不存在统计关系，这意味着对于社交媒体的某些使用偏好可能并不一定能促进公民参与活动。以上的研究结果都在结构方程模型中得到验证，所有这些已有的关系都是真实的。整体而言，尽管一些结果和以往研究的结论不谋而合，还有一些有意义的结论和以往的研究结果不一致，但能够证明，社交媒体的使用在某种意义上提供了充分与相关的信息和空间，推动了本体的民主进程。尤其是本研究所涉及的线上的公众参与，这种网络公民参与不仅仅增加了民主行政实现的可能性，而且证明了在网络社会的多元信息环境下，网络空间同样能实现民主机制。网络公民参与在当前既化解了长期以来束缚民主的痼疾，也是落实民主最有效和最可靠的手段。而且它在很大程度上改变着政治生活中的信息传递与交流方式，使得政府管理更加透明公正、高效便捷，并使公民参与意识进一步增强，从而推动了社会民主化进程。社交媒体在民主行政中所产生的正面效应也是不容忽视的，尤其是在技术对民主意义的影响上。社交媒体在提高政治效率、提升行政系统的规范化和制度化水平等方面发挥着重要作用，是实现民主行政的重要途径之一。它还在促进公众参与、推动电子化民主等方面发挥重要作用。社交媒体对民主的影响是多方面、多层次的。它不仅推动了民主的进步，而且为现代社会发展提供了新的契机。另外，随着社交媒体的盛行，不论是借助社交媒体，还是借助传统媒介，公民参与都会与这些现有媒体进行互动，从而产生"共振"效应，使其成为公众舆论、公民参与取之不尽、用之不竭的来源，继而成为一种重要的实现和交流互动的动力。新型媒体技术显示出空前的社会价值，对社会化民主进程产生了特别关键的影响。

6.1.2 青少年社交媒体的使用对于社会资本的影响

本研究综合了以往研究成果和调查访谈等方法，把社交媒体社会资本划分为社会连接、社会信任和生活满意度三种类型。社交媒体作为在技术进步下产生的一种新的社会情境和工具，对传统的社会秩序、社会群体及人们的生活方式都带来了根本性的影响。社交媒体在给人们提供便利的同时，也为社会发展带来一定程度上的负面影响。社交媒体具有移动性和连接性等特点，能够拉近社会成员之间的时空距离。在这样的社交媒介变革的时代背景下，研究青少年如何利用社交媒体进行学习、生活和工作等活动，需要从三个维度来分析。社会连接是社会资本的一种重要形式，它不仅指人际联系，还包括了社会连接所形成的社会关系及由此产生的人际关系对个人生活的影响，这种人际关系会给个体带来现实收益。有研究者提出，个人线上线下两个身份并非隔离，个人通过社交媒体扩大并保持的社会连接在现实环境下仍能给个人带来收益和影响力。

研究结论得出，社交媒体使用习惯和使用偏好与社会连接均呈现出正相关。这表明了社交媒体的使用对于青少年群体的社会连接的促进。青少年之间人际交往习惯的变革，使得原有的社交活动通过社交媒体的使用得到了拓展，而且可以通过朋友圈等来维持和延伸他们社交网络。研究同时也证实了学者曼纽尔·卡斯特（Manuel Castells）的观点。他主张网络关系绝不仅仅代表着两种关联的行动主体，它更是一种包含了社会上所有行动主体的多角间接关系与路径联系，社交媒体作为储存人脉资本的器皿，更是制造与维持人脉资本的载体。而社会资本理论认为，个人在社会关系网络中所做的所有交往及其他积极的行为，其目的在于可以获取更多的社会资源和收益，社会关系网络的每个参与者期望通过社会交往和社会关系维护来获取实际人脉资源及其他各种社会资本，这些人脉资源还可以转化为其他资本形式。社交媒体的使用极大地降低了人们社会关系维系的成本。青少年群体现在已经不再依靠面对面的传统交流方式维系人际关系，而是借助即时通信软件和社交媒体进行超越空间和远隔重洋的亲友交流。

另外，研究发现，社交媒体的使用动机尤其是信息性动机、娱乐性动机和社会性动机也能正向预测社会连接。以往研究中，许多学者发现，人们利用社交媒体有如下动机：保持社交需要、扩展社会关系网络、获取有意义信息、获取消遣娱乐和自我表达。信息性动机、娱乐性动机和社会性动机都是青少年群体使用社交媒体实现社会连接的深层动机。青少年在社交媒体上能够得到符合他们内在需要的实用信息，尤其是那些对于他们来说具有意义和价值的信息，正是那些价值使他们能够和社会保持联系。实用信息的来源广泛且种类繁多，如何扩大信息面以在有限的时间内掌握更多有用的信息，从而为以后的专业学习提供帮助，让更多的人了解并接受自己需要的实用信息，已经成为青少年群体利用社交媒体进行交流的一项重要内容。青少年群体具有强烈的社会性动机，他们渴望建立良好的人际关系，寻求广泛的社会连接。青少年群体通常将社交媒体作为一种社交工具来运用，他们通过新的传播及通信工具来积极地使用社交媒体，主要是想让它连接到各种各样的关系中去，扩大并保持个人的社会网络及人脉关系。

值得一提的是，本研究发现娱乐性的使用动机也促进了青少年的社会连接。也就是说，越是基于娱乐消遣动机而使用社交媒体的青少年，其社会连接程度越高。近几年本土社交媒体的娱乐应用的高度发展，尤其是上网玩游戏、听音乐、看电影，不再仅能消耗青少年个人的时间成本，它们也为个体提供了更大的人际网络和更丰富的生活认知感，因此，本研究认为娱乐能够促进社会连接。然而，本研究发现自我披露型使用动机不能对社会连接产生显著的正面影响。因此，从传播学的角度来看，不同的人基于不同的使用动机，即不同的社交媒体使用方式可达成不同的目的，并最终产生不同的效果。由于年轻人使用社交媒体的方式有一定的差异，因而产生的后果也具有复杂性，这些后果依赖于个体希望从媒介中获取的满足和进行的媒介抉择。

从社会资本的另外一个维度，即社会信任来讨论。社会信任是社会资本的生成之源。同时，社会资本又是社会信任的表现形态之一。信任资本在人际交往过程中发挥着重要作用，人们通过信任资本来实现对他人和自身的认知、判断及行为上的影响。而群体内部成员间的相互关系又会影响到整个群体的行为方式和心理状态。因此，信任资本是一种重要的资源。它可以为个体提供一定的安全感与归属感，从而促进他们更好地融入集体之中。齐美尔对信任这一要素在社会中所处的重要地位和作用给予了很高的评价，认为健康运转的社会离不开人们的信任。信任作为社会关系维系的基础和前提，对个体来说具有重要意义，而信任又是建立在一定的社会资本之上的。本研究发现，青少年社交媒体的使用习惯促进了其社会信任的增长。青少年对社交媒体的依赖程度越高，其社会信任资本就越高，并且这种关系会随着时间的推移不断地进行再生积累。因此，信任资本对人们的生活有着重要影响作用。当前，实名化及由此产生的信任基础使得青少年社会互动目标更加清晰。因此，人们对于社会资本投入及收益的预测更加精准。

此外，本研究发现社交媒体使用的娱乐性动机和社会性动机对于青少年的社会信任产生了积极的影响。这说明，通过社交媒体来获得消遣娱乐和社会交往的目的性越强，那么人际之间的互动传播、沟通及交流就越多，最后导致社会信任的增加。这一研究结果在某种程度上与之前一些西方学者对于中国社会信任问题研究不一致，诸如西方学者韦伯（Weber，1995）与福山（Fukuyama，1998）在探讨中国问题时，两人都认为社会信任对于中国人而言并不建基于信仰共同体，它只以家族间血缘和亲缘关系为基础，故个人难以在家族外无血缘的关系间形成某种社会信任。他们认定中国是信任普遍缺失的社会。但是通过对相关资料分析发现，这种看法是错误的。相反，我们可以看到中国社会在长期发展过程当中形成的一种特有的信任体系。虽然最初由血缘联系这一根本核心所构建的社会信任架构是先天赋予且比较稳定的，但是在经济平稳发展和社会变迁的背景下，中国民众的信任结构也发生了一定程度的改变，中国人的信任结构亦发生了一些变化。现实情况下，在当今的中国社会中，人们所信任的群体范围在逐步增大，从以往的仅仅以具备家族血缘关系的家庭成员关系为主，逐渐发展成为包含那些不具有血缘关系但却有着密切交往关系的朋友伙伴。所以，尽管在某种程度上，社会信任与血缘家族关系有关，但是就无血缘联系却有某种互动交往与联系的个人而言，个人并不会表现出普遍而极端的不信任感。这种状况对个体的社会化进程具有重要影响。随着互联网技术的不断革新，青少年社会群体对社会整体结构的认知也发生了很大变化，这就使得他们对自己所处环境的信任有了更多的内在含义。社会信任作为一个国家或地区的社会制度结构中的一种功能化的社会机制体制，随着社会变革而不断变化。尤其是随着社交媒体的发展，人们的协作精神和平等意识都发生了很大的改变，这就导致了如今我国青少年的信任结构发生了一定的变化。而本研究结论显示，青少年群体因为使用社交媒体而对其信任的群体不仅限于具有血缘关系的亲人和亲属，还包括周围及网络上关系密切的朋友。

然而，本研究没有发现信息性的使用动机和自我披露型动机对于社会信任的相关影响。尽管微信和微博等很多社交媒体都给青少年一个更广泛的展示自己的平台。比如微博平台中，用户发布的消息上来就能让所有的用户看到。在强关系的影响下，人们通过微信朋友圈、视频、文本和图像等方式进行自我披露。这种"人人都有麦克风"的状态不仅让个体意识到自己的真实身份，而且还使人们认识到他们作为一个群体存在时的平等地位。社交平台上发布的信息不仅可以帮助人们了解自己的个人信息，还能在一定程度上提升个人形象，增强公众对政府的信任度，提高公众参与决策的透明度，从而增加社会信任。反观信息性的使用动机，青少年基于信息性动机使用社交媒体大多是为了减少或消除信息不均衡带来的不确定性，而不是增加社会信任。所以基于信息动机使用社交媒体并不一定会提高社会信任。

西方有传播研究者在讨论公民个人社会资本问题时认为，社会资本自身是通过参与和互动互相影响而产生的，它通过个人态度和行为表现出来并加以维持。与之相适应，西方学者也提出了"公民生活质量"这一特定概念（V. Shah, 2001），并着重指出，"公民生活质量"不只包含社会资本的两大维度（即"社会连接"和"社会信任"），而是还涵盖了"生活满意程度"（life satisfaction）这一重要层面。他们认为，"公民的生活质量"可以由其"生活满意"来回应。这是在对"人际信任""社会链接"等已有研究成果进行综合分析后提出来的新观点，为进一步探索公民生活质量提供了理论上的依据。N. Lin 则认为，生活满意是社会资本中最重要的成分之一，它与情感性相关，并被广泛接受和使用（Lin, 1999）。总之，生活满意程度作为积极的心理状况本身就能使个体更加信任他人和主动参与公共活动。

本研究发现，青少年社交媒体的使用习惯和生活满意度呈现正相关的关系。也就是说青少年的社交媒体的使用习惯能够提高他们对于目前生活的满意程度。实际上，青少年的社交媒体使用，比如在微信好友圈中点赞、评论、留言等，这些互动方式都从某种程度上填补了无法面对面沟通的缺憾。这也就意味着，青少年群体中出现了一种新型的人际交往模式。社交媒体既为他们提供了一个相互沟通、学习交流、了解世界的平台，又使他们拥有了自由表达自己观点的权利。得益于移动通信技术和无线网络技术的发展，原有的以地缘、血缘、业缘为基础的人际互动关系维系已从线下转向线上，青少年可不再依靠同学亲友聚会、打电话等传统方式维系亲友关系，而是通过微博、微信及抖音等社交媒体，发布并共享个人最新动向及相关信息，以增进情感，维系与他人的亲密关系。

另外，研究结果亦显示，青少年娱乐性使用动机与社会性使用动机两者皆能正向预测其生活满意度，即青少年越是倾向于利用社交媒体进行娱乐消遣，以及越是基于人际社会互动动机进行上网，他们的生活满意度越高。另外，我们也发现社交媒体中所提供的信息有助于改善青少年的人际关系满意度，这表明恰当利用社交媒体来获得娱乐，以及进行人际互动，能够促进青少年的生活满意程度。本研究证实了生活满意度可作为情感性回报和工具性回报相互促进。社交媒体是一种即时性极强的通信工具，其特点是打破了时空的限制，使青少年能够从与朋友的互动沟通中获得宝贵的信息，能够在微信、微博上与朋友聊家长里短，还能够沟通各种热门八卦娱乐信息，传达关注的各种时尚话题等。对青少年群体而言，社交媒体上的人际互动，一方面有助于为其获得有用的建议与信息。社交媒体能够使青少年群体拥有更多的自由表达自己观点的机会；可以让其更加深入地了解他人的心理需求；可以让他们更加关注身边的社会热点事件等。这对青少年来说是一个福音。另一方面，青少年群体利用社交媒体建立和维系人际关系，能够在和亲友、同学等人的沟通中扩大人际关系网络，得到对人生的满足。

然而，出乎意外的是，本研究发现信息性使用动机和自我披露型使用动机并不能正向预测青少年的生活满意度。尽管社交媒体为用户提供了一个自我表达和交换意见的主要平台。随着科技的发展和进步，人们对社交媒体的依赖程度越来越高，并在此过程中产生了更多的信息性动机，这就导致了人们在信息获取上更加便捷。社交媒体上发布的各种信息都包含着用户的个人信息，而用户在社交媒体上发表的文字、图片及微信朋友圈中的内容等都是用户日常所关注的内容，这些内容不仅与人们的日常生活息息相关，而且也记录了大量的个人动态。通过这些信息，用户能够迅速了解朋友的有关动态及个人信息，而朋友圈里也会出现朋友转发的各种通知、新闻及各种共享的链接等，用户也能够从中得到宝贵的资讯。不过，这类资料内容五花八门，如某些最新的通知和政策变动。这些消息在朋友圈中被迅速、直观、可信地更新和传播，没有使青少年生活满意度得到显著提高。已经有最新研究发现，当下一些自我披露的背后是想从中获取关注从而满足个体自尊感，获取认同感和削减孤独感的真实心理动机，但这种行为并未改变现实生活中的社交。因此，自我披露并不是促进人际关系和增进友谊的主要网络行为方式（王婧、朱洁，2018）。另外一个原因可能是：在社交网络中，每一个都填写个人信息，表达心得感悟，上传照片视频，和亲人好友交流日常生活。他们很自然地会在社交网络中进行一次次更新，这实际上是或肤浅或深刻的自我披露。青少年通过自我披露来表达自己对他人的态度情感和观点看法，可以有效促进彼此的沟通和理解，达到相互学习交流的效果。作为人际互动传播的基础，适度的自我披露行为，的确有助于个体表达情感，调适其不良的心理状态。同时，自我披露亦有助于加强人与人之间的理解与信任，并建立起良好的人际互动关系。但因为社交媒体的匿名性、不可追溯性等特质，在社交网络中进行自我披露也不可避免地会带来一些隐私风险。所以青少年本身在进行自我披露的时候可能有所顾忌，并不能真正表达内心的感受和想法，也不能很轻松地提高对于生活的满意程度。

总的来说，社交媒体是当今媒介技术发展到一定阶段的结果，已成为青少年日常生活习惯的一个重要部分，但与其他技术平台相比，社交媒体既具有正面作用又具有负面影响。社交媒体能够促进青少年与人之间更加亲密地互动，但也在一定程度上增加了青少年的孤独感，降低了人际交往效率；社交媒体能够促进和改变青少年群体的社交关系，但可能引发青少年群体对线上社交的依赖、成瘾等负面影响。社交媒体的特定使用方式在青少年建构自身社会关系网络、获取和积累社会资本的过程中能够减少其成本、扩大人际关系，同时还能使他们获得更多的资源与机会。但由于社交媒体的技术限制及青少年在使用过程中存在的诸如使用不当或媒介素养不强的问题，社交媒体对青少年群体的不同维度的社会资本积累可能会产生负面的作用。社交媒体的使用与社会资本之间的关系，因网络使用者的动机、内容偏好、上网次数、对网络是否依赖及使用时间而异。社交媒介的影响，并非全然正面或全然负面，应视具体使用情形而论。

6.1.3　青少年的社会资本对于公民参与的影响

在当前的中国社会，公民参与是个体的公共生活中一类十分重要的组成元素。本研究认为，通过社交媒体使用积累社会资本，从而提升青少年的公民参与是促进当代中国青少年公民参与的重要一环。当前，已经有更多社会群体开始逐渐借助社交媒体表达利益诉求和意图，同时民众也对线下和线上的公民参与怀抱较大的期望。然而，这种以社交媒体为渠道来实现的社会资本是否能够提高公民参与程度呢？根据以往的讨论，本研究将对青少年群体的社会资本现状和公民参与实践进行实证分析，并就以往学界的争议和理论假设进行深入探讨。研究中主要包括3个需要具体分析的问题：社会连接与线上和线下公民参与的关系如何？社会信任与线上和线下的公民参与关系如何？生活满意度是否会促进青少年的线上和线下的公民参与？基于这些问题，本研究通过路径分析得出具体的答案。

首先，本研究结果发现，社会连接与线上和线下的公民参与均呈现正相关的关系。相当多的学者关注社会连接在商业和管理领域的重要作用，但忽视了其通过社交媒体对个人层面参与的影响。实证研究结果反映，年轻人在新媒体技术领域与他人建立了强大的关系网，并倾向于通过微信参与公民事务。此外，社交媒体在中国迅速传播，中国年轻人可以方便地获取大量关于公共事务的非官方或附加新闻。面向公众的多样化信息不仅解放了个人意识，而且推动了年轻一代对最新的政治问题的思考，可能会促使公民积极参与现实世界。因此，利用新媒体与他人建立联系的个人往往就政治事件交换信息，并通过微信开展公民参与活动。社交媒体本身具有强大的传播功能，可以促进使用者维护和发展自我的网络关系，并引导公民积极参与其中，从而形成了有效的双向互动参与。可以看到，很多单位机关都有社交媒体独立账号。社交媒体时代，政党和机关组织不再仅仅是单向信息传播形式上的被动接受者，而是成了党的领导人与国家领导人之间，以及与社交媒体公众之间实现双向信息沟通功能的桥梁和纽带，从而调动了社会政治活动参与者的积极性。

社交媒体自身趋向于凸显自身的社会属性，这是因为它已无法单纯地通过平台、工具和技术来进行归纳，而是具有社会网络性质。随着社交媒体的发展，越来越多的社交网站和应用出现在人们面前，包括微信朋友圈、微博等，它们都具有丰富的社会资本。社交媒体在六度分割理论和强弱关系理论指导下，以用户为中心，将用户按照其兴趣、爱好、动机、态度及行为模式组织起来，并把他们聚集到一起，形成了一个由用户构成的网络空间，每个用户都成为一个独立的个人节点，整个社会网络就是这样一种新型的社会形态。社交媒体具有技术门槛不高、简单易用等特点，因此形成了庞大的用户基础及比较大的关系网络。绝大多数用户会对社交媒体上的内容进行点评、反馈、共享及再传播等操作。每个用户都能发表意见和点评，传播者与受众之间，关注者与被关注者之间，不仅能做到信息即时共享，还能通过交互与转发生成新的信息，并且这些信息具有完全的开放性与公共性，人们借助这些平台可以积累起一定程度的社会联系。所以，日常社会交往中所获取的帮助个人受益的社会资源能够对人际交往所获取的信息进行搜集并从中抽取出宝贵的信息，而这些宝贵的信息资源又会携带着其他社会资本形式。因此可以说，关系资本既是社会资本的形式之一，又是携带社会资本的重要媒介。

其次，此次课题研究以青少年群体为例，从社会资本的理论框架出发，量化解析了社会信任对于线下和线上公民参与的影响。研究发现，通过社交媒体建立的社会信任有助于扩展青少年的线上和线下公民参与。在网络的虚拟空间当中，多种多样的社交媒体给社会公民参与提供了一个崭新的平台，青少年的公民参与方式呈现出多元化的趋势，他们可以通过使用社交媒体获取信息，表达个人思想与讨论一些公共事件，在拓展人际关系的同时培植互相的信任关系。学者 Parkstone 指出，公民参与可以被看作社会资本的后果，而非其关键的构成形式（黄少华、郝强，2016）。所以 Parkston 考察了使用信任，包含对政治制度的信任和对个体间的信任，用它们作为评估社会资本的指标。学者怀特利在此基础上提出，只有两种类型的信任在一起才可以构建社会资本的测量，即对个人的信任和对国家的信任（黄少华、郝强，2016）。

以社会资本为视角对青少年群体线下与线上公民参与问题进行研究，社会资本理论本身实际上强调了社会资源或社会关系网络这一社会资本对社会参与和公民参与具有非常重要的意义。目前的研究认为，社交媒体平台加强了用户的社会联系，因此尤其适合培育社会信任类型方向的社会资本。即使例如微信等社交媒体平台不是建立弱连接的理想环境平台，也会拥有建立强关系的社会信任这种资本的潜能。本研究尝试通过这一理论思想，以青少年网民群体为例，探索作为社会资本的层次角度之一的社会信任，会对青少年群体的线下的线上公民参与行为产生怎样的影响。伴随着社交媒体环境的迅猛发展，青少年公民参与的形式与内涵都在发生着明显的变化。截止到目前为止，研究学界对于公民参与及其主要的影响因素，做了很多的实证研究和理论讨论，但是对社会信任这一角度的社会资本如何影响青少年群体的公民参与依旧关注不足。

本研究发现社会信任对线下与线上参与均有较明显的作用，两者相比，社会信任对于线上公民参与的影响更大。同时，对于社会资本和公民参与的关系，领域内的学者表示了不一致的看法。一些研究人员认为，网络让强烈、直接的面对面关系被薄弱、间接化的中介关系所替代，因而减少了现实中的人际联系、降低了社会资本对于公民参与生成的负面影响。然而，较多的研究学者认为，新媒体可以带来海量的信息，有利于拓宽社会网络，增强社会信任，激活社会资源体系，发展个体的社会资源，提升以公共利益为指向的合作行为，进而促进民众的公民参与（Ferrucci et al.，2020；Y. Kim & Kim，2022）。这些研究的结果都表明，网络间人际信任、现实中人际互信及政治信任对网络公民参与均具有显著影响，政治信任与网络人际信任对网络公民参与有正向影响。以上研究结果显然否认了新媒体使用会降低社会资本，因而对公民参与产生负面作用的假设。需要注意的是，本研究发现，社会信任对网络公民行为有着正向作用。这一研究发现说明社会资本对网络公民参与具有一定的影响，他们之间存在着较为复杂的因果关系机制，需要我们从理论层面上进一步研究思考。

伴随社会资本经典理论的繁荣兴起，众多学者开始把社会互信作为社会资本的重要因素进行考察。例如 Putnam 将社会资本界定为人们相互之间的联系，包含社会网络、互惠规范和社会信任。学者一致指出，信任是社会资本的一种类型，是促成志愿合作的关键元素，而社会网络和规范能够促进社会信任的搭建。社交网络有利于推动公共政策过程的透明、公开，增加其互动性与职责性，而规范的构建则更有利于培养积极的公民意识和精神。因此，学者 Fukuyama 认为，社会资本实际本身等同于信任。他指出，唯有构建在信任基础上的社会关系才能促进行动者加强合作。信任既能够存在于最基础的团体之中，比如家庭，也能够存在于国家中，或者其他介于二者之间的团体内（黄少华、郝强，2016）。学者 Parkstone 点出，集体的社会资本概念由两个元素构成：人与人之间的联系，以及一种包含积极情感的人际的连接或关系。实际联结是在个人与邻里、朋友和参加自愿组织的成员一起进行的社会生活中产生的，而积极情感能够促进对他人的信任和对体制的信任。因而，唯有那些囊括善意的社会连接才可能产生合作行动。总而言之，社会信任是

我国青少年的社交媒体使用和公民参与研究

搭建社会资本的重要部分，对社会的信任可以影响公民参与的程度（Y. Kim, et al., 2020）。

最后，本研究还发现生活满意度与线上和线下公民参与呈正相关。也就是说，青少年对于目前生活状态越满意，那么他们参与线上和线下的公民参与活动也就越多。生活满意度作为体现公民态度的一个重要标志，其状况又与经济发展及其他许多方面密切相关，研究通过生活满意度和其他变量的相关检验来判断上述基本变量能否影响青年公民参与。本次研究验证了青少年的生活满意度与其公民参与之间的一致性，也侧面验证了调查问卷的有效性：若生活满意度较高，则青少年群体更倾向于进行公民参与。根据本研究的理论框架，生活满意度均属于认知因素方面的社会资本范畴，它体现了公民对周遭生活的总体认知。

生活满意度由主观幸福感的认知组成，是个体遵照一定的标准对其整体生活满意质量的主观判断，展示了个体期望和实际现实之间的差距。较高的生活满意度不但可以提高公民对周围环境的适应能力，塑造公民的成熟人格特性，还能减少公民选择持有股票等风险性资产的可能性。具体到社会学和政治学等研究领域，有关研究表明，生活满意度与政治参与行为之间可能存在显著相关关系，主观幸福感越高的公民越倾向于参与政治活动（Y. Kim, et al., 2020）。遵照马斯洛需求层次理论，个体的各种需求具有特定的优先顺序。只有人们最基本的生活生存需求获得满足后，他们才会进一步寻求例如自我实现和尊重层次的满足。当公民自我生活满意度得到提高时，公民参与活动的可能性也会随之提升。有学者指出，公民的主观认知需要一定的转变过程才能转换为政治参与行为。本研究和以往研究得到的结论一致，验证了生活满意度与线上和线下公民参与之间可能存在显著正相关关系。

总体来看，个体民众参与的影响因素是备受学界关注的重要课题。其中，公民自主参与意识、线上政治文化、政治效能感及媒介使用等因素较受研究者们的关注。随着社交媒体的广泛使用，线上的公民参与的主要形式逐渐包括时事信息获取、新闻跟帖、参政议政、社会公共事件信息传播等方面。也有一些学者发现媒介的使用时间、政治信息接触、社会网络规模、社区归属感、人际互动模式等均对线上参与有积极影响。社交媒体作为一个平台和资源库，青少年群体可以借助其获取和发布政治信息；作为虚拟空间平台，社交媒体又能够使得公民之间、政府与公民之间的沟通变得十分便捷；作为拓展的公共领域，社交媒体让新的公共性和政治性行为如网上请愿、在线选举等变为可能。与其他群体相比，青少年是一个特殊的群体，其社会资本相对有限，故本研究的结论可能不能很好地通过这一群体的使用来说明社交媒体的使用、社会资本及公民参与之间的关系。但是需要看到的是，青少年群体作为最多使用社交媒体的群体之一，虽然目前由于社会地位、社会关系的原因还未能更好地利用社交媒体发展社会资本，但随着其迈入社会，其利用社交媒体发展社会资本和进行公民参与的机会将大大增加，因此，不断地探索青少年的社交媒体的使用对社会资本和公民参与的影响仍是很有必要的。

6.2　对已有研究结果的思考

6.2.1　对青少年社交媒体使用现状的思索

社交网络尤其是微信和微博的繁荣使社交媒体为广大受众所熟知。在今天，社交媒体迅猛发展，俨然已经成为最具有市场潜力、最具有研究价值的新兴媒体之一。它的异军突起深刻地改变了网民以往的媒体使用习惯，成为他们信息检索和寻求娱乐等在线活动的首选工具。目前，青少年群体作为社交媒体最主要的使用者之一，也是社交媒体的潜在目标用户和未来使用的主力军。然而，以往关于社交媒体的研究焦点往往聚焦于大学生群体、城市白领群体和老年人群体等，而对身心目前还都欠缺成熟的青少年则给予较少的关注。已有的调研数据表明，青少年群体如今已经成为社交媒体的最大的使用群体，但是他们的具体使用行为却仍然没有得到学术界应有的重视。考虑到目前社交媒体的双向互动沟通性及对现实人际网络的改变等，社交媒体对青少年的影响应该得到更进一步的研究。

本课题依据拉斯维尔的"5W"传播模式，结合"使用与满足"理论、新媒体传播理论等模式，在此基础上对于一些问题进行探析：①目前我国青少年群体社交媒体的使用现状如何？②青少年的社会资本发生了怎样的变革？③社交媒体时代，他们的公民参与行为发生了怎样的改变？④应该如何针对研究结论，正确有效地引导青少年合理地使用社交媒体进行公民参与？本研究在梳理相关概念的前提下，对已有文献资料进行全面综合梳理，将这些研究结果作为量化研究的理论基础。在课题进展的过程中，从对于目前现状的描述性分析到具体的媒体使用研究，从研究不同的媒介使用到如何影响社会资本和公民参与再到最后的研究结果为逻辑线索，运用问卷调查法对国内青少年社交媒体的具体使用情况进行研究，以期全面把握青少年社交媒体的使用动机、使用习惯、使用偏好等状况，从而验证"使用与满足"等理论在社交媒体时代的适用性。另外，当前研究还发现，青少年社交媒体使用状况对社会资本与公民参与之间的影响存在差异。因此，通过拓展已有的"使用与满足"理论、新媒体理论在本土研究中的应用，当前研究在探讨青少年社交媒体的具体使用和影响后，力图对研究中已经体现出来的问题加以重视，并提出行之有效的解决方法。

本研究将社交环境下关于青少年的社交媒体使用动机、使用偏好及使用习惯与问卷调查的结果相结合，将青少年的社交媒体使用动机划分为信息性使用动机、娱乐性使用动机、社会性使用动机和自我披露型使用动机四个维度。也就是说，青少年用户使用社交媒体的动机主要包括信息性、娱乐性、社会性等。这些动机大部分都在前人的研究得到一些验证。在这四个使用动机中，自我披露型动机的因子贡献率最高，说明青少年用户使用社交媒体平台的主要原因是借助微信和微博等社交媒体平台进行自我披露。信息性动机的贡献排第二位，说明青少年用户在社交媒体平台的信息寻求使用动机也比较强。娱乐性动机和社会性动机分别排名第三位和第四位，这表明青少年在社交媒体的使用也同时包含获取娱乐和与人沟通交流的目的。遵照"使用与满足"理论范式，受众接触媒体其实是为了满足个人某些特定需求，这些内在需求是一些个体的心理起源。所以，当我们研究社交媒体及其带来的影响时，应当充分了解青少年为什么用社交媒体。

本书以实证研究为基础，在网上进行问卷调查，共获得可用于数据分析的有效问卷 1246 份。本研究采用 SPSS 22.0 软件对研究样本的状况展开统计学分析描述。结果表明，男女数量比较接近，性别比例适中，研究样本基本符合当前的性别状况；年龄方面，18 至 21 岁的青少年为本次调查的主力军，他们在社交媒体使用方面表现得十分活跃；大部分被调查者的教育背景良好；就政治面貌来看，共青团员占到了一半以上，并且 1/4 左右的青少年成功入党；家庭月收入的分布情况较为均匀。总体来说，样本的整体情况满足了抽样调查的基本要求，可以进行后续分析。

其次，本研究深入调查了 14 至 28 周岁中国青少年的社交媒体使用情况。在使用类型偏好方面，通信类、生活类和交友类社交媒体分别是青少年最常使用的社交媒体类型前三名，说明社交媒体与人们的生活密不可分。青少年最常用的社交媒体软件的好友数量大多集中在 100~500 人，相互关注或添加好友的数量反映了青少年在新媒体时代积极发展线上人际关系网络，并从中获得了一定程度的社会资本的现实状况。根据所收集的数据发现，青少年的社交媒体使用年数大多超过了 4 年。可以看出，青少年群体参与了社交媒体蓬勃发展的几年，并且对社交媒体有了一定了解。此外，青少年日均社交媒体使用时间占比的分布类似于正态分布，其中，日均使用 2 至 4 小时的青少年占比最大，他们对社交媒体的熟悉程度较高。从使用设备来看，手机和笔记本电脑由于其便携性成了青少年使用社交媒体的首选工具。设备的便携性使得青少年社交媒体使用的时间点和场合呈现出了多样化、碎片化和常态化的特点。就使用状态而言，青少年倾向于担任沉默者、创造者或回应者的角色，他们作为分享者的主观能动性较弱。

最后，本书通过建立结构方程模型的方法对社交媒体使用（使用习惯、使用偏好、使用动机）、社会资本（社会连接、社会信任和生活满意度）和公民参与（线上和线下）之间的相互关系进行了深入研究。假设检验结果显示：首先，使用习惯同社会连接，社会信任，生活满意度均呈显著正相关，使用偏好仅与社会连接显著正相关，信息性使用动机仅与社会连接显著正相关，娱乐性使用动机与社会资本的三个维度都显著正相关，社会性使用动机与社会连接、社会信任和生活满意度都显著正相关。此外，自我披露型使用动机与社会资本的关系并不显著。其次，使用习惯、娱乐性使用动机和社会性使用动机与线上公民参与及线下公民参与都显著正相关。但使用偏好、信息性使用动机、自我披露型使用动机与线上、线下公民参与都并不相关。上述结论深刻地揭示了社会资本、公民参与的重要影响因素，为学校、社会及政府更好地引导青少年正确开展网络活动提供了指引方向。

总的来说，本研究认为，对于青少年来说，社交媒体不仅是单纯的使用工具，更是成了现代化的生活方式的重要特征。社交媒体具有高度的开放性、交互性和参与性的特点，它实现了线下人际关系的网络化，深刻地促进了青少年的社会化进程，具体影响包括社交媒体用户生产内容的极大丰富、社会关系网络的建立和发展、用户社会化自主性的强化等。值得注意的是，社交媒体虽然为青少年的学习和生活带来了诸多利处，但社交媒体的不断普及和渗透也产生了许多问题，例如其中充斥的诈骗、暴力、隐私泄露等不稳定、不安全因素，不断扩大的信息鸿沟，以及逐步显现的信息茧房现象等。此外，青少年群体中也出现社交媒体使用动机不当的情况，过于娱乐化或仪式性的使用给他们的现实生活造成了"时间取代"的效果，长时间的使用让部分年轻人过度依赖社交媒体，以至于出现了"沉迷"现象，最终对实际生活产生了恶劣的负面影响。

通过上述研究，本书勾勒出了新媒体时代青少年社交媒体使用的现状图，同时确认了"使用与满足"理论在当前领域研究的可行性。但这一理论并不能百分百解释青少年使用社交媒体的具体行为，主要原因在于，传统的"使用与满足"理论是从心理角度出发进行受众分析，解释了用户如何依据不同的内在需求有目的性、选择性地使用具体媒介。而本研究是通过验证使用习惯和使用偏好的影响进一步弥补了上述不足，从而扩展了这一理论在社交媒体背景下的应用范围。

社交媒体中丰富多样的内容和资源推动其发展为青少年生活的不可或缺的一部分，为他们的社会交往提供了诸多共同话题。随着技术的发展，青少年的社交媒体使用行为已经渐渐发展成了"媒介依赖"行为。在之前的研究中，学者们广泛批判互联网使用对青少年产生的不良影响，认为其是青少年网络依赖及成瘾的重要诱因，而网络也会给青少年身心造成不可逆转的伤害，甚至被一些学者称为"毒药""魔鬼"等。作为新兴的网络产物，社交媒体为青少年提供了更多与外界进行沟通的渠道，促进了他们之间的社会连接，增强了他们的社会信任，提高了他们的生活满意度，丰富了他们的社会资本。在新媒体时代下，社交媒体对个体产生了重要影响，同时也会带来一些负面影响，它正改变着我们对于传统媒介与现实世界之间关系的理解。在这一过程中，社交媒体扮演着越来越关键的角色。在这样一个背景下，"公民新闻"应运而生，它是在现有的技术条件下产生的。无论谁只要有了可上网的便携设备就能够当上"记者"，第一时间以各种形式传达信息，如文字、照片、录像等。结构方程模型分析结果也证实了社交媒体的使用习惯和娱乐性使用动机都与青少年的线上及线下公民参与呈现显著正相关。据此，社交媒体这一公共领域所产生的各类公共议题能吸引众多使用者参与其中，并能进一步打开民智，帮助个体形成看问题时积极、正面和理性的心态。网民的媒介依赖将不再是一剂毒药，而能够推动用户以更加热情的姿态投身公共事务，深入培育人们对于媒体的信赖。

本书提出，随着媒介环境的选择性和互动性的不断增强，任何一个新兴的传播媒介的扩散和渗透决不再依赖诸如强迫用户捆绑关注及被动接受等单向手段，更要依靠使用动机这一个体内在的接受和使用具体新兴媒介的原动力。社交媒体的运营方如果想要获取更多关注与阅读量，就要从用户的角度出发，使自身特色能够契合用户的使用动机，并且采用精确的用户定位、精心的内容编排和精准的推送方式"三位一体"的方法，从而实现"以内容取胜""以用户为先"的目标，借此来促进青少年高频率、深层次地参与社交媒体的相关活动。本研究为今后探讨青少年的社交媒体使用指明了相应的参考方向：一方面，在社交媒体不断普及的当下，部分青少年过度依赖社交媒体甚至产生了"沉迷"的倾向，社会各方如何预防和引导他们正确合理地利用社交媒体将是学术界新的研究重点。另一方面，本研究证实了青少年的社交媒体使用对其社会化进程，特别是在社会资本积累和公民参与方面产生的深远影响。因而，深入探讨三者之间复杂的相互关系和作用机制是未来研究的前进方向。

6.2.2　对青少年社会资本现状的思索

社会资本源自社会联系和社会网络的共同作用，且对于社会中的个体心理健康、身体健康都有十分重要的影响。伴随着社会的进步和科技的发展，虚拟性社交互动的展现为个体与个体之间关系的构建和维系建立了更广泛的舞台。大学生群体可以充分地在社交媒体这个平台上表现自我，构建和加强他人与自己的联系，拓展自己的社会网络范围。正因如此，社交媒体日益成为公民获取社会资本的一个重要的渠道。随着以社会信息交往为基础的社交媒体的普遍使用和快速兴起，相关领域的学者们开始逐渐注重社交媒体的使用对于社会资本的影响。当前在这个领域内，西方学者获得了较多的研究成果，并且在不同的范式下和不同的学科范畴下通过实证研究验证了社交媒体使用和社会资本之间的关系，并且尝试在更深层次方面探讨原因。

在《结构洞》一书中，美国学者罗纳德·伯特（Ronald Burt）提出：竞技场中存在这样的一个社会结构，个体玩家有责任支持固定的人，信任固定的人，并且跟所信赖的固定的人交换信息等（Buijs et al., 2016）。在这个情景下，每个个体都有一个关系网，即个体已经熟识的人，现在认识的人，以及所有他不了解却认识他的人，个体网络结构中的某种物质及个体关系在该环境的社会结构中的位置都为个体获得更高的投资回报效率提供了优势。而社交媒体的使用则为那些使用者提供了一个接触蕴含丰富资源个体的途径和渠道，这些渠道在对方的资源和使用者的资源之间建立了联系，形成了社会资本。相比于国外的研究，国内相关领域内的研究起步比较晚，成果也较少，但近些年来，学界对相关领域的关注度有所提升，并且尝试引进国外的研究方法和技术在中国语境下探索社交媒体使用对于个体社会资本的影响。

从社会学层面来看，社会资本理论通过研究非制度化或制度化的社会网状结构体系对于个体的影响，使传统的社会学理论中微观行动和宏观理论之间长久以来存在的裂痕逐渐愈合，在社会行动、社会流动、社会组织和社会体制等方面都收获极大的学术成果；而从政治学角度来看，社会资本理论则将民主政治的建立和人类集体行动博弈的最优化抉择关联起来。近些年来，随着互联网网络应用的日渐普遍及互联网对于传统社会形态的不断冲击，社会资本理论跟网络的联系引发了学界的关注，特别是以网络社交媒体使用文化的研究最为典型。互联网络通过打破传统社会时间和空间的局限与界限，创造出了一种崭新的群体景观。在虚拟的世界当中，个体与个体之间的交流和沟通不再受限于强连接范畴，群体之间的联系也摆脱了以往的靠地域、职场、血缘亲属等标准而建立的社会关系网范式。以日益成熟的科学技术为支撑，社会联系网络在虚拟空间中表现出了多元、开放并且拓展性很强的社会交往特征。

当前的中国正处于关键转型期，且社会资本面临着来自传统文化和政治体制的双重限制，而这种由强连接向弱连接社会网络的跨越与转变，无疑对改善和应对我国当前的情况具有重要意义。这种意义一方面来源于网络作为一种媒介载体自身所固有的结构性优势，另一方面来源于其核心价值理念。从社会资本构建的角度来分析，虚拟空间本身去中心化、平权化的结构有利于形成和加强社会成员之间的水平联系。每台电脑终端同一个特定的社会个体相连接，每个个体与电脑终端相结合，共同组成庞大网络结构中的独立节点。与传统的垂直、等级化、多层化纵向联系不同，节点之间更多呈现为扁平化的横向联系，从而大大提高了社会成员彼此间的互动与合作效率。从去中心化的结构模式角度出发，互联网技术带来的机遇，就在于改变了传统的高度集中的权力和信息控制体系，在权力扩大的影响下，人们自愿群集在一起，为团体共同的目标而努力。

当下，移动互联网与社交媒体的深度融合已打造了一种全新的生存空间与生活平台，使用者可以在这一移动空间中运营其数字化生活。在这数字世界里，无论内外形势怎样发展变化，用户正在以持续和随时随地的形式建构和制作其内容，扩大其人际关系，表达意见和态度，期待获得社会认同，进而实现社会价值。用户的心理变化、价值观念、生活方式和行为方式也随着移动社交媒体而发生着改变。然而，这一新媒体所引发的改变包括哪些？我们又应当如何测量这些改变？此外，作为一个重要的社会群体——青少年，他们也同样面临着这种改变。那么，青少年群体的社会资本状况如何呢？社交媒体的使用对他们而言又具有什么样的意义？这是本书探讨的核心问题。社会资本是 N. Lin 提出来的一个新的概念，它指的是"一种镶嵌于个体社会网络之中的资源，行动参与者通过行动加以取得或使用"，是一种与个人相关的资源总量。虽然不同的学者对个体社会资本理解、认知与测量维度有不完全相同的提法，但是从总体上看，社会资本均包括社会参与、社会连接、社会信任和生活满意四个基本因素，这些基本因素不是一个单独存在的界定概念，它们之间呈现出互补的关联性和紧密的联系，直接体现着个体拥有社会资本量的多少。

一些研究者为了对网络社会资本进行研究，把社会资本区分为黏结型社会资本、过渡型社会资本和维持型社会资本，但是并没有基于此进一步探讨三者之间存在的关系。本研究采取问卷调查法，对 1246 名青少年实施分层抽样，通过探讨青少年群体的社交媒体的使用偏好、使用习惯及具体的使用动机等，结合社会资本理论和社交媒体中所能提供的社会资本，全面和系统地解析青少年群体的社交媒体的使用行为与社会资本之间的相关性，以及他们的社交媒体的使用对于线上公民参与和线下公民参与之间的相互影响等。

当前的中国正处于变革和转型的时代，政治、经济、文化、社会发展各领域各层面正在经历深刻变革，尤其是随着中国市场经济体制的完善，社交媒体正越来越融入全球化的脉络过程中。以市场为导向的经济体系使整体社会处于一种高速发展的状态，国家的整体经济水平飞速提升，各行各业的竞争日益激烈。在此发展过程中，青少年作为国家发展的重要力量，以当下的或潜在的人力资本为存在形式，极大地促进了经济发展和社会进步，在为社会作出贡献的同时也为自己创造着财富。然而，我们要认识到，很多情况下物质上的富足并不能完全等同于主观上的幸福感。相比于其他群体，青少年群体的主观幸福感并非很高，其中有些人承受了学习、工作和生活上的某些压力。他们经常受到负面情绪干扰，会使无助感、紧张感和无意义感充斥日常生活。但是，幸福感不是某一个人或某一些人的专利，对幸福的追求是每一个人都有的一种权利。在一定意义上说，幸福感正是他们在学习工作及日常生活中寻求的终极目标，也正是这一幸福的存在，个体才能实现其生存价值及内在满足。主观幸福感被认为是一种主观评价，是个体遵照对于自我生活的评判所产生的。如果说从"经济发展"到整体深化"社会发展"的动态演化反映了人类社会的发展变化的话，那么将注意力更多地集中于个人主观幸福感受就是顺应当今"以人为本"的理念。当前，对于人的发展和重视已经成为当前社会中一种深入人心的价值观，并且日益彰显在社会生活的各个层面。

就像法国社会学家皮埃尔·布迪厄（Pierre Bourdieu）所说的那样，社会资本的形成本身是一种无意识或有意识的投资战略的产物（Bourdieu，2018）。也就是说，社会资本必须通过投资于某种特定的群体关系的制度化的战略来进行建构和发展。目前，互惠性社会资本在某种程度上是普遍适用的。因而，互惠成了个人积累社会资本首先考虑的因素。人们在搭建个人的社会网络时需要思考在精神或物质层面上的互惠互利。社会资本的形成和积累是一种互动性、交易性较强的社会行为，也正是基于这个原因，青少年群体在社会资本构筑过程中的功利主义色彩肯定会大幅度提升。具体而言，他们常常只对于那些在长期或短期能够直接稳定供给物质利润和象征性物质利润的社会关系进行构建。从这个角度上来说，青少年群体因为自身的内外因素，其能够为互动对方所提供的互惠与社会支持是很有限的，同时也是有特定对象的。这种做法的存在往往被认为是形成小团体的根源所在，因为他们会经常有意无意地排斥团体外的人员进入，争取在有限的互惠力度和支持程度范围内实现自身团体效用的最大化，进而获得个体满意度的提升。这就在一定范围上阻碍社会资本的自由流动，产生不公平的后果，必然会间接或直接地影响到某些群体的利益，损害某些群体的满意度，降低社会运行的整体效益。

此外，社会网络的规模对青少年的主观幸福感产生一定的作用。这种影响主要体现在个体可以根据自己所搭建的各类社会网络中接收到某些精神或物质上的支撑和资源。一般来讲，社会网络规模与个体效益会呈现出正向相关的关系，社会网络规模越大，个体从中得到的潜在的支持和资源就越多，所获取的资源越丰富，所获得的支持力度越大，而这些资源或支持在很大程度上会提高个体的生活满意度或促使个体的情绪情感和外部环境之间达成一个动态平衡的状态，在这个过程中其主观幸福感不断提升。

但是，一个很显然的现象就是，社会网络的构建及后续的长期维持和修护需要耗费大量的时间、精力、物力和人力，其带来收益的背后是同样不可忽视的成本问题。根据科尔曼（Coleman）的观点，我们不难认识到，要想要创造和维持社会资本，并使得社会资本与个人的情绪情感之间长期保持正向的积极的循环，就亟须保证处于该社会网络中的成员能够保持较为稳定的、长期的交流互动，从而使得彼此间义务关系和期望不断维系和加深。从这个角度来看的话，如果社会网络规模过大，那这对于网络成员而言会极大地增加社会网络中成员的负担，造成收益和成本之间难以形成良好的动态平衡关系，从而会在很大程度上影响个体主观幸福感的获得和维持。

从生活满意度的角度来看，公共参与对青少年群体的主观幸福感的多方影响无疑是显而易见的，这种影响一般呈现在青少年群体可以通过社会参与来获得自我认同感、生活价值感、自我满足感等，并拥有愉悦、平静、安宁的积极情绪体验。广泛且正向的社会参与能够很大程度上减少他们因学习生活、日常工作所造成的各种不同程度上的负向情绪情感体验。同时，社会参与还能增进网络成员间的互动交流，让他们得以获得各种有用、有效的信息以服务于提高自身生活满意度这个目的。在研究中，参与政治活动的调研对象会谈及他们参加的一些政治活动，诸如参加听证会议、提交提案、参加民主选举等，他们认为完善的政治生活参与能够极大激发起他们作为国家主人对于社会的责任感和对国计民生的关注，同时也能够使得自己的政治素养获得提升，并认为这样的行为是非常有意义的。另外，参加志愿服务的青少年会谈到他们参加社会公益服务时获得的内心上的自我认同，认为参加社会公益活动不仅能为社会作出自己的贡献，同时还可以结交很多志同道合的朋友，在作出贡献的同时结成良好的社会互动关系并获得十分正向的互动反馈，这对于自身满意度和愉悦感的提升作用是十分明显的。同时，大多数的青少年群体都较为认同应该适当地进行社会参与，要理性地处理好社会参与和个人生活的关系，使得二者之间达成动态平衡，形成互促互进的关系。他们往往不愿因过多的社会参与而导致时间、精力等方面的负担，从而影响到自己本身应有的基本的工作和生活质量。

6.2.3 对青少年公民参与现状的思索

党的十八届三中全会的胜利召开，标志着我国全面深化改革的整体目标正式建立。《中共中央关于全面深化改革若干重大问题的决定》指出要"从各层次各领域扩大公民有序政治参与，充分发挥我国社会主义政治制度优越性"与"要坚持党的群众路线，建立社会参与机制，充分发挥人民群众积极性、主动性、创造性"。

"青年兴则国家兴，青年强则国家强"。青少年群体是未来社会发展建设的主力军，也是社会治理的中坚力量。青少年群体有序有效参与社会治理，它一方面能够促进公共决策科学化，同时也能够深化青少年群体的社会治理认知，推动政策决策顺利进行。同时，青少年通过公民参与实践，进一步增强了公民的参与意识，磨炼了参与能力，对促进社会治理机制创新产生了积极影响，同时也推进了国家治理体系与治理能力现代化建设，进而对协调推进"四个全面"战略布局产生了积极影响。可见，提高青少年公民参与的水平与能力，对推进我国民主化进程至关重要。

随着互联网时代到来，我国政治环境已经发生了翻天覆地的变化，政府运作更加透明、政府信息更加开放，公众的知情权也越来越受到人们的重视。同时，互联网也在无形中影响着青少年的政治心态，使他们对政治的认识从政府到政党、从社会公正到环境保护等多个层面进行了全方位的研究。他们关心的是与自己的利益相关的政策，以及国家和民族的重大问题。这种变化推动青少年积极投身政治，以达到自己的政治要求。

公民利用媒体参与国家政治生活，既是新媒体环境中公民的参与，也是发展社会主义民主政治的需要。新媒体不仅为我国公民进行信息交流提供了便利条件，而且给传统公民政治参与方式带来了挑战。新媒体语境下，公民使用新媒体使公民参与面临着很多制约因素，只有对其进行正确的认识与分析，才能够有针对性地提出解决措施，从而更好地推进参与工作。近年来，我国对网络媒体与公共参与的研究逐渐增多，经过文章梳理研究发现，公众参与公共事务的现象在我国比较普遍，但是应用却比较少。国内学者提出，"公共参与""公众参与""公民参与"三个概念基本相同，只是在主体上有细微差别。也就是说，"公共参与"强调的是对公共事务的参与，包含了被动参与和主动介入。

网络是一个新兴的公共领域，它的建设涉及法律、社会、经济、文化等各个层面，对公民通过互联网进行公民参与具有重要的意义。同时，互联网能够根据不同的受众群，传达更具代表性的信息。网络使民众之间、民众和媒体之间的交往实现了其他公众场合难以达成的沟通。在互联网公共空间中，政治信息可以分为电子政务、公民论坛、新闻等多种类型，其中，青少年公民参与有三个维度。首先，青少年能够在论坛、博客和其他互联网平台上对等交流。其次，青少年也能通过互联网进行有效的民主动员，比如募捐、义工等。这些网络团体的民主动员，在某种程度上可以达到对民意的民主监督，同时它所显示的影响力也会增加民众的参与信心。另外，网上投票也是一种很好的公民参与手段。中国政府将利用论坛和门户网站举行有关表决后再制定涉及民生的任何政策，以衡量公众对此的回应，而这些投票的结果也可以从某种意义上反映出公众的意愿，从而为中国的改革计划打下坚实的基础。

以互联网为代表的社交媒体平台首次让大众真正掌握自主话语权。在这一虚拟的公众环境中，任何团体、个人都可以自由地发表意见、与别人进行平等的交流，即便是与主流思想相抵触，也能获得包容。与政府、领导进行交流，及时反映自己的政治要求，期望实现自身价值的愿望，这与当今青少年中流行的"个性主义"风气不谋而合，均强调个人的选择与个人表达。网络的直接性让党和政府更加亲近，更贴近青少年，也让青少年摆脱了"官本位"等传统观念的桎梏。青少年可以自由地表达自己的想法。互联网的开放，使得更多的人能够参与到对政府的监督之中。同时，互联网的使用也降低了青少年公民参与的成本，使他们不会耗费太多的时间和金钱。这样的便利，无疑会使青少年公民参与的热情大幅提高。互联网也突破了国界与地理上的隔阂，让全球青少年都能通过网络来探讨健康、和平和环保的话题，而不仅仅限于各国或传统媒体设置的话题。通过无国界观点交换、研究和讨论，我们能够在认识全球事务的同时，进一步了解我们自己国家的政治和政策。

全球化交流、信息共享及媒介等环境使青少年受到消费主义的严重冲击，同时主流文化呈现边缘化趋势。一方面，由于社会环境、政治形态及人们生活水平等因素的变化，青少年的消费倾向与文化潮流发生了很大变化；另一方面，青少年中也存在着一定程度上的政治激进主义情绪，表现为极端的暴力行为。互联网为青少年提供了一个自由的空间，他们通过网络表达自己的思想和情感，实现自我与他人之间的互动交流，从而形成积极的政治认同和政治诉求；通过网络进行心理宣泄，可以减少未成年人的过度行为和社会矛盾；随着互联网的普及与发展，公民参与在一定程度上促进了青少年对自身的认识，使他们逐渐确立起自己的公民身份并承担起相应的公民责任。另外，参与热情高涨，参与能力加强，参与中盲目性、被动性、无效性减低，竞争性、主动性、创造性增加也是社交媒体广泛使用的结果。社交媒体使用的影响上升，青少年群体的政治参与素质也相应提高。青少年借助互联网参政，行使其民主权利，在某种程度上推动了政府工作公开化、透明化，进而加速我国政治民主化进程。

尽管互联网已成为一种有效的公民参与方式，但在网络媒体迅猛发展的今天，未成年人的网络素质还远远没有达到应有的水平。互联网上的新闻传播主体多样化，使得舆论的统一性受到影响，同时也在网络中充斥了大量的真伪和无用的信息。当前，青少年还没有充分掌握运用互联网媒体传播信息的技能。因此，在网络时代，青少年应该学会运用各种社交媒体来表达自己对外界事物的看法，并建立良好的人际关系。青少年使用频率最高的社交平台是个人博客、公众论坛等，但是，怎样把个人选择变成大众关注的重点，对于青少年而言仍然是一个很大的挑战。网络媒体文化素质的匮乏，会给青少年公民参与带来更恶劣的影响。与此同时，互联网无法直接强化青少年的政治意识与参与意识，以及实现边缘化社会组织与政治思想向主流的转变。未成年人的公民意识不能依靠互联网来增强，而未成年人的公民意识还不够强，不能正确地履行自己的责任。面对海量的互联网信息，青少年很难在其中找到社会和政治问题，并形成自己的观点。即便互联网是一个互动沟通的电子平台，青少年也无法有效地使用它来表达自己的政治诉求。

新媒介为市民大众提供了更多的娱乐方式，并且对大众文化的进一步发展起到了极大的促进作用。而且公民在利用新媒体时经常表现出过度的娱乐趋势，网络游戏、恶搞文化和低俗作品盛行并充斥于新媒体各形态。在新媒介的娱乐作用越来越突出的今天，新媒介所传递的信息也从客观、公正转向了娱乐、夸张。中国公民对新媒介的使用，主要表现在音乐和游戏上。新媒介的娱乐倾向削弱了青少年的公民参与精神，使得他们忽视了对国家的政治生活的关注，从而导致他们的公民参与淡漠，阻碍了他们的公民参与。与此同时，很多新媒介的信息传播都带有娱乐性、流言蜚语，充满了拜金主义和享乐主义意识形态，在这些意识形态的影响下，部分市民只顾享受而漠视他人及国家政治生活，因而对新媒介的使用意识较弱。新媒介的强大舆论能更好地引起民众的关注。然而，由于新媒介的信息传播极具煽动性、夸大性，若民众不具备辨别的能力，势必会受到其误导和影响，从而妨碍其自身的公民参与活动。

尽管社交网络能够直接推动公民的参与，或者通过提高其社会资本来推动其参与，但是，并不能完全片面肯定其功用。一方面，以往研究表明利用社交网络进行娱乐消遣（例如看网络视频等），不仅损害了用户社会资本，而且也会给用户参与带来负面影响。另一方面，对社会网络的过分依赖也会引起"网络成瘾"。此外，社交网站是一个更具开放性的平台，可以让使用者在此自由发表自己的看法和观点。但是，我们还发现一些人因网络隐私性问题而在网络上肆意发表不真实、不正当言论，缺乏基本理性思维与社会责任感，对公众的不当利用不仅扭曲了公众的参与，还会让有意愿参加的网民望而却步，由此造成了恶劣的社会连锁效应。我国目前存在着一个庞大、复杂和多层次的社会网络，它为我国的民主政治建设提供了大量的信息资源，同时也带来一些负面效应。社会网络的"度"与"正确"程度直接影响着社会网络的健康发展。对年纪较轻的青少年群体来说，特别应该关注这两方面的问题，不能迷失方向而沦为"网瘾少年"或"网络暴民"。

青少年是社会管理中最活跃的一类人，他们有着最大的活力，他们有着革新和创新的精神，他们渴望现代化的民主和法制，也擅长利用新媒介和现代通信技术进行公民参与，在网络上表达自己的诉求和观点。需要对青少年进行有效的引导教育，建立健全和完善社会参与管理体制机制，拓展青少年群体的参与路径渠道，促进他们依法有序地参与各项社会实践，提高他们的参与能力。加强青少年的参与、协调，有利于在全社会推动交流、凝聚社会共识、创造包容、融洽的社会氛围。要把青少年的积极性和创造性的智慧凝聚在一起，形成一股强大的正能量，以促进社会管理体制的改革。

加强青年参与社会治理能力建设，需要将青年成长、青年参与和社会治理创新联系起来，应着眼于改革，彰显时代精神和服务国家发展。同时，在公民道德建设的前提下，在法制和秩序的约束下，在正规治理和非正式治理的全面参与中，实现青少年公民参与。只有加强基层治理制度化建设，才能拓展社会参与渠道和完善制度保障。公民道德建设和法制、秩序等制度的完善是实现从正规治理向非正式治理转变的重要保证。基层治理制度化建设是促进青少年公民参与的基础，基层治理体制是影响青少年参与的重要因素之一。目前，我国青少年的公民意识和权利意识还比较薄弱，在参与社会治理管理中存在着诸多问题。基层政府在推进社会管理体制改革中，应根据当代青少年参与社会治理的现状和特点，有针对性地制定相关的制度规定，规范青少年参与行为，引导青少年健康成长；政府应加强对青少年的教育与引导，完善治理机制。与此同时，应着力于设计及时、高效的反馈机制以提升青少年社会治理参与热情、构建青少年社会治理参与能力训练体系以提升青少年社会管理参与能力与成效。

另外，激励青少年社会组织的良性发展也为他们能主动参与提供了一个多样化的渠道。基层政府应加大工作力度，从共同利益、行业操守、社会问题和公共利益出发，引导和教育青少年群体成立青少年社会组织并给予政策、资金、工程等多领域援助，并依法对青少年社会组织进行定期审查与治理，尤其要引导青少年社会组织功能发展，注重提升青少年社会组织表达意愿诉求，体现意见建议，参与协商合作，参与社会治理与公共服务的功能。青少年社会组织要加强自身建设，通过搭建网络平台、搭建服务平台、搭建开放平台等方式，让更多的青少年群体参与到社会治理中去。加大发展力度，培育青少年公民，要使青少年成为有理想、有本领、有担当、能创业、会生活的新时代新人，必须充分发挥青少年的主体地位和主体作用，激发他们的积极性、主动性和创造性。青少年作为基层社会治理的重要力量，他们的成长进步对整个社会都有着积极的影响，同时也能为社会带来正能量。基层政府、青联等青少年社会组织应充分发挥引导宣传功能、组织动员功能、平台支撑功能和协调沟通功能，积极引导青少年实现中国梦、推动经济社会转型升级和全面深化改革服务；引导青少年参与基层社会治理创新是时代赋予我们的责任和使命，也是时代需要的新生力量。与此同时，还要通过制定相关法律法规来规范青少年社会组织的行为；加强与其他非政府组织之间的联系，发挥他们的力量，共同推动我国青少年社会组织健康有序发展。社会各界要积极正确引导青年融入社区生活、关注社会建设、适应基层社会发展需要、为解决社会问题建言献策、贡献聪明才智、主动参与社区事务与公共服务，在推动基层社会向"善治"迈进的过程中提高实践参与能力。

研究最后从基层政府部门、社会组织及学校管理人员三方面提出了培育青少年社会主义核心价值观的具体路径。高校和其他社会组织应发挥其宣传引导功能，提高广大青少年人的权利意识和责任观念，使青少年在参与社会治理过程中真正实现公民权利与公民义务相统一。同时，要加强宣传教育，减少广大青少年的"政治冷漠"和"社会冷漠"，提高其依法参与治理的自觉性、责任心与事业心，促进青少年健康成长。新媒体要发挥自身优势，提高青少年网络参与能力。基层政府与社会组织要注重"互联网+"与新媒体在推动青少年参与管理中的功能，顺应科技发展潮流与青少年参与特征，增加网络参与功能开发与运用，加快"电子政务"发展，从内容与语言两方面不断创新，用青少年与公众喜闻乐见的方式发布与反馈信息，从需求出发，更多地推送与公民切身利益相关的政策与信息，宣传社会管理创新中的先进青少年与典型故事，使社会管理更"接地气"。与此同时，政府部门应加快网络与新媒体治理制度的制定，规范其参与治理的行为，并引导青少年群体有效地参与社会治理，合法地提出建设性的意见与建议。

6.2.4　提升青少年有序参与的引导路径和建议

任何民主国家的公民参与都是由政府强力引导与扶持推动的。宏观而言，公民参与有利于集体行为实施，对维系民主和促进发展具有不可或缺的意义；微观而言，公民充分融入并参与社会公共事务与社区事务的解决中，增强了公民主人翁意识与主体性，也扩展了个人的人际关系网络，增加了社会资本。近年来，公民参与作为新型的实践和民主理论，俨然构成我国在民主政治进步和地方治理的沿革与实践活动中的关键部分，推进公民有序参与成为广泛的共识。随着信息技术的蓬勃发展及互联网的普及率的提高，我国的公民参与逐渐由线下扩展至线上，网络环境所具有的独特性使公民参与得到空前发展，公共治理中政府部门与公民的关系受到了强烈的影响与冲击，从而引发了各界对如何看待、如何影响、如何治理等相关问题的讨论。

针对网络环境下公民参与的意义这一话题，学者们辩证地分析了其积极意义与消极意义。积极的意义在于：减少对信息的集权控制、增加公民参与的形式和路径、增强公民参与的兴趣和能力、促进公共组织结构的网络化及决策权力的分散性、推动国家的民主政治的稳定进步、搭建了新的公共领域。消极的意义在于：在网络公民参与存在的问题层面，一些研究人员提出，公民参与的不平等将导致社会分层，产生出数字鸿沟；盲目推广电子政务，让形式主义盛行；缺乏制度性的保障，网络迅速腾飞导致公民参与陷入"无政府"的情况；信息拥挤能够干扰到个体的理性选择等。总体而言，虽然网络环境下的公民参与存在问题，但我们更应聚焦网络参与对民主发展的重要作用，而如何引导进行有序的网络参与、如何建设政治发展和公共管理中网络参与的制度、究竟怎样解决公共决策失范等众多问题也渐渐成为学者们的研究方向。

通过文献综述发现，以往关于社交媒体对青少年参与的影响研究中，大部分的理论框架基本围绕社交媒体的三个核心机制展开：（1）社交媒体是信息分享和表达的平台，能够鼓励个人交流与互动；（2）社交媒体拥有交互性的基因，促使青少年进行社交网络中产生一定的社交压力，因此促进青少年参与；（3）社交媒体在内容生产和交流方面具有独特性，便于青少年的网上讨论，利于推动青少年参与的实践。我国目前的网络公民参与研究中，宏观分析多于微观分析，缺少系统的理论研究和实证分析，理论研究落后于实践发展，而实践也起步较晚。

本研究经过实证研究深入探索了青少年的社交媒体使用对该群体社会资本积累的影响，从而挖掘内心需求，研究影响社交媒体对个人社会资本发挥的决定性因素，对社交媒体使用与青少年参与进行反思，以期更真实、深入、全面地反映我国新时期青少年参与的现状，对如何引导青少年正确、积极、理性地参与，如何提高社交媒体时代青少年的参与度提出一些实践建议。

（1）融合传统与新媒体，培养公民参与意识

传统媒体和新媒体之间拥有一定的互补优势功能，互为补充与融合有助于信息的广泛传播。传统媒体基本包含报刊、杂志等印刷类的媒体及广播、电视等电子媒体。纵使技术迭代、网络媒体出现，经过长时间的发展与变迁的传统媒体在信息传播方面仍具有新媒体无法比拟的高公信力与权威性，我国认知度较高的传统媒体便有人民日报、光明日报等。新媒体利用技术优势可将文字、图片、视频、音乐、数据融为一体，传播内容形式多样化，传播时空界限被打破，传播覆盖面广。与此同时，以社交媒体为代表的新媒体去中心化、扁平化的传播方式带来了政治传播生态的重构，政治传播渠道下沉、个人信息传播与接触权扩展、生活政治化技术门槛降低，继而强化了公民的政治感知及"政治效能感"，在公民参与方面显露独特优势。

新媒体拥有一大批青少年群体受众，是培养公民参与意识的良好土壤。本研究的调查结果显示，69.26%的青少年每天在社交媒体上花费2小时以上，30.34%的青少年花费4小时以上，整体表现为青少年每天花费在社交媒体的时间较长，频率较高。本研究通过问卷调查与数据分析发现，使用习惯

与线上、线下公民参与正相关。以往研究也表明，接触传统媒体和新媒体的频率对线上、线下公民参与具有正向作用，但目前我国公民的线上参与较低，尤其是正式参与（徐洁，2018）。青少年通过浏览、转发、发布、评论等多种方式在微博、博客、网络论坛等社交媒体上发表意见看法，且充分利用网络的平等性、虚拟性、便利性。比起线下空间，青少年在线上空间中更容易行使公民权利、监督政策执行、对政治决策进行再反馈，而反馈有助于政治系统判断与理解决策是否合适，进而促进决策的完善与修正。

传统媒体拥有一大批在新闻规律、新闻实践、新闻经验等方面的人才，是传播公民参与意识的巧手。传统媒体人才可创新性地将采编经验、采编方法、采编手段及长期的从业经验灵活运用至新媒体实践中，传统媒体长期积累的发展历史和模式在一定程度上具有借鉴意义。同时，传统媒体的适时介入有助于去伪存真，提高新媒体信息的可信度，维护和谐的网络参与空间，并实时提醒新闻媒体坚守职业道德。

新媒体上的公民参与更多呈现的是信息输入、政府决定、信息及时反馈、政府调整策略、再展开信息反馈的动态过程，传统和新媒体交融将为新媒体参与注入一定的权威性与专业性。因此，政府可引导传统媒体与新媒体的融合，两方可主动谋求紧密合作，拓宽宣传渠道平台，并运用适当且适应的方式宣传正确方针政策，培育线上、线下公民参与的土壤，亲民、便民，切实可行地为民众解决问题。然而，由于青少年群体具有特有差异与特殊权利，政府在制定决策目标时需要充分考虑青少年群体立场，避免抑制其表达。例如，为了确保青少年群体能被纳入对公共事务的决策和讨论，徐洁（2018）提出，亟须一整套沟通机制，使真正意义上的公共讨论与政治参与建制化，并营造一个包容性强的社会公共民主空间。了解青少年公共参与背后的机制，融入青少年话语体系，实时关注网络意见并积极对信息进行反馈与修正，有助于提高青少年的公共参与度，为引导青少年有序参与提供支持与帮助。

（2）加快法律法规完善，提高网络空间信任

在习近平新时代中国特色社会主义思想引领下，深化中国网络政治参与理性化主要表现在完善法制体系建设进程中（杜婉嘉，2020）。为确保青少年经由社交媒体进行公民参与走上有序、健康、主动和理性的道路，政府需要健全相关法律法规和强化社交媒体公民参与法律监督与管理，维护网络环境的和谐。

本研究对社会资本在青少年社交媒体使用和公民参与的中介作用做了相关研究，发现构建和谐网络社交连接、提高网络信任度、提高网络使用满意度有助于线上、线下的公民参与。以往研究发现，互联网有利于发展弱关系，即产生桥接型社会资本。桥接型对黏结型社会资本有促进作用，且社会资本能够预测线上线下与公民参与（徐洁，2018）。根据本研究的发现，社会连接、社会信任、生活满意度与线上、线下的公民参与正相关。社交媒体上，新闻、图片、音频等多媒体信息不再需要经过信息过滤或真实性核查，便可直接通过用户人际关系网络到达现实社会的每个角落。信息传播过程中"把关人"的缺失为社交媒体上的谣言滋生提供了土壤，错误或具有偏见的谣言信息可能使用户作出不当的行为决策（Metzger, Flanagin, & Medders, 2010）。例如，线上社会捐赠出现诈捐、骗捐及其他以善心牟取捐款的不良行为，这不仅给捐赠人带来实质性危害，同时降低了社会信任度，给慈善捐款蒙上了阴影。为了减少社交媒体谣言传播和扩散对社会信任和网络整体生态环境造成的负面影响，包括各国政府和社交媒体运营商在内的利益相关方采取了一系列措施，包括强制（或鼓励）实名注册、网络犯罪立法、建立谣言信息技术监测系统、成立网络自治组织、网站内建辟谣平台、组建信息内容监控专业团队等。

近年来，我国也颁布了一系列规范新媒体使用的法律法规，诸如《中华人民共和国计算机信息网络国际联网管理暂行规定》《中华人民共和国电子签名法》，以及《互联网信息服务管理办法》等。然而，新媒体技术迭代迅速，新媒体环境千变万化，新媒体公民参与主体多元化。因此，立法机构在基于新媒体信息传播特点进一步健全法律法规体系的同时，需根据环境变化及公民政治参与行为的变化动态立法；在借鉴国外立法经验的同时，还需要立足本国国情，制定适合中国特色政治、经济、文化和社会背景的新媒体法律法规；在关注全体公民在新媒体平台政治参与的同时，需聚焦青少年的参与状况，强化引导严格规范。

（3）监督网络舆情现状，做好主流价值引导

目前社交媒体多由精英媒体集团建立，资本集团联合社交媒体有影响力的"大V"，借助网络时代的"意见领袖"效应，根据自身利益策划新闻立场，甚至雇佣网络"水军"转发利己言论，向用户"推销"自己利益集团代言人，面对危机时，甚至能占领舆论阵地，扭转舆论局势。正如清华大学国际传播研究中心主任李希光教授所言："这是一双'看不见的手'，

蒙上了人们的眼睛。"在社交媒体平台上，不符合资本集团、广告商利益的言论和话题可能被过滤，一些少数的思想和观点越来越被忽视。大量娱乐化、商业化、情绪化、资本利益化的言论充斥网络，甚至在重大舆论压力时刻，部分官员、权威人士害怕公开发表意见，由此形成一种新的霸权，即公民意识被占据舆论高地的利益集团"代表"，公民参与不具有真正的民主意义。

面对舆论的多元构成，为了防止公民参与的意义被消解，为了强化共同体政治认同，政府应对舆论风向保持敏感，通过主流价值引导的方式引领分化群体。在如何进行主流价值引导方面，本研究发现，青少年的娱乐性使用动机对社会连接、社会信任、生活满意均有显著正向作用，与线上、线下公民参与正相关。因此，使青少年喜欢网络公共参与并享受其中具有正向意义。政府要针对网络时代青少年网民的话语体系和参与特征设计引导的方式方法，创新传播内容形式。

通过文化符号激发情感共鸣，强化集体记忆塑造。在社会生活领域，认同匮乏具体表现为公共精神短缺（孙杰，2016），为了重塑和再现公民的共同体记忆，可以以情感联系为纽带，以传承承载意义的集体符号记忆为基础，经由情感共鸣来共同拥有社会记忆进而唤醒，增强个体内部凝聚力与认同感。在欣赏文化符号和作品方面，青少年具有赶潮流、爱新奇、讲品质的特点。主流政府应结合青少年的兴趣偏好和社交媒体的传播模式及特点，开发与建构一套品质高、弘扬主流价值的记忆符号，并利用青少年的社会性使用动机和社交媒体的人际传播模式，形成口碑效应，提高价值引导效果。

借助意见领袖增强话语认同，聚合共同价值取向。原子化的独立个体借助社交媒体的圈层群体建构，构成一种强弱关系并构建聚合，具有共同价值导向或趣缘倾向的情感共同体。即使各共同体内部存在着某种格局差异，但不变的是，意见领袖往往掌握了更具影响力的"麦克风"，在信息把关、舆论引导、价值认同上发挥着巨大的作用。政府可以通过打造意见领袖的方式进行主流价值的引领和渗透，如各级政府开通政务微博，不仅能降低群体抵触心理，发挥意见领袖的"吸纳"效果，还可以进一步把真实可信、准确无误的消息实时公开传递给公众，增强政府公信力，当公共事件突然发生时，可以及时遏制舆论发酵。除此之外，还有其他促进主流价值引导的方法，如生产更多轻量化、可视化产品；放低姿态，使语态平民化青年化；以"去政治化"手段完成主流价值的渗透；肯定、赞扬多元异质的情感或利益群体等等。总之，政府应抓住网络话语主导权，借助多种创新手段引导青少年理性、有序地进行公民参与。

（4）关注社交媒体倦怠，建立起反连接意识

社交媒体自诞生便获得用户青睐，通过产品的迭代升级与不断发展，社交媒体经历了三个阶段：第一个阶段重点强调了社交媒体的特征。具备互动性、链接性、参与性、公开性、沟通功能性和社区性等特征的在线媒体则称为社交媒体（Mayfield，2008）。第二阶段增加了"受众内容产生"这一特征。社交媒体作为一种互联网应用，允许对用户产生的内容进行创作与交流。在这一过程中，"用户内容"需要满足可供公开发表，内容有创意且非专业等条件（Kaplan & Haenlein，2010）；第三阶段则增补了"关系网络"（Ahlqvist，Bäck，Heinonen，& Halonen，2010）。所以可以认为，社交媒体依靠网络技术支持社会关系（李慧，周雨，李谨如，2021）。社交媒体的"关系网络"特征在青少年的社交媒体使用动机上表现为强烈的社会性使用动机，本研究通过调查问卷与数据分析发现，社会性使用动机与社会连接、社会信任、生活满意度均呈正相关，并对线上、线下的公民参与具有正向促进作用。可见，建立舒适的社交媒体关系网络，培养亲切适度的社交感，构建人际关系情感纽带，有利于推动青少年在网络环境中的有序参与。

在社交媒体盛行及关系网络泛化的背景下，张艳丰等（2017）发现有愈来愈多的使用者正渐渐地减少社交媒体的使用甚至抛弃社交媒体，社交媒体倦怠这一术语逐渐走入研究视野，同时对社交媒体中公民参与产生了某种程度的影响。目前，学术界对于社交媒体倦怠尚无统一定论。从现有文献来看，学者们主要围绕社交媒体倦怠内涵界定、形成原因及干预策略三个方面进行探讨。社交媒体倦怠亦称社交媒体疲劳，学界对于社交媒体倦怠分别从行为层面、心理层面和二者混合层面进行了三种界定，例如季忠洋等（2019）认为社交媒体倦怠是指社交媒体使用过程中心理层面的疲倦感和放弃感及情绪层面的担忧、害怕、沮丧、厌烦、愤怒、烦躁和疲倦等消极情绪，并在行为层面表现出一种不持久、拘谨、受限乃至中断推出的现象。对于社交媒体倦怠产生的原因，黄可可（2022）提出了5点：连接过载导致的私人领域公共化，滤镜文化致使的印象管理负担加重，信息多元致使的社会比较焦虑流行，隐私安全引发的对边界模糊的困扰，以及

伪集体欢腾背后的群体性孤独。为应对社交媒体倦怠，重塑个体与社交媒体间的亲密关系，化社交媒体为助力而非羁绊，个体应建立反连接意识，社交媒体平台应思考向少连接、弱连接的方向发展。

人际交往能力尚处发展期的青少年应适当保留个人空间，建立反连接意识。以微信朋友圈为代表的互联网人际关系圈正逐渐泛化为"弱关系连接"平台。朋友圈已不再为"朋友"圈，除少数亲密朋友外，朋友圈中更多的是关系浅淡的熟人，甚至是素未谋面的陌生人。连接节点的增多致使社交负担的增大，私人空间公共化引发隐私担忧，社会性表演对真情实感的取代催发社交疲倦。近年来"该不该发朋友圈""发朋友圈的频率最好为多少""朋友圈应该发什么内容""如何写朋友圈文案"等相关问题的不断发问与讨论在一定程度上反映了该现象的普遍化。青少年处于社会化进行时期，不仅面临学业压力，也面临着未知的人际关系压力，当他们厌恶社交媒体带来的社交负担而不愿使用时，社交媒体的公共表达功能便会被搁置。因此，应当引导青少年精简信息源，适度远离线上、线下的连接，把握好与社交媒体之间的距离，避免沉溺于社交媒体而产生社交疲惫，从而失去关注公共事务与公开发表意见的热情。社交媒体倦怠将倒逼平台方设计少连接、弱连接的产品功能，重新吸引社交倦怠用户的回归。用户需求是产品设计之本，面对社交倦怠用户对弱连接的需要，平台方应不断洞察用户的深层需求，提供人性化、精简化、少连接、弱连接的产品设计，同时掌握好社交动机与社交倦怠之间的度，从而获得用户青睐，提高用户黏性。

（5）引导学生社团建设，培养公共参与素养

公共参与素养的培养是保障青少年参与有序和健康进行的基础，是中国社会主义民主政治发展的必然要求，是中国素质教育发展的必要环节，也是青少年发展中的重点培养内容。公共素养的定义纷繁复杂，部分研究者认为，公共参与素养意味着公民可以经由合法形式和途径参加公共事务，表达观点诉求，影响公共政策及公共活动的主体意识、个人能力和知识维度（张有林，2006）。

青少年中有一大部分为学生群体，而校园是学生的重要公共生活空间，社团参与则被认为是最重要的校园参与形式，因此，鼓励学生组建各类社团，引导学生参与社团健身，加强学生自主组织和管理，将有利于提高该群体的公共参与素养，从而有利于有序参与的引导和推动。鼓励一批关注社会公共的社团建立，在青少年世界观、人生观和价值观形成的最关键时期培养其公

共参与素养。例如青年志愿者协会，他们聚焦社会中需要帮助的群体，倡导学生参与志愿活动，引发学生对公共参与的多层思考，是值得鼓励与发展的学生社团。社团应葆有活力度，可结合周边环境合理组织活动，可将创新与新颖的模式融入策划之中，可加大宣传力度形成流行风尚。具体活动如前往学校周边的敬老院或孤儿院，关注社会边缘群体；如组织暑期支教活动，关注落后地区教育发展；如在植树节期间开展植树造林活动，关注生态环境建设等。

支持学生自治社团，培养独立意识与公共参与能力。社团可以被比喻成一个小社会，社团内部成员的选拔、社团活动的策划、社团重要事务的决策、社团成员的组织形式等都可以通过学生自治来完成。在学生自治中，教师扮演辅助作用，学生在相互磨合、攻克难关、实践成果的过程中，不仅可以收获友谊与成就感，也能提高主人翁意识，更重要的是加强了公共参与的能力，有助于其未来发展。公民参与的重点是政府部门和公民间的互动沟通，青少年参与的关键也在于政府部门和青少年之间的双向交流，因此在如何引导青少年有序参与的问题上，我们需要关注：提高政府的管理水平与引导能力，提升青少年公共参与素质，构建政府与公民的合理对话机制，培育公民参与的社会土壤。除此之外，我们也应具备动态视角，在发展与变动中不断地对影响青少年公民参与的因素进行调整和改善，追求科学、有序、健康的青少年参与图景，为我国政治经济的持续发展，体制机制的深化改革，社会民主的和谐共进提供有力的民意保障。

6.3 研究总结

6.3.1 研究的理论和实际贡献

本研究的实验将公民参与扩展到中国环境的社会背景下及社交媒体环境中，并将青少年作为研究对象。本研究采用实证方法与客观数据考察社交媒体使用与多重社会资本在推动青少年线上线下参与中的权力与效用，并回答了在发展与变动中如何引导青少年有序参与的问题。以下是本研究的理论贡献：

第一，我们应用社会资本理论，扩展了公民参与和社交媒体的文献体系。研究结果表明，社会资本理论有助于理解社交媒体使用和公民线上和线下参与现象，社会连接、社会信任及生活满意度积极影响两种类型的在线公民参与行为。长期以来，社会资本与公民的政治参与的逻辑联系都被作为相关领域内的研究焦点，学者大都认为社会资本的积累对于社会公民的政治参与、基层民主的发展和进步都有极大的影响，公民参与的程度也会伴随社会资本积累的增高而提升，社会资本的积累越丰富，公民参与程度越高、参与绩效越高。本研究基于多维社会资本的视角，深刻理解与研究社会资本理论视角下的公民参与，这是一个创新且值得注意的发现，并为今后的研究在这一领域树立了良好的榜样。此外，综合考虑社会资本3个维度在公民参与行为中的互相影响，可以规避分别研究社会资本因素的局限。

　　第二，本研究对社交媒体使用进行了细致且全面的考察。对比以往笼统模糊的社交媒体使用对社会资本及公民参与影响的研究，本研究更具针对性，细致考察社交媒体使用并对其进行了分类，之后从多个层次来度量青少年对于社交媒体使用的行为和方式，从而达到准确分析社交媒体使用对线上和线下公民参与的影响的目的。基于青少年所处个体因素及我国青少年群体的社交媒体使用情况，本研究选取 14 至 28 岁的青少年群体为研究对象，研究社交媒体使用习惯、使用偏好和使用动机等对其社会资本和线上线下公民参与的不同影响。其中，当前研究具体将使用动机分为信息性、娱乐性、社会性和自我披露型四类。这四类用户在以往研究中发现，社交媒体上的信息性和娱乐性是其主要特征之一。信息性动机是指通过对外接触、沟通而获得有关工作、学习、生活各个方面的知识及信息，并用其解决所遭遇到的各种问题。所以，社交媒体信息性使用动机可能会对社会资本积累及公民参与产生相关作用。青少年的娱乐性使用动机是指他们喜好使用社交媒体来获取娱乐消遣和心理满足。本研究与之前的研究结果相同，出于娱乐消遣心理的目的，适当地使用社交媒体获取娱乐的使用有助于青少年多种社会资本的积累及线上线下的公民参与。除此之外，社交媒体的社会性使用动机和自我披露型动机并没有引起大多数学者和专家的探讨及研究，甚至这种动机被视为非公民参与的积极作用。该研究将社交媒体使用中的社会性使用动机与自我披露型动机进行扩展，并分别从多维度探讨它们对于社会资本及线上线下公民参与的影响。本研究证明，社会性使用动机与社会资本和线上线下公民参与之间存在着正相关关系，这表明，社交性使用动机可以推动社会资本不断累积，促进公民线上与线下参与活动。除此之外，本研究并未发现自我披露型动机与社会资本和公民参与之间存在正相关关系。上述研究结果的发现可以填补之

我国青少年的社交媒体使用和公民参与研究

前研究的空白点。

第三，社交媒体的使用如今在公众中非常普遍。社交媒体的日益普及为公民活动提供了新的机会。尽管公众参与公民活动随着时间的推移而下降，但许多学者期望社交媒体的出现能够鼓励个体参加市民生活，这是新时代中国民主政治发展的重要目标之一。当前，社交媒体作为一种新型媒介工具已经被广泛运用于人们日常生活中，并且发挥着越来越大的作用。过去有很多文章研究了社交媒体使用、社会资本与公民参与之间的两两相互关系，而对于社会资本作为关键中介作用，以及作用机制和三者之间的关系研究相对匮乏。本研究通过考虑社会资本的调节作用，探讨社交媒体使用与公民参与之间的关系。虽然这些问题的答案可能很简单，也有研究已经对其进行了探索，但使用更新的数据来探索并发现关键问题可以帮助即将到来的互联网技术革命做好准备。我们发现，不同人的社交媒体使用对其社会资本积累与不同水平的公民参与具有显著中介作用。积极使用社交媒体的用户更有可能通过他们的社交关系累积社会资本来促进参与公民活动。这项研究的结果表明，社会资本可以帮助在线媒体用户促进公民参与活动。

第四，我们发现，过去学者们对社交网络使用与公民参与方面的研究，都仅限于某一类型或装置的社交网络，已有的成果研究对象多集中于脸书、推特等典型社交媒体软件。我们的研究不指定任一社交媒体，广大社交媒体凭借其易用性、庞大的用户群和直接的沟通渠道，目前已发展得十分繁荣，并深受用户欢迎。鉴于目前社会媒体的使用尚未得到全面探索，且互联网已经超越了单一媒介的功能，因此有必要在以计算机为媒介的环境中进一步研究。

就实际意义而言，我们的研究发现进一步为促进公民参与提供了支持，从管理的角度为不同群体多方相关者提供了一些指导和建议。具体而言，我们的实证数据结果为青少年个体、公共治理者和社交媒体运营者提供了帮助。对青少年个体来说，使用习惯往往比使用偏好更有效。另外，娱乐性使用动机和社会性使用动机在更深程度上促进社会资本的建构和积累。本研究结果表明，青少年个体利用社交媒体进行娱乐活动和社交能够促进人际关系的互动，从而积累更多的社会资本。移动社交媒体技术的爆炸性增长极大地改变了个人的人际交往、决策和日常生活方式。因此，牢牢把握社交媒体优势，使用社交媒体进行人际沟通十分重要。

这项研究的结果也对公共治理者产生影响。公共治理者可以利用社交媒体促进公民参与，尝试获得更多的人的参与来解决社会问题。从这个意义上讲，正如先前研究所建议的那样，通过社交媒体解决社会问题确实可能有助于消息的扩散和实现更高程度的参与。对政府而言，信息的内容和呈现，政府媒体实践及不同媒体的透明度和可信度都在影响信息传播相关的交际行为，进而影响公民参与和最终解决问题。公共治理者可以创造更好的参与环境与群众在社交媒体展开互动，借助互联网优势，得到公民更多的响应和参与。另外在政策制定出台及征求民意过程中，公共治理者要切实了解民声和人民态度，与公民平等亲切交流，同时注意改善发言环境，净化发言环境，这样便可以得到更理性和更有价值的意见。政府应进一步出台相关法律法规来保障参与过程更好地顺利进行。

对社交媒体运营者而言，运营人员可以为社交媒体用户设计有吸引力的社交活动，允许他们交流和参与，进一步加强人际联系促进公民参与。换句话说，通过社交媒体确实可能有助于网络社会信息的扩散和创造更具参与性的机会。在提出的理论依据中，我们认为基于互联网使用的公众参与更具有吸引力，因为它允许社交媒体平台帮助人们完成他们无法线下参与的任务，这些平台让用户能够超越空间和时间的障碍参与社会治理。创造合理便捷的沟通渠道和社交活动可以为中国正在进行和即将进行的社会治理和公民参与提供实用指导，也许在不久的将来，互联网媒介将成为一种公民参与的较理想的途径。

6.3.2　存在的不足及对未来的展望

这里，我们有必要对本次研究的对象，公民参与概念定义中所指的参与群体，即社会大众这一群体进行详细描述，并将重点放在其社交媒体使用上，同时也考察了这些使用对其社会资本与公民参与行为的影响。通过对该调查进行问卷发放并采集样本，我们可以发现，这些人并非某一领域的专家或精英，而仅仅是最一般意义上的公众。作为学生或参与社会工作的人员之一，对其衡量主要表现在参与社团或机构、参与捐赠、阅览与转发公共事务新闻这类最为基本的行为上。某些特定领域的人群（例如社会精英、专家等）具有很强的干预能力，并且在这些方面起着主导性的作用。但无论如何，最根本的公民参与行为仍然是最适合普通大众的公民参与度量。此后研究可采用其他研究方法对社会较高层次群体的公民参与问题进行研究。此外，本研究还发现了一些新特征，如青少年群体已经成为网络上非常活跃的一部分。这使得本研究所提出的理论模型有很好的解释力。然而，由于人力、物力资源、资金不足，研究不可避免地存在一定的局限性。后续的研究可以从以下几点进行完善：

第一，首先是关于样本是否具有代表性。本实证调查是在网上非随机地发放问卷，即进行近便样本的调查，而不是严格遵循问卷样本选择的抽样方法。本次样本主要通过在线互联网、社交媒体网站和主要大学发布的线下问卷调查获得，共计获得 1246 个有效样本。但是，因为调查的大部分都是在校的学生（包括本科生、硕士、博士），所以获得的数据不能完全概括 14 至 28 岁的群体的整体使用习惯，样本数据有局限性。在人口统计描述方面，尽管本研究对象被限制在青年范围内，但是学生所占比例较高，而对于其他参与社会从业者而言，此类人群代表性不足，也会影响样本层次性与完整性。所以基于以上原因，调查的结果就有可能出现偏差。

第二，本研究主要采用问卷调查的手法，通过对样本数据的分析，得出的结论具有一定的客观性、可靠性和真实性，但对于调查对象使用移动社交媒体之前行动和态度无法进行考察。另外，调查对象在回答问卷时受其自身主观因素的影响，难以避免地会对自身的行动和态度评价过高或过低，这些都会影响最终的数据收集和分析的真实性。而且，社交网络中信息性使用动机与社交性使用动机对于青少年公民参与具有直接性影响，研究虽然可以透过回归方程的分析来直接获得相关的结论，但两大社交媒体利用动机究竟如何具体作用于公民参与的实际行动，可能还存在其他的互动因素，这些因素之间的复杂关系在这项研究中没有被提出。之后的学者可以根据这篇研究继续探究这些因素之间相互作用的机制。拉扎斯菲尔德曾经指出"受众个体对于媒介内容的反应是有选择性的，并非直接性的，他们会受到社会属性、性格特点、社会联系的影响"。由于本研究缺少对青少年的个人特质、对待政治的态度等相关因素的调查数据，因此，今后需要进一步深入研究如何精细化调查其他因素对社会媒体使用和青少年群体公民参与关系的影响。

第三，关于社交媒体的效果测定，目前中国没有普遍接受和实践的测定方法和运用衡量体系。学者对媒介效果进行研究已久，但因社交媒体具有开放性、互动性等特点，对效果的确定较为烦琐且存在较多争议，传统媒体的效果测定指标难以在社交媒体领域得以应用。同时，在国内很多关于社交媒体的传播效果的研究中，概念使用的混乱和误解问题也普遍存在。对具体指标的引入或缺乏思路上的阐述，或操作性定义不强，这使得不同学者所提出的测量指标和研究成果难以置于同一层次上进行探讨。社交媒体的传播效果是一个复杂的问题，它涉及很多方面，尤其在社交媒体平台上。现在关于社交媒体效果的研究主要集中在用户的感知层面。此外，已有的研究多是基于个体的自我报告进行分析和讨论，而缺乏从整体上考察自我报告对用户行为及效果产生的影响，以及这些影响是否会随着时间的推移发生改变，从而影响最终的实际效果。但是，目前已有关于社交媒体使用情况的大量实证研究表明，社交媒体会给用户带来正面或负面的影响。这也意味着，社交媒体可能具有一定程度的消极影响。所以，未来研究有必要采用控制实验等手段观察社交媒体给用户带来哪些真实效果。

第四，该研究为横断面研究，特别针对社会资本进行计量，而不是使用历时性调查方法计量社会资本变化如何影响公民参与。我们发现：随着时间的推移，社会资本会有一定程度的增长；不同类型的社会资本之间存在着差异。不同类型的社会资本可以通过提高个体的自我认识与沟通能力而促进公民参与，而且这种作用主要发生在公共空间中。后续调查可在这一水平上加以完善，动态地检验变量间的相关关系。调查还可以采用定性方法或其他综合方法开展后续调查研究。另外，本研究对公民参与的行动和参与的动机之间关系没有详细研究和分析，公民参与的行动包括交互行动和浏览行为，这两个行动会对社会资本产生不同的影响。社交资本虽然受到交互行动的影响较大，但是参与动机影响交互行动，本研究对它们之间的具体影响关系和影响程度未作详细说明。

还需要指出的是，这项研究衡量了年轻人的线上社会资本，且未进一步解释线上社会资本和现实社会资本是互相促进还是彼此抵消。如今已经有学者对线上社会资本与线下社会资本的关系进行了研究，研究发现 SNS 对虚拟世界大学生的社会资本有好处，但对现实世界的社会资本没有太大的影响。未来研究可追踪此点，并考察线上线下社会资本状况对公民线上线下参与行为的影响。但是，必须承认，要明确区分虚拟世界的社交网络和现实世界的社交网络是很难的。很多情况下，现实社会的人际关系是与网上相互关联的。特别是由于移动社交媒体的普及和互联网的组合，两者的界限越来越模糊。随着科学技术的进步，虚拟现实技术逐渐消除了现实世界和在线世界的区别。相应地，各界对社会资本的讨论也在发展。关于社会资本研究中的另一方面，即表现形式与测定等问题的研究理论较为完善，但对于网络环境下社会资本的确定方法，目前还未有具体的理论与实证调查来加以研究，从而也未形成一套系统的测量方法。在互联网场景下，人们对社交资本有了更多的认识，同时也发现了一些与实际环境不相符的现象，这就为研究社交资本提供了新的视角。这种方法虽然能够较好地反映出虚拟环境下个体的社会资本，但是不能很好地解释人们在实际生活中所表现出来的一些现象。这一笼统的做法并不可取，未来该领域值得学者对这一问题进行更深入的分析与讨论。

6.3.3　未来研究方向展望

第一，移动社交媒体是近年来出现的一种新型媒体，与之相关研究并不鲜见，其未来研究趋势可整合不同理论与角度，拓展新的理论并创造研究新范式，拓展移动社交媒体对公共参与影响的深度与广度的研究。从深度上来说，一方面可以针对某一特定的移动社交媒体进行研究，进而探讨公民社交媒体使用行为的影响因素，为移动社交媒体平台的开发者提供更具参考价值的用户使用报告；另一方面，可以深入挖掘社交媒体对公民参与在某一具体领域的影响程度。虽然目前学界针对某一具体领域进行的社交媒体对公共参与影响的研究不在少数，但是大部分研究仅仅停留在表层，并不深入。此外，现有研究间没有较强的逻辑关联，整体呈现出框架零散、多而杂的情形，这不利于建立社交媒体这一领域的研究体系。因此，在移动社交媒体与公共参与的研究中，要扩展理论基础，同时深入研究某一具体方面的特征，建立严密的逻辑体系。从广度上来说，可针对社交媒体利用和公民参与所涉问题的范畴加以扩大。伴随着社交媒体的迅速发展，它对公民参与影响的广度正在发生变化，由早期讨论的政治参与扩展至今天拓展到多个维度的公共参与，社交媒体平台对于公民参与的影响呈现出越来越广、越来越重要的特征，已经交叉深入各个学科中。因此，广度层面上要求研究者更多关注多学科交流深化和开拓自身专业限制，从更为多样的学科角度进行研究，深刻了解不同学科的背景，并努力尝试拓展新兴的研究方法，以此使社交媒体与公共参与的研究内容丰富起来。

第二，社交媒体传播速度快、波及范围大、沟通成本低等特点，使其成为如今最重要、高效、广泛的公民参与工具之一。但是在实际的使用场景中也产生了很多问题，比如近几年社交媒体融入公共参与的进程中，曾多次出现过社交媒体的舆论性难以控制，导致公民参与公共事务在一定程度上偏离了初衷并不断恶化，反而演变成网络舆情事件，严重削弱了政府的公信力。因此，在公共参与的问题上，为了避免社交媒体可能带来负面影响，针对优化社交媒体介入公共参与的策略，以及控制社交媒体对于公民参与的影响程度的研究至关重要。具体的优化方向可以从三方面入手：首先要加强对于社交媒体中公共参与的管控，秉持政府主导、公众参与的原则，建立稳定有效的线上公民参与制度，维护健康、积极的网络环境；其次，应重视公共参与主体文化素质的培育，同时促进社交媒体对公共参与干预策略的制定，政府应该发挥更多的引导作用，促使公民注重教育、提升个人素质，共同营造和谐美好的线上公民参与环境；最后，由于公共参与问题是以公共事务为具体参与载体的，在这个过程中政府应把控大局，注重每一个网络环节的建设，防止不法分子钻空子，并严格惩治任何网络违法行为、净化网络公共参与环境。

第三，充实理论基础和扩展实证研究方法。完备的知识理论框架为研究社交媒体使用对公共参与的影响提供了基础与前提，理论基础指引着本领域的研究方向。在进行理论研究时，应注重探索，在原有理论基础上尽可能多地发现与提出新理论，丰富与拓展了原有理论，对于研究社交媒体使用对市民参与的影响有着重要的启示。实证研究作为重要的研究范式，是社交媒体对公民参与影响研究的技术和手段。实证研究使社交媒体使用对公共参与影响的研究变得有章可循，使研究结果逐渐精细化和准确化，加强了研究结果的说服力。现阶段国内外学者在社交媒体对于公民参与的影响研究方面的研究侧重不同。国内学者更关注的是理论研究，国外学者则倾向于实证研究。未来我们可以选择借鉴、扩展研究方向，理论研究和实证研究两手抓。

第四，强化线上公民参与主体的多元化研究。从广泛意义上讲，社交网络媒体对于公民参与的影响研究，其研究对象多为使用网络媒体参与公共事务的公民，具体来说，应该是进行线上公民参与的个人和组织。然而，由于使用社交媒体进行公民参与的广泛性和便捷性较为突出，目前学界现有的研究中的公民参与的主体更多倾向于呈现个人观点的表达，研究主体表现出零散状态。在以该种状态作为研究主体的情形下，各类研究会在一定程度上忽视个人在进行线上公民参与时存在的效率低下的问题。在大多数研究中，公民参与的研究主体仅为个人，过于零散和单一，无法形成社交媒体中的网络参与领袖，在一定程度上限制了公民参与可能出现的发展趋势。因此，应充实不同机构、不同阶层、不同专业的线上公民参与，提高公民参与的黏合性和有效性，促进公民参与的主体朝向多元化的方向发展。此外，在现有研究中，还有一些研究将科学家、研究生和大学生群体作为公众参与的对象。然而，这些参与对象还相对缺乏，还可以进一步扩充和延伸。因此，有必要发展和鼓励研究，将具有代表性的组织纳入公共事务参与的范围，将对社会资本的考察从个人层面上升到社会层面，深入探讨社交网络媒体使用对不同层次主体公民参与和社会资本积累的影响。

6.3.4　本研究结语

　　民主政治是社会主义的目标和追求，更是人类社会持续发展和进步的体现。在民主政治的多种展现形式中，公民参与是民主政治的重要指标，只有公民参与有序、有效进行，民主政治才能良性、可持续发展。公民的参与程度体现了政治的发展程度，随着移动互联网的迅猛发展，社交媒体改变了公民参与的类型方式，利用社交媒体进行公民参与的浪潮席卷而来，对于建设社会主义民主政治具有空前重要的意义。社交媒体为公众获取信息、沟通情感、表达诉求提供了崭新的平台。它降低了公民参与的成本和门槛，丰富了公民参与的基础形式，提高了公民政治参与的能力和热情。此外，社交媒体也创新性地改变了政府传统的治理模式，扩展了政府了解民情、增强互动的途径，在一定程度上拉近了政府与公民的距离，这有助于政府提升决策的科学化和民主化水平。

　　与此同时，社交媒体对于公民参与形式的颠覆性改变，也对传统公民参与造成了一定冲击，影响了公民理性政治思考。并且线上公民参与权利保障制度的不完善等问题也对公民政治参与的可持续发展产生制约影响。因此，我们需要以全面综合的视角、客观公正的态度，辩证地看待社交媒体对于公民参与和社会资本积累的影响，正确认识和分析新媒体时代下公民参与和社会资本的现状和发展前景，正确引导个体和组织利用社交媒体的长处积极有序地进行公民参与，提升公民政治参与的规范化和体系化，推动中国社会主义民主政治的健康发展。

　　社交网络媒体与当代中国公民政治参与的研究是一个具有时代意义、现实意义与前瞻性的重要课题。随着社会的不断进步和发展，对于社交媒体背景下中国公民政治参与问题的研究将会更加深入和丰富。笔者也会在将来不断深入地研究，踔厉奋发，不断突破，努力促进中国公民有序政治参与，为推进中国特色社会主义政治民主化进程作出贡献。

参 考 文 献

Ahlqvist, Toni, Bäck, Asta, Heinonen, Sirkka, & Halonen, Minna.2010. Road- mapping the societal transformation potential of social media. *foresight*, 12 (5):3–26.

Ahmad S, Mustafa M, & Ullah A.2016.Association of demographics, motives and intensity of using Social Networking Sites with the formation of bonding and bridging social capital in Pakistan. *Computers in human behavior*, 57:107–114.

Ahn, Dohyun, & Shin, Dong–Hee.2013.Is the social use of media for seeking connectedness or for avoiding social isolation? Mechanisms underlying media use and subjective well–being. *Computers in Human Behavior*, 29 (6):2453–2462.

Ajzen, Icek.1985.From intentions to actions: A theory of planned behavior Action control: From cognition to behavior (pp. 11–39): Springer.

Almond, Gabriel Abraham, & Verba, Sidney.2015. *The civic culture: Political attitudes and democracy in five nations*. Princeton university press.

Amory, Alan.2007.Game object model version II: a theoretical framework for educational game development. *Educational Technology Research and Development*, 55 (1):51–77.

Antony M.2008. *What is social media*. London: iCrossing.

Arnstein Sherry R.1969.A ladder of citizen participation. *Journal of the American Institute of planners*, 35 (4):216–224.

Arshad, Saman, & Khurram, Sobia.2020. Can government's presence on social media stimulate citizens' online political participation? Investigating the influence of transparency, trust, and responsiveness. *Government Information Quarterly*, 37 (3):101486.

Bakker Tom P, & De Vreese Claes H.2011.Good news for the future?Young people, Internet use, and political participation. *Communication research*, 38 (4):451–470.

Barber Benjamin R.2000. Can democracy survive globalization?. *Government and opposition*, 35（3）:275–301.

Baumgartner J C, & Morris J S.2010.MyFaceTube Politics Social Networking Web Sites and Political Engagement of Young Adults. *Social Science Computer Review*, 28（1）:24–44.

Bavelas, Alex.1948.A mathematical model for group structures. *Human organization*, 7（3）:16–30.

Bavelas, Alex.1950.Communication patterns in task–oriented groups. *The journal of the acoustical society of America*, 22（6）:725–730.

Becker Gary S.1962.Investment in human capital: A theoretical analysis. *Journal of political economy*, 70（5, Part 2）:9–49.

Beeghley Leonard.1986.Social class and political participation: A review and an explanation. Paper presented at the Sociological Forum.

Bennett W Lance, Wells Chris, & Rank Allison.2009. Young citizens and civic learning: Two paradigms of citizenship in the digital age. *Citizenship studies*, 13（2）:105–120.

Berelson, Bernard. 1949. What'missing the newspaper'means. *Communications Research* 1948–1949 :111–129.

Berg Mark T, & Huebner Beth M.2011.Reentry and the ties that bind: An examination of social ties, employment, and recidivism. *Justice quarterly*, 28（2）:382–410.

Besley John C.2006.The role of entertainment television and its interactions with individual values in explaining political participation. *Harvard International Journal of Press/Politics*, 11（2）:41–63.

Best Samuel J, & Krueger Brian S.2006. Online interactions and social capital: Distinguishing between new and existing ties. *Social science computer review*, 24（4）:395–410.

Boulianne S.2016.Online news, civic awareness, and engagement in civic and political life. *New Media & Society*, 18（9）:1840–1856.

Boulianne Shelley.2009.Does Internet use affect engagement? A meta–analysis of research. *Political communication*, 26（2）:193–211.

Bourdieu Pierre.2018. The forms of capital The sociology of economic life（pp. 78–92）: Routledge.

Brusilovskiy E, Townley G, Snethen G, & Salzer M S.2016.Social media use, community participation and psychological well-being among individuals with serious mental illnesses. *Computers in Human Behavior*, 65:232–240.

Buijs, Thomas, Maes, Lea, Salonna, Ferdinand, Van Damme, Joris, Hublet, Anne, Kebza, Vladimir, et al.2016. The role of community social capital in the relationship between socioeconomic status and adolescent life satisfaction: mediating or moderating? Evidence from Czech data. *International journal for equity in health*, 15（1）:1–12.

Burt Ronald S.2017. Structural holes versus network closure as social capital. *Social capital*, 31–56.

Bye, Lee-anne, Muller, Frank, & Oprescu, Florin.2020. The impact of social capital on student wellbeing and university life satisfaction: a semester-long repeated measures study. *Higher Education Research & Development*, 39（5）:898–912.

Carpini, Michael X Delli, Cook, Fay Lomax, & Jacobs, Lawrence R.2004. Public deliberation, discursive participation, and citizen engagement: A review of the empirical literature. Annu. Rev. Polit. Sci., 7:315–344.

Chalaby Jean K.2000. New media, new freedoms, new threats. *Gazette*（Leiden, Netherlands）, 62（1）:19–29.

Chen H T, Chan M, & Lee F L F.2016. Social media use and democratic engagement: a comparative study of Hong Kong, Taiwan, and China. *Chinese Journal of Communication*, 9（4）:348–366.

Chen Rui.2013. Living a private life in public social networks: An exploration of member self-disclosure. *Decision support systems*, 55（3）:661–668.

Cheng Y, Liang J, & Leung L.2015. Social network service use on mobile devices: An examination of gratifications, civic attitudes and civic engagement in China. *New media & society*, 17（7）:1096–1116.

Cheung C M K, & Lee M K O.2010. A theoretical model of intentional social action in online social networks. *Decision Support Systems*, 49（1）:24–30.

Chiu C M, Hsu M H , & Wang E T. 2006. Understanding knowledge sharing in virtual communities: An integration of social capital and social cognitive theories. *Decision Support Systems*, 42（3）:1872–1888.

Choi Y T, & Kwon G H.2019. New forms of citizen participation using SNS: an empirical approach. *Quality & Quantity*, 53（1）.

Cicognani, Elvira, Zani, Bruna, Fournier, Bernard, Gavray, Claire, & Born, Michel. 2012. Gender differences in youths' political engagement and participation. The role of parents and of adolescents' social and civic participation. *Journal of Adolescence*, 35（3）:561–576.

Claridge Tristan.2018. Functions of social capital – bonding, bridging, linking. *Social Capital Research*, 20:1–7.

Coleman James S.1988. Social capital in the creation of human capital. *American Journal of Sociology*, 94:S95–S120.

Cooper Terry L, Bryer Thomas A, & Meek Jack W.2006. Citizen- centered collaborative public management. *Public administration review*, 66:76–88.

Crowley Frank, & Walsh Edel. 2021. Tolerance, social capital, and life satisfaction: a multilevel model from transition countries in the European Union. *Review of Social Economy* :1–28.

de Oliveira, Mauro José, Huertas, Melby Karina Zuniga, & Lin, Zhibin. 2016. Factors driving young users' engagement with Facebook: Evidence from Brazil. *Computers in Human Behavior*, 54:54–61.

de Zúñiga H G, Barnidge M, & Scherman A.2017. Social media social capital, offline social capital, and citizenship: Exploring asymmetrical social capital effects. *Political Communication*, 34（1）:44–68.

Dhavan S, Michael S, Joshua H, & Esp.2002. Nonrecursive Models of Internet Use and Community Engagement: Questioning Whether Time Spent Online Erodes Social Capital. *Journalism & Mass Communication Quarterly*, 79（4）:964–987.

Di Gennaro C , & Dutton W.2006. The Internet and the public: Online and offline political participation in the United Kingdom. *Parliamentary Affairs*, 59（2）:299–313.

Diener E D , Emmons R A, Larsen R J, & Griffin S.1985.The satisfaction with life scale. *Journal of Personality Assessment*, 49（1）:71–75.

Egerton M.2002. Higher education and civic engagement. *The British Journal of Sociology*, 53（4）:603–620.

Ellison N B, Steinfield C, & Lampe C. 2007. The benefits of Facebook "friends" : Social capital and college students' use of online social network sites. *Journal of computer-mediated communication*, 12（4）:1143–1168.

Ellison Nicole B, Vitak, Jessica, Gray, Rebecca, & Lampe, Cliff.2014. Cultivating social resources on social network sites: Facebook relationship maintenance behaviors and their role in social capital processes. *Journal of Computer-Mediated Communication*, 19（4）:855–870.

Eveland Jr, William P, & Hively, Myiah Hutchens.2009. Political discussion frequency, network size, and "heterogeneity" of discussion as predictors of political knowledge and participation. *Journal of Communication*, 59（2）:205–224.

Eveland Jr, William P, Hutchens, Myiah J, & Morey, Alyssa C.2013. Political network size and its antecedents and consequences. *Political Communication*, 30（3）:371–394.

Ferrucci P, Hopp T, & Vargo C J.2020. Civic engagement, social capital, and ideological extremity: Exploring online political engagement and political expression on Facebook. *New Media & Society*, 22（6）:1095–1115.

Fukuyama F.2001. Social capital, civil society and development. *Third world quarterly*, 22（1）:7–20.

Gibson R K, & McAllister I.2013. Online social ties and political engagement. *Journal of Information Technology & Politics*, 10（1）:21–34.

Gil de Zúñiga H, & Valenzuela S.2011. The mediating path to a stronger citizenship: Online and offline networks, weak ties, and civic engagement. *Communication Research*, 38（3）:397–421.

Gil de Zúñiga H, Jung N, & Valenzuela S.2012. Social mediause for news and individuals' social capital, civic engagement and political participation. *Journal of Computer-Mediated Communication*, 17（3）:319–336.

Goss K A.2010. Civil society and civic engagement: Towards a multi-level theory of policy feedbacks. *Journal of Civil Society*, 6（2）:119–143.

Graddy Elizabeth, & Wang Lili.2009. Community foundation development and social capital. *Nonprofit and Voluntary Sector Quarterly*, 38（3）:392–412.

Grant Ian C.2005. Young peoples' relationships with online marketing practices: An intrusion too far? .*Journal of Marketing Management*, 21（5–6）:607–

我国青少年的社交媒体使用和公民参与研究

623.

Grönlund, Kimmo. 2007. Knowing and not knowing: The internet and political information. *Scandinavian Political Studies*, 30（3）:397–418.

Gvili, Yaniv, & Levy, Shalom.2018. Consumer engagement with eWOM on social media: The role of social capital. *Online Information Review*, 42:482–505.

Hanifan Lyda J.1916. The rural school community center. *The Annals of the American Academy of Political and Social Science*, 67（1）:130–138.

Haridakis Paul, & Hanson Gary.2009. Social interaction and co-viewing with YouTube: Blending mass communication reception and social connection. *Journal of Broadcasting & Electronic Media*, 53（2）:317–335.

Heider Fritz.1946. Attitudes and cognitive organization. *The Journal of Psychology*, 21（1）:107–112.

Herzog Herta.1941. On borrowed experience: An analysis of listening to daytime sketches. *Zeitschrift für Sozialforschung*, 9（1）:65–95.

Huang M h, Whang T, & Xuchuan L.2017. The Internet, social capital, and civic engagement in Asia. *Social Indicators Research*, 132（2）:559.

Huntington Samuel P.1965. Political development and political decay. *World politics*, 17（3）:386–430.

Ikeda, Kenichi, & Boase, Jeffrey. 2011. Multiple discussion networks and their consequence for political participation. *Communication Research*, 38（5）, 660–683.

Johnston, Kevin, Tanner, Maureen, Lalla, Nishant, & Kawalski, Dori. 2013. Social capital: the benefit of Facebook "friends". *Behaviour & Information Technology*, 32（1）:24–36.

Jun, Jinhyun, Kim, Jaewook, & Tang, Liang.2017. Does social capital matter on social media? An examination into negative e-WOM toward competing brands. *Journal of Hospitality Marketing & Management*, 26（4）:378–394.

Jung, Taejin, Youn, Hyunsook, & McClung, Steven.2007. Motivations and self-presentation strategies on Korean-based "Cyworld" weblog format personal homepages. *Cyberpsychology & Behavior*, 10（1）:24–31.

Kahne, Joseph, Lee, Nam-Jin, & Feezell, Jessica T.2013. The civic and political significance of online participatory cultures among youth transitioning to adulthood. *Journal of Information Technology & Politics*, 10（1）:1–20.

Kahneman D, & Krueger A B. 2006. Developments in the measurement of subjective well-being. *Journal of Economic Perspectives*, 20（1）:3–24.

Kaplan A M , & Haenlein M.2010. Users of the world, unite! The challenges and opportunities of Social Media. *Business Horizons*, 53（1）:59–68.

Kasarda John D, & Janowitz Morris.1974. Community attachment in mass society. *American Sociological Review*: 328–339.

Katz, Elihu, Blumler, Jay G, & Gurevitch, Michael.1973. Uses and gratifications research. *The Public Opinion Quarterly*, 37（4）:509–523.

Katz, James E, Rice, Ronald E, & Aspden, Philip.2001. The Internet, 1995--2000: Access, civic involvement, and social interaction. *American Behavioral Scientist*, 45（3）:405–419.

Kersting Norbert.2013. Online participation: from "invited" to "invented" spaces. *International Journal of Electronic Governance*, 6（4）:270–280.

Kilduff, Martin, & Brass, Daniel J.2010. Organizational social network research:Core ideas and key debates. *Academy of Management Annals*, 4（1）:317–357.

Kim J Y, Steensma H K, & Heidl R A.2021. Clustering and connectedness: how inventor network configurations within incumbent firms influence their assimilation and absorption of new venture technologies. *Academy of Management Journal*, 64（5）:1527–1552.

Kim Y C, & Ball-Rokeach S J.2006. Community storytelling network, neighborhood context, and civic engagement: A multilevel approach. *Human Communication Research*, 32（4）:411–439.

Kim Y, & Chen H T.2016. Social media and online political participation: The mediating role of exposure to cross-cutting and like-minded perspectives. *Telematics and Informatics*, 33（2）:320–330.

Kim Y, & Kim B.2022. Effects of young adults' smartphone use for social media on communication network heterogeneity, social capital and civic engagement. *Online Information Review*, 46（3）:616–638.

Kim Y, Kim B, Hwang H S, & LeeD.2020. Social media and life satisfaction among college students: A moderated mediation model of SNS communication network heterogeneity and social self-efficacy on satisfaction with campus life. *The Social Science Journal*, 57（1）:85–100.

Kim Yonghwan, & Chen Hsuan-Ting. 2016. Social media and online political participation: The mediating role of exposure to cross-cutting and like-minded perspectives. *Telematics and Informatics*, 33（2）:320–330.

Kobayashi T, Ikeda K I, & Miyata K.2006. Social capital online: Collective use of the Internet and reciprocity as lubricants of democracy. *Information, Community & Society*, 9（5）:82–611.

Kraut R, Patterson M, Lundmark V, Kiesler S, Mukophadhyay T, & Scherlis W.1998. Internet paradox: A social technology that reduces social involvement and psychological well-being? *American Psychologist*, 53（9）:1017–1031.

Krueger B S.2002. Assessing the potential of Internet political participation in the United States: A resource approach. *American politics research*, 30（5）:476–498.

Kruikemeier S, Van Noort G., Vliegenthart R, & de Vreese C H.2014. Unraveling the effects of active and passive forms of political Internet use: Does it affect citizens' political involvement? *New Media & Society*, 16（6）:903–920.

Kwak N, Williams A E, Wang X, & Lee H. 2005. Talking politics and engaging politics: An examination of the interactive relationships between structural features of political talk and discussion engagement. *Communication Research*, 32（1）:87–111.

Lee H K, & Kwon H Y.2019. Perceived inequality and modes of political participation in South Korea. *Asian Education and Development Studies*, 8（3）:282–294.

Lee R, & Jones O. 2008. Networks, communication and learning during business start-up: The creation of cognitive social capital. *International Small Business Journal*, 26（5）:559–594.

Leighley Jan E. 1990. Social interaction and contextual influences on political participation. *American Politics Quarterly*, 18（4）:459–475.

Lewin Kurt.1936. A dynamic theory of personality: Selected papers. *The Journal of Nervous and Mental Disease*, 84（5）:612–613.

Li C, Li H, Suomi R, & Liu Y.2022. Knowledge sharing in online smoking

参考文献

cessation communities: a social capital perspective. *Internet Research*, 32 (7) :111– 138.

Liang T P, Lai H J, & Ku Y C.2006. Personalized content recommendation and user satisfaction: Theoretical synthesis and empirical findings. *Journal of Management Information Systems*, 23 (3) :45–70.

Liao J, & Welsch H.2005. Roles of social capital in venture creation: Key dimensions and research implications. *Journal of small business management*, 43 (4): 345–362.

Lin C A.1999. Online service adoption likelihood. *Journal of advertising research*, 39:79–89.

Lin N.2002. *Social capital: A theory of social structure and action* (Vol.19) . Cambridge University Press.

Liu Y, & Shen W.2021. Perching birds or scattered streams: a study of how trust affects civic engagement among university students in contemporary China. *Higher Education*, 81 (3) :421–436.

Livingstone S.2008. Taking risky opportunities in youthful content creation: teenagers' use of social networking sites for intimacy, privacy and self–expression. *New Media & Society*, 10 (3) :393–411.

Lorenzini, & Jasmine.2015. Subjective Well–Being and PoliticalParticipation: A Comparison of Unemployed and Employed Youth. *Journal of Happiness Studies*, 16 (2) :381–404.

Lorenzini J.2015. Subjective well–being and political participation: A comparison of unemployed and employed youth. *Journal of happiness studies*, 16:381– 404.

Maass R, Kloeckner C A, LindstrøM B, & Lillefjell M.2016.The impact of neighborhood social capital on life satisfaction and self–rated health: A possible pathway for health promotion?. *Health & Place*, 42:120–128.

Macnamara J, & Zerfass A.2012. Social media communication in organizations: The challenges of balancing openness, strategy, and management. *International Journal of Strategic Communication*, 6 (4) :287–308.

Mansell R.2002. From digital divides to digital entitlements in knowledge societies. *Current sociology*, 50 (3) :407–426.

我国青少年的社交媒体使用和公民参与研究

McQuail, Denis, Blumler, Jay G, & Brown, John R. 1972. The television audience: A revised perspective. *Media studies: A reader* :271, 284.

Milgram Stanley. 1967. The small world problem. *Psychology today*, 2 (1):60–67.

Molyneux Logan.2019. Multiplatform news consumption and its connections to civic engagement. *Journalism*, 20 (6):788–806.

Morrell Michael E.2003. Survey and experimental evidence for a reliable and valid measure of internal political efficacy. *The Public Opinion Quarterly*, 67 (4):589–602.

Nahapiet J, & Ghoshal S.1998. Social capital, intellectual capital, and the organizational advantage. *Academy of Management Review*, 23 (2):242–266.

Nie Norman H, & Erbring Lutz.2002. Internet and society: A preliminary report. *IT & Society*, 1 (1):275–283.

Nie Norman H.2001. Sociability, interpersonal relations, and the Internet: Reconciling conflicting findings. *American Behavioral Scientist*, 45 (3):420–435.

Niemi Richard G, Craig Stephen C, & Mattei Franco.1991.Measuring internal political efficacy in the 1988 National Election Study. *American Political Science Review*, 85 (4):1407–1413.

Oldfield Adrian.1990. Citizenship: an unnatural practice? *.The Political Quarterly*, 61 (2):177–187.

Oser, Jennifer, Hooghe, Marc, & Marien, Sofie.2013. Is online participation distinct from offline participation? A latent class analysis of participation types and their stratification. *Political Research Quarterly*, 66 (1):91–101.

Pang H.2021. Identifying associations between mobile social media users' perceived values, attitude, satisfaction, and eWOM engagement: The moderating role of affective factors. *Telematics and Informatics*, 59:101561.

Papacharissi Z, & Rubin A M.2000. Predictors of Internet Use. *Journal of Broadcasting & Electronic Media*, 44 (2):175–196.

Papacharissi Zizi, & Mendelson Andrew.2011. Toward a new (er) sociability: Uses, gratifications and social capital on Facebook Media perspectives for the 21st century. Routledge: 212–230.

Papacharissi Zizi, & Rubin Alan M.2000. Predictors of Internet Use. *Journal of*

参考文献

Broadcasting & Electronic Media，44（2）:175–196.

Park N，Kee K F，& Valenzuela S.2009. Being Immersed in Social Networking Environment: Facebook Groups，Uses and Gratifications，and Social Outcomes. *Cyberpsychology & Behavior*，12（6）:729–733.

Park Namkee，& Lee Seungyoon.2014. College students' motivations for Facebook use and psychological outcomes. *Journal of Broadcasting & Electronic Media*，58（4）:601–620.

Peter J，& Valkenburg P M.2006. Research–note: Individual differences in perceptions of Internet communication. *European Journal of Communication*，21（2）:213–226.

Photiadis Thomas，& Papa Venetia.2022. "What's up with ur emotions?" Untangling emotional user experience on Second Life and Facebook. *Behaviour & Information Technology* :1–14.

Polat R K.2005. The Internet and political participation – Exploring the explanatory links. *European Journal of Communication*，20（4）:435–459.

Portes A.1998. Social capital: Its origins and applications in modern sociology. *Annual Review of Sociology*，24（1）:1–24.

Pradana Y.2017. Peranan media sosial dalam pengembangan melek politik mahasiswa. *Jurnal Civics*，14（2）:139–145.

Putnam R D.1995. Tuning in，Tuning out – the Strange Disappearance of Social Capital in America. *Ps–Political Science & Politics*，28（4）:664–683.

Putnam Robert D.2000. Bowling alone: America's declining social capital Culture and politics. Springer: 223–234.

Rania Q.2017. Using social hub media to expand public participation in municipal urban plans. *Procedia engineering*，198:34–42.

Redburn F Stevens，Cho Yong Hyo，& Newland Chester A.1984. Government's Responsibility for Citizenship and the Quality of Community Life. *Public Administration Review*，44:158–163.

Rojas Hernando，& Puig–i–Abril Eulalia.2009. Mobilizers mobilized: Information，expression，mobilization and participation in the digital age. *Journal of Computer–Mediated Communication*，14（4）:902–927.

Rowe Gene，& Frewer Lynn J.2005. A typology of public engagement mechanisms. *Science，Technology，& Human values*，30（2）:251–290.

Rubin Alan M，Perse Elizabeth M，& Powell Robert A.1985.Loneliness，parasocial interaction，and local television news viewing. *Human communication research*，12（2）:155–180.

Scheufele D A，& Shah D V.2000. Personality Strength and Social Capital：The Role of Dispositional and Informational Variables in the Production of Civic Participation. *Communication Research*，27（2）:107–131.

Segall Shlomi.2005. Political participation as an engine of social solidarity：A sceptical view. *Political Studies*，53（2）:362–378.

Shah Dhavan V，Cho Jaeho，Eveland Jr，William P，& Kwak Nojin.2005. Information and expression in a digital age：Modeling Internet effects on civic participation. *Communication Research*，32（5）:531–565.

Shah，Dhavan，Schmierbach，Michael，Hawkins，Joshua，Espino，Rodolfo，& Donavan，Janet. 2002. Nonrecursive models of Internet use and community engagement：Questioning whether time spent online erodes social capital. *Journalism & Mass Communication Quarterly*，79（4）:964–987.

Siisiainen Martti.2003. Two concepts of social capital：Bourdieu vs. Putnam. *International journal of contemporary sociology*，40（2）:183–204.

Skoric M M，& Poor N.2013. Youth engagement in Singapore：The interplay of social and traditional media. *Journal of Broadcasting & Electronic Media*，57（2）:187–204.

Sloam James.2014. "The outraged young"：young Europeans，civic engagement and the new media in a time of crisis. Information，Communication & Society，17（2），217–231.

Stamm Keith R，Emig Arthur G，& Hesse Michael B.1997. The contribution of local media to community involvement. *Journalism & Mass Communication Quarterly*，74（1）:97–107.

Stolz Simon，& Schlereth Christian.2021. Predicting Tie Strength with Ego Network Structures. *Journal of Interactive Marketing*，54:40–52.

Swanson E Burton.1987. Information channel disposition and use. *Decision Sciences*，18（1）:131–145.

Themistokleous Sotiris，& Avraamidou Lucy.2016. The role of online games

参考文献

in promoting young adults' civic engagement. *Educational Media International*, 53 (1):53-67.

Thomas John Clayton.1995. *Public participation in public decisions: New skills and strategies for public managers*. San Francisco: Josey-Bass.

Tichy Noel M, Tushman Michael L, & Fombrun Charles.1979. Social network analysis for organizations. *Academy of management review*, 4 (4):507-519.

Travers J, & Milgram S.1969. An exploratory study of the small world problem. *Sociometry*, 32:425-443.

Upadhyay, Parijat, & Khemka, Meenakshi.2020. Linkage between social identity creation and social networking site usage: the moderating role of usage intensity. *Journal of Enterprise Information Management*, 33 (6):1321-1335.

Uslaner E M.2000. Social capital and the net. *Communications of the ACM*, 43 (12):60-64.

Uslaner E M.2004. Trust, civic engagement, and the Internet. *Political Communication*, 21 (2):223-242.

V Shah, Nojin Kwak, R Lance Holbert, D.2001. "Connecting" and "Disconnecting" with civic life: Patterns of Internet use and the production of social capital. *Political communication*, 18 (2):141-162.

Valenzuela S, Arriagada A, & Scherman A.2012. The Social Media Basis of Youth Protest Behavior: The Case of Chile. *Journal of Communication*, 62 (2):299-314.

Valenzuela S, Park N, & Kee K F.2009. Is There Social Capital in a Social Network Site?: Facebook Use and College Students' Life Satisfaction, Trust, and Participation. *Journal of Computer-Mediated Communication*, 14 (4):875-901.

Warren A M, Sulaiman A, & Jaafar N I.2015. Understanding civic engagement behaviour on Facebook from a social capital theory perspective. *Behaviour & Information Technology*, 34 (2):163-175.

Warren, Anne Marie, Sulaiman, Ainin, & Jaafar, Noor Ismawati. 2014. Social media effects on fostering online civic engagement and building citizen trust and trust in institutions. *Government Information Quarterly*, 31 (2):291-301.

Weber Lori M, Loumakis Alysha, & Bergman James.2003. Who participates and why? An analysis of citizens on the Internet and the mass public. *Social science*

我国青少年的社交媒体使用和公民参与研究

computer review, 21（1）:26–42.

Wei Ran, Huang Jinghua, & Zheng Pei. 2018. Use of mobile social apps for public communication in China: Gratifications as antecedents of reposting articles from WeChat public accounts. *Mobile Media & Communication*, 6（1）:108–126.

Wellman, Barry, Haase, Anabel Quan, Witte, James, & Hampton, Keith.2001. Does the Internet increase, decrease, or supplement social capital? Social networks, participation, and community commitment. *American Behavioral Scientist*, 45（3）:436–455.

Whiting A, & Williams D. 2013. Why people use social media: a uses and gratifications approach. *Qualitative Market Research: An International Journal*, 16（4）:362–369.

Williams, Dmitri. 2006. On and off the' Net: Scales for social capital in an online era. *Journal of Computer-mediated Communication*, 11（2）:593–628.

Xenos, Michael, Vromen, Ariadne, & Loader, Brian D. 2014. The great equalizer? Patterns of social media use and youth political engagement in three advanced democracies. *Information, Communication & Society*, 17（2）:151–167.

Yang Shuiqing, Wang Bin, & Lu Yaobin. 2016. Exploring the dual outcomes of mobile social networking service enjoyment: The roles of social self-efficacy and habit. *Computers in Human Behavior*, 64:486–496.

Zhang C B, Li Y N, Wu B, & Li D J. 2017. How WeChat can retain users: Roles of network externalities, social interaction ties, and perceived values in building continuance intention. *Computers in Human Behavior*, 69:284–293.

Zhao Ling, Lu Yaobin, Wang Bin, Chau, Patrick YK, & Zhang Long.2012. Cultivating the sense of belonging and motivating user participation in virtual communities: A social capital perspective. *International Journal of Information Management*, 32（6）:574–588.

Zhong, Zhi-Jin.2014.Civic engagement among educated Chinese youth: The role of SNS（Social Networking Services）, bonding and bridging social capital. *Computers & Education*, 75（2014）:263–273.

Zou T, Su Y, & Wang Y. 2018. Examining relationships between social capital, emotion experience and life satisfaction for sustainable community. *Sustainability*, 10（8）:2651.

参考文献

安珊珊.2021.2020 年中国社交媒体用户使用行为研究报告.传媒,（14）:19–22.

蔡定剑.2009.公众参与及其在中国的发展.团结,（04）:32–35.

蔡新燕.2008.论我国社会资本积累与公民政策参与的良性互动.理论导刊,（02）:50–53.

曹荣湘.2001.数字鸿沟引论：信息不平等与数字机遇.马克思主义与现实,（6）:20–25.

曹钺,陈彦蓉.2020.社交媒体接触对社会运动参与的影响研究——基于政治自我概念的交互效应.新闻界,（02）:69–79.

陈福平.2013.跨越参与鸿沟：数字不平等下的在线政治参与.公共行政评论,6（04）:82–107+179–180.

陈共德.2000.政治经济学的说服：美国传播学者赫伯特·I.席勒的媒介批评观.新闻与传播研究,（2）:26–32.

陈鹤杰.2021.基于弱关系的社交媒体中用户遵循他人建议的影响因素研究.北京：北京邮电大学.

陈丽霞,颜婷.2008.论公民政治参与热情与民主模式.湘潭师范学院学报（社会科学版）,（03）:51–53.

陈尧.2013.从参与到协商：协商民主对参与式民主的批判与深化.社会科学,（12）:25–36.

陈勇,杜佳.2014.社会化媒体对公民意识影响探究.北京政法职业学院学报,（02）:85–88.

陈振明,李东云.2008."政治参与"概念辨析.东南学术,4.

陈宗海.2020.青少年社交媒体使用：亲和动机、线上社会资本与性观念传播的实证研究.北京：中国社会科学院研究生院.

成鹏.2021.青少年孤独感与错失恐惧的关系：社交媒体使用强度的中介作用.中国临床心理学杂志,29（01）:187–190.

褚松燕.2009.我国公民参与的制度环境分析.上海行政学院学报,10（01）:46–56.

单晓蓉.2016.社会资本视域下公民参与城市社区治理问题研究.重庆：重庆大学.

党秀云.2003.论公共管理中的公民参与.中国行政管理,（10）:32–35.

邓建国.2011.速度与深度：Twitter 对美国报业内容生产流程的重构.新闻

记者，（03）:48–53.

邓银华 .2015. 微信朋友圈大学生用户信息分享意愿的影响因素研究 . 湘潭：湘潭大学 .

董超华 .2022. 公众参与线上合作行为及其与网络获得感的关系研究 . 重庆：重庆大学 .

董居瑶，杜娟 .2014. 尼葛洛庞帝"数字化生存"研究 . 北方文学（下），（12）:62–62.

杜虹 .2010. 公共治理中的手机媒体参与机制 . 杭州：浙江大学 .

杜婉嘉 .2020. 中国公民网络政治参与理性化研究 . 辽阳：东北师范大学 .

杜智涛，付宏，任晓刚 .2014. 中国网络政治参与主体的特征——基于多项式回归模型的实证分析 . 北京航空航天大学学报（社会科学版），27（05）:1–7.

范琦 .2022. 新蓝领群体的社交媒体使用及其对社会资本的影响研究 . 西安：西北大学 .

范颖，吴越 .2016. 青年用户微信公众平台的使用动机与行为研究 . 现代传播（中国传媒大学学报），38（04）:70–75.

方蓉，孔令帅 .2019. 数字时代背景下联合国儿基会推进弱势儿童教育的实践 . 外国中小学教育，（9）:27–31.

方伟，聂晨 .2015. 国内外青少年网络参与研究述评与展望 . 中国青年政治学院学报，34（1）:132–136.

方晓红，牛耀红 .2017. 网络公共空间与乡土公共性再生产 . 编辑之友，（03）:5–12.

冯强 .2011. 互联网使用、政治效能、日常政治交流与参与意向——一项以大学生为例的定量研究 . 新闻与传播评论，（00）:195–207+223+236.

福山 .2001. 信任：社会美德与创造经济繁荣 . 海口：海南出版社 .

付晓燕 .2010. 社交网络服务对使用者社会资本的影响——社会资本视角下的 SNS 使用行为分析 . 新闻界，（04）:20–22+16.

傅梦婷 .2021. 青少年亲和动机对社交媒体使用行为的影响 . 重庆：西南大学 .

甘彩云，王金朋 .2021. 国内外公民参与研究的热点分析与发展态势 . 云南农业大学学报（社会科学），15（02）:32–38+138.

甘春梅，李玥 .2016. 社交媒体作为信息源：使用偏好，使用原因与判断依据.信息资源管理学报，6（3）:44-49.

甘春梅.2017.社交媒体使用动机与功能使用的关系研究：以微信为例.图书情报工作，61（11）:106-115.

高蕾.2015.社交媒体网络公民参与现状及相关因素研究.重庆：重庆大学.

葛红宁，周宗奎，牛更枫，陈武.2016.社交网站使用能带来社会资本吗？.心理科学进展，24（03）:454-463.

郭瑾.2015."90后"大学生的社交媒体使用与公共参与———一项基于全国12所高校大学生调查数据的定量研究.黑龙江社会科学，（01）:120-128.

郭全中.2016.互联网新趋势：从"在线"到"在场".新闻与写作，（8）:55-57.

郭小聪，代凯.2013.近十年国内公民参与研究述评.学术研究，（06）:29-35.

郭旭.2008.当代中国公民网络政治参与研究.学理论，（08）:39-41.

郭瑜，张一文.2018.社会参与、网络与信任：社会救助获得对社会资本的影响.社会保障研究，（02）:54-62.

韩金，张生太，白少一.2021.社交网络用户人格特质对社会资本积累的影响——基于微信的研究.管理评论，33（02）:239-248.

何东风，薛致娟.2021.移动社交化在媒体融合发展中的重要性.中国传媒科技，（03）:55-57.

何怡.2018.社会资本理论视域中的我国西北农村居民政治参与.北京：中共中央党校.

何煜雪.2018.国内青年公民网络政治参与研究.传播力研究，2(25):233-236.

侯利强.2006.对"使用与满足"学说中"使用"理论的补充.山东视听（山东省广播电视学校学报），（08）:14-16.

胡荣.2006.社会资本与中国农村居民的地域性自主参与——影响村民在村级选举中参与的各因素分析.社会学研究，（02）:61-85+244.

胡荣.2008.社会资本与城市居民的政治参与.社会学研究，（05）:142-159+245.

胡荣.2015.中国人的政治效能感、政治参与和警察信任.社会学研究，30（01）:76-96+243.

胡小媛，张子振.2021.移动互联网时代"00后"大学生政治素养培育路径研究.佳木斯大学社会科学学报，39（04）:78-80+84.

胡翼青.2003.论网际空间的"使用—满足理论".江苏社会科学，（06）:204-208.

胡玉鸿.2008.个人社会性的法理分析.法制与社会发展，（01）:73-81.

黄东平.2013.政治效能、自我呈现和网络公民参与行为.上海：复旦大学.

黄可可.2022.社交媒体时代的倦怠感.视听，（01）:154-156.

黄其松.2007.社会资本：科尔曼与帕特南的比较.云南行政学院学报，（6）:32-34.

黄荣贵，骆天珏，桂勇.2013.互联网对社会资本的影响：一项基于上网活动的实证研究.江海学刊，（01）:227-233.

黄少华，郝强.2016.社会信任对网络公民参与的影响——以大学生网民为例.兰州大学学报（社会科学版），44（02）:68-80.

黄少华，袁梦遥.2015.网络公民参与：一个基于文献的概念梳理.中共杭州市委党校学报，1（1）:64-69.

黄志铭，谢兴政.2018.青年社交资本和在线口碑传播行为调查研究——以福建省青年群体为例的实证研究.中国青年研究，（05）:51-59.

季忠洋，李北伟，朱婧祎，陈为东.2019.情感体验和感知控制双重视角下社交媒体用户倦怠行为机理研究.情报理论与实践，42（4）:129.

姜广东.2007.信任对经济政策效果的影响.社会科学战线，（3）:51-57.

姜自豪.2021.社交媒体使用对大学生社会心态的影响研究.上海：上海外国语大学.

来向武，任玉琛.2020.中国互联网使用对社会资本影响的元分析.新闻与传播研究，27（06）:21-38+126.

黎熙元，陈福平.2008.社区论辩：转型期中国城市社区的形态转变.社会学研究，（02）:192-217+246.

李斌.2007.网络政治参与的机理初探.中共福建省委党校学报，（08）:32-34.

李慧，周雨，李谨如.2021.用户正在逃离社交媒体？——基于感知价值的社交媒体倦怠影响因素研究.国际新闻界，43（12）:120-141.

李静，姬雁楠，谢耘耕.2018.中国大学生在社交媒体上的公共事件传播行为研究——基于全国 103 所高校的实证调查分析 . 新闻界, （04）:44–50+71.

李林蔚 .2019. 孤独感对 90 后微博使用动机与行为的影响分析 . 现代视听, （05）:51–54.

李明德, 李萌 .2021. 网络民主参与的伦理意义及实现路径研究 . 浙江工商大学学报, （04）:97–106.

李强, 高彦 .2020. 基于社会资本理论的大学生社交媒体多任务使用效果研究 . 黄冈职业技术学院学报 .

李强 .2018. 社会资本与自我认同：青年社交媒体使用研究 . 新闻爱好者, （06）:32–36.

李涛 .2006. 社会互动与投资选择 . 经济研究, （08）:45–57.

李图强 .2002. 公共行政中的公民参与 . 中国公务员, （3）:38–38.

李颖异 .2015. 社交媒体新闻传播中受众与信息的交互性 . 青年记者, （32）:70–71.

梁波 .2002. 当代中国公民政治参与的制约因素 . 求实, （05）:47–49.

林南 .2020. 从个人走向社会：一个社会资本的视角 . 社会科学战线, （02）:213–223.

刘传江, 覃艳丽, 李雪 .2018. 网络社交媒体使用, 社会资本积累与新时代农业转移人口的城市融合——基于六市 1409 个样本的调查 . 杭州师范大学学报（社会科学版）, 40（6）:98–108.

刘红岩 .2012. 国内外社会参与程度与参与形式研究述评 . 中国行政管理, 7:121–125.

刘静, 杨伯溆 .2010. 校内网使用与大学生的互联网社会资本——以北京大学在校生的抽样调查为例 . 青年研究, （04）:57–69+95.

刘览霄 .2018. 公共治理视角下的提升公民参与问题研究——基于博克斯公民模式理论 . 广西科技师范学院学报, 33（02）:114–117.

刘少杰 .2004. 以行动与结构互动为基础的社会资本研究——评林南社会资本理论的方法原则和理论视野 . 国外社会科学, （2）:21–28.

刘姝秀 .2021. 我国社交媒体发展新趋势探究 . 新闻文化建设, （05）:75–76.

刘勇智 .2004. 公共政策制定中的公民参与 . 兰州学刊, （03）:37–38.

刘玉 .2020. 网红短视频的受众购买决策研究 . 重庆：重庆理工大学 .

卢家银 .2012. 社交媒体与青少年的政治社会化：以微博自荐参选事件为

例.中国青年研究,（8）:35–41.

卢家银.2018.社交媒体对青年政治参与的影响及网络规制的调节作用——基于大陆九所高校大学生的调查研究.国际新闻界,40（08）:98–121.

马克·波斯特,陈定家.2008.公民,数字媒介与全球化.江西社会科学,（1）:249–256.

马小娟.2011.论社交媒体对公民政治参与的影响.中国出版,（24）:22–25.

闵晨.2016.社交媒体使用对大学生政治信任的影响.武汉:华中科技大学.

牛喜霞,邱靖.2014.社会资本及其测量的研究综述.理论与现代化,3:119–127.

潘曙雅,刘岩.2018.微信使用对大学生社会资本的影响机制研究.国际新闻界,40（04）:126–143.

潘忠党.2012.互联网使用和公民参与:地域和群体之间的差异以及其中的普遍性.新闻大学,（6）:42–53.

彭兰.2012.社会化媒体,移动终端,大数据:影响新闻生产的新技术因素.新闻界（16）:3–8.

邱爽.2020.创新驱动发展战略下社会资本的功能及其作用机制.西华师范大学学报（哲学社会科学版）,（05）:92–98.

芮小河.2018.当代法国社会学派文学经典化理论的演变——从布尔迪厄的"文化场"到卡萨诺娃的"世界文学空间".西北大学学报（哲学社会科学版）,48（5）:144–152.

申帅芝,王学军.2018.大学生社交媒体依赖、使用动机与网络人际信任的关系分析.东南传播,（11）:92–94.

盛东方.2020.社会化分享情境下的用户参与动机探析.图书与情报,40（04）:36–44.

苏涛,彭兰.2020.热点与趋势:技术逻辑导向下的媒介生态变革——2019年新媒体研究述评.国际新闻界,42（01）:43–63.

孙柏瑛.2005.公民参与形式的类型及其适用性分析.中国人民大学学报,（05）:124–129.

孙彩红.2018.地方政府官网公民参与的实证分析及启示——以S市和H市政府网为例.中共天津市委党校学报,20（06）:19–26.

孙杰 .2016. 国家，政党，社会：基于认同匮乏与公共精神短缺的价值整合 . 河海大学学报：哲学社会科学版，18（3）:78–83.

孙锦霞 .2019. 地方政务微博中公民参与的影响因素研究 . 厦门：厦门大学 .

孙卫华 .2013. 网络 SNS：一种社会资本理论的分析视角 . 当代传播，（04）:21–24.

孙永怡 .2006. 我国公民参与公共政策过程的十大困境 . 中国行政管理，（01）:43–45.

孙枝俏，王金水 .2007. 公民参与公共政策制度化的价值和问题分析 . 江海学刊，（05）:95–99.

谭天，张子俊 .2017. 我国社交媒体的现状、发展与趋势 . 编辑之友，No.245（01）:20–25.

田丽，张华麟，李哲哲 .2021. 学校因素对未成年人网络素养的影响研究 . 信息资源管理学报，11（4）:121–132.

涂晓芳，汪双凤 .2008. 社会资本视域下的社区居民参与研究 . 政治学研究，（03）:17–21.

万志彬 .2021. 青少年社区参与和社会治理共同体的建设——以北京市 J 街道 "社区小管家" 为例 . 中北大学学报（社会科学版），37（05）:76–81.

王彩波，闫辰 .2014. 当代中国城市基层民主治理中的公民参与——价值、存在问题与实践路径 . 珠江论丛，（02）:27–32.

王华 .2014. 青少年社会化媒体的使用与满足研究 . 长沙：湖南大学 .

王建国，刘小萌 .2019. 善治视域下公民参与的实践逻辑 . 河南师范大学学报（哲学社会科学版），46（02）:22–29.

王建军，唐娟 .2006. 论公共政策制定中的公民参与 . 四川大学学报（哲学社会科学版），（05）:57–61+89.

王建容，王建军 .2012. 公共政策制定中公民参与的形式及其选择维度 . 探索，（01）:75–79.

王婧，朱洁 .2018. 自我披露与网络社交：基于朋友圈炫食族的照片内容分析 . 传媒论坛，（12）:3.

王洛忠，崔露心 .2020. 公民参与政策制定程度差异的影响因素与路径模式——基于 31 个案例的多值定性比较分析 . 南京大学学报（哲学·人文科学·社会科学），57（06）:99–111+159–160.

王润 .2017. 促进还是抑制？互联网使用对公民参与的影响——基于中国社会状况综合调查（CSS）2013 数据的实证分析 . 西南民族大学学报（人文社科版），38（07）:134–140.

王绍光 .2008. 政治文化与社会结构对政治参与的影响 . 清华大学学报（哲学社会科学版），（04）:95–112.

王薇 .2012.SNS 使用能否带来更多的线上社会资本？——以一项对南京大学学生的调查分析为例 . 东南传播，（09）:17–20.

王晓桦 .2019. "使用与满足"理论视角下微信用户"点赞"行为研究 . 锦州 : 渤海大学 .

王新松 . 2015. 公民参与、政治参与及社会参与：概念辨析与理论解读 . 浙江学刊，（01）:204–209.

王学锋 .2016. 城市多民族社区社会资本对社区公民参与影响的实证研究 . 兰州 : 兰州大学 .

王英 .2015. 台湾青年学生非理性网络政治参与的影响分析——以反服贸运动为中心 . 江海学刊，（06）:186–192.

王雨磊 . 2015. 论社会资本的社会性——布迪厄社会资本理论的再澄清与再阐释 . 南京师大学报（社会科学版），（01）:21–28.

王重重，张瑞静 .2015. 大学生社交媒体使用动机与媒介依赖 . 新闻世界，（11）:88–90.

韦路，赵璐 .2014. 社交媒体时代的知识生产沟——微博使用、知识生产和公共参与 . 兰州大学学报（社会科学版），42（04）:45–53.

魏晨 .2012. 互联网使用对社会资本的影响研究 . 商品与质量，（S5）:101–103.

魏星河 .2007. 我国公民有序政治参与的涵义、特点及价值 . 政治学研究，（02）:31–35.

温忠麟，谢晋艳，方杰，王一帆 .2022. 新世纪 20 年国内假设检验及其关联问题的方法学研究 . 心理科学进展，（08）:1667–1681.

夏金莱 .2015. 行政决策中的公众参与类型研究 . 广州大学学报（社会科学版），14（08）:40–45.

肖哲，魏姝 .2019. 中国公民参与机制类型及其选择逻辑——基于 102 个案例研究的再分析 . 上海行政学院学报，20（01）:66–77.

谢新洲，李之美 .2013. 中国互联网公众的话语权感知研究报告 . 人民论坛·学术前沿，（12）:29–39.

谢艳红.2021.风险感知视角下社交媒体使用对女大学生接种 HPV 疫苗意愿的影响.广州：广东外语外贸大学.

熊光清.2017.中国网络政治参与的形式、特征及影响.当代世界与社会主义，（03）:163–169.

徐洁.2018.青年社交网络使用和公民参与.南京：南京大学.

徐元善，居欣.2009.公众参与公共政策制定过程的问题及对策研究.理论探讨，（05）:143–146.

徐竺蕾.2018.第四次国际学生公民教育调查的结果与趋势分析.郑州师范教育，7（05）:38–45.

许丹红.2016.互联网使用动机、网络密度与网民社会资本.青年研究，（06）:21–31+91–92.

许芳.2016.论我国当代大学生网络政治表达现状及其引导策略.长沙：湖南师范大学.

许璇.2014.移动社会化媒体使用对用户社会资本的影响研究.上海：上海外国语大学.

薛可，阳长征，余明阳.2015.新媒体使用特征与用户利他价值取向关系研究.上海交通大学学报（哲学社会科学版），23（06）:80–90.

闫景蕾，武俐，孙萌，崔娟，梁清.2016.社交网站使用对抑郁的影响：线上社会资本的中介作用.中国临床心理学杂志，24（02）:317–320.

严利华.2010.新媒介与中国公民参与.武汉：武汉大学.

杨光斌.2009.公民参与和当下中国的治道变革.社会科学研究，（01）:18–30.

杨洸.2015."数字原生代"与社交网络国外研究综述.新闻大学，（6）:108–113.

杨江华，王辰宵.2021.青年网民的媒体使用偏好与政治信任.青年研究，（04）:1–10+94.

杨洁.2014.问答型社交网站使用行为与在线社会资本获取的关系研究.厦门：厦门大学.

杨萌萌.2020.社交媒体使用对农民群体桥接型社会资本的影响.上海：华中师范大学.

杨宗原，蔡玉婷，吴江秋.2019.大学生社交媒体使用对公民参与的影响.吉林工程技术师范学院学报，35（02）:67–69.

叶凤云，徐孝娟.2020.青少年移动社交媒体使用动机与沉迷：错失焦虑的中介作用.情报理论与实践，43（10）:108–114.

伊恩·戴维斯.2015.公民参与、教育与应用社交媒体之间的联系.学术月刊，47（12）:19–30.

于建嵘.2013.自媒体时代公众参与的困境与破解路径——以2012年重大群体性事件为例.上海大学学报（社会科学版），30（04）:1–8.

余建华，孙丽.2021.认知偏差与地域差异：青少年视野中的网络风险.北京邮电大学学报（社会科学版），23（5）:63.

俞可平.2006a.改善我国公民社会制度环境的若干思考.当代世界与社会主义，（01）:4–10.

俞可平.2006b.中国公民社会：概念、分类与制度环境.中国社会科学，（01）:109–122+207–208.

袁梦遥.2011.网络公民参与行为的结构.兰州：兰州大学.

詹姆斯·博曼，威廉·雷吉.2006.协商民主：论理性与政治.陈家刚，等译.北京：中央编译出版社.

张必春，何凡.2017.社会互动对居民政治参与影响研究——基于CGSS（2013）的实证分析.中共福建省委党校学报，（07）:78–87.

张楚洛.2018.基于社会化媒体平台大学生网络政治参与现状及优化路径.新媒体研究，4（13）:38–39+46.

张红霞.2004.不同居住区居民社区参与的差异性比较——对上海两个社区居民参与情况的调查.社会，（05）:54–56.

张洪忠，官璐，朱蕗鋆.2015.社交媒体的社会资本研究模式分析.现代传播（中国传媒大学学报），37（11）:42–46.

张慧敏.2020.社交媒体与俄罗斯公民与研究——风险社会视角.上海：华东师范大学.

张慧琴.2013.网络领域中政府与公民关系研究.西安：西北大学.

张美玲.2018.移动媒体使用对上海高校青年教师价值观念的影响.上海：上海交通大学.

张鹏翼，张璐.2015.社会资本视角下的用户社交问答行为研究——以知乎为例.情报杂志，34（12）:186–191+199.

张文宏.2003.社会资本：理论争辩与经验研究.社会学研究，（4）:13.

张晓红，潘春玲．2012.当代青年网络政治参与的现状、问题及对策研究．青年探索，（01）:18–23.

张嫣婷．2022.公民参与情绪特征对政府回应的影响机理研究．上海：上海交通大学．

张艳丰，李贺，彭丽徽．2017.移动社交媒体倦怠行为的影响因素模型及实证研究．现代情报，37（10）:36–41.

张燕，黄碧，郑皎．2019.新型社交媒体中大学生使用偏好研究——以QQ和微信为例．中国市场，25.

张洋．2013.微博用户的内容选择与自我呈现．重庆：西南政法大学．

张咏华，聂晶．2013."专业"对大学生社交媒体使用及动机的影响——以上海大学生为例．国际新闻界，35（12）:43–55.

张有林．2006.普通高中思想政治课程标准对比研究．教育实践与研究，（11X）:18–19.

张宇．2015.网络媒体：公民政策参与有序性增量的新载体．党政研究，（06）:67–71.

章玢玥．2019.新媒体背景下大学生网络参与现状调查研究．南昌：江西师范大学．

赵君慧．2012.当前中国公民网络政治参与的现状及其存在的问题分析．经济研究导刊，（03）:279–281.

赵磊．2020.微信使用与大学新生社会适应的关系研究——社会资本的中介作用．河南科技学院学报，（06）:68–73.

赵珞琳，柏小林．2018.社会化媒体研究进展——基于2011—2016年SSCI传播学期刊的内容分析．出版科学，26（3）:55–64.

赵曙光．2014.社交媒体的使用效果：社会资本的视角．国际新闻界，36（07）:146–159.

赵欣欣．2017.社交媒体时代大学生线上公民参与现状及影响因素研究．上海：上海外国语大学．

赵雅楠．2020.社交媒体情境下在线社会资本对创业者机会信念的影响研究．蚌埠：安徽财经大学．

郑锋．2012.城市社区治理中社会资本对居民参与的影响问题研究．泉州：华侨大学．

郑建君，马璇．2021.村社认同如何影响政治信任？——公民参与和个人传统性的作用.公共行政评论，14（02）:135-153+231-232.

郑素侠.2008.互联网使用与内地大学生的社会资本.武汉:华中科技大学.

钟智锦，李艳红，曾繁旭.2013.网络环境下大学生的公民参与行为.青年研究，（02）:61-68+95-96.

钟智锦.2015.互联网对大学生网络社会资本和现实社会资本的影响.新闻大学，（3）:30-36.

周凯，刘伟，凌惠.2016.社交媒体、"沉默螺旋"效应与青年人的政治参与——基于25位香港大学生的访谈研究.现代传播（中国传媒大学学报），38（05）:143-148.

周宇豪，杨睿.2021.社交媒体的社会资本属性考察.新闻与传播评论，74（06）:33-44.

周志忍.2008.政府绩效评估中的公民参与:我国的实践历程与前景.中国行政管理，（01）:111-118.

周宗奎，连帅磊，田媛，牛更枫，孙晓军.2017.社交网站使用与青少年生活满意度的关系:一个有调节的中介模型.心理发展与教育，33（03）:297-305.

朱德米，唐丽娟.2004.公共政策过程中的公民参与.中共福建省委党校学报，（11）:22-26.

朱德米.2009.政策过程的民主化.江苏行政学院学报，（03）:105-110.

朱多刚，任天浩.2020.媒介使用对青少年国家认同的影响.新闻记者，（04）:37-45.

朱剑虹，许愿.2016.大学生社交媒体使用习惯调查研究.视听，（09）:127-128.

朱旭峰.2006.中国政策精英群体的社会资本:基于结构主义视角的分析.社会学研究，4:86-116.